Diogenes Taschenbuch 21211

Arthur Conan Doyle

Sherlock Holmes Geschichten

*Aus dem Englischen von
Margarethe Nedem*

Diogenes

Inhalt

Das gefleckte Band

Mit einem flüchtigen Blick auf die Notizen meiner etwas über siebzig Fälle, in denen ich während der letzten acht Jahre die Methoden meines Freundes Sherlock Holmes studiert habe, finde ich viele tragische, einige komische und eine Vielzahl von äußerst merkwürdigen, aber niemals alltägliche. Weil er aus Liebe zu seinem Beruf arbeitete und nicht, um Reichtümer anzuhäufen, weigerte er sich, Fälle anzunehmen, die nicht auf etwas Ungewöhnliches oder Phantastisches hinausliefen. Dennoch kann ich mich unter all diesen verschiedenen Fällen an keinen erinnern, der ungewöhnlicher gewesen wäre als der, in den die bekannte Surrey-Familie Roylott von Stoke Moran verwickelt war. Die fraglichen Ereignisse geschahen in der ersten Zeit meiner Zusammenarbeit mit Sherlock Holmes, als wir eine Junggesellenwohnung an der Baker Street teilten. Ich hätte diesen Bericht schon früher veröffentlichen können, aber ich hatte damals versprochen, die Sache geheimzuhalten, und von diesem Versprechen wurde ich erst vor einigen Monaten durch den frühzeitigen Tod der Dame, der ich es gegeben hatte, entbunden. Es ist vielleicht doch gut, daß die Umstände ans Tageslicht kommen, denn ich weiß, daß weitverbreitete Gerüchte um den Tod des Dr. Grimesby Roylott entstanden sind, die die Angelegenheit noch schrecklicher machen, als sie in Wahrheit schon ist.

Es war Anfang April, im Jahre 1883, als ich eines Morgens erwachte und Sherlock Holmes vollständig angezogen neben meinem Bett stehen sah. Normalerweise war er ein Spätaufsteher, und da die Uhr auf dem Kaminsims erst viertel nach sieben zeigte, blinzelte ich etwas überrascht, vielleicht auch ein bißchen verärgert, zu ihm hoch, denn ich selbst änderte meine Gewohnheiten nie.

»Tut mir leid, Sie aus dem Bett zu jagen, Watson«, sagte er, »aber Sie sind heute morgen nicht der einzige: erst mußte Mrs. Hudson aus den Federn, sie weckte mich und ich nun Sie.«

»Was ist denn los? Brennt's?«

»Nein, ein Klient. Eine völlig verstörte junge Dame ist angekommen, die darauf besteht, mich zu sehen. Sie wartet jetzt im Wohnzimmer. Ich nehme an, wenn junge Damen zu dieser frühen Morgenstunde in der Hauptstadt herumirren und schlafende Menschen aus den Betten jagen, müssen sie etwas sehr Dringendes mitzuteilen haben. Sollte es sich als ein interessanter Fall entpuppen, nahm ich an, daß Sie ihn von Anfang an mitverfolgen wollen. Ich dachte, ich würde Sie rufen und Ihnen die Gelegenheit nicht vorenthalten.«

»Aber selbstverständlich, keinesfalls will ich mir das entgehen lassen.«

Nichts machte mir so Vergnügen, wie Holmes bei seinen beruflichen Nachforschungen zu begleiten und seine wie flüchtige Intuitionen erlangten Erkenntnisse zu bewundern, die doch immer logisch hergeleitet waren und mit denen er die vor ihn gebrachten Fälle entwirrte. Hastig zog ich mich an, und nach wenigen Minuten war ich bereit, mit meinem Freund ins Wohnzimmer hinunterzugehen. Als wir eintraten, erhob sich eine am Fenster sitzende, tiefverschleierte Frau in Schwarz.

»Guten Morgen, Madam«, sagte Holmes fröhlich. »Mein Name ist Sherlock Holmes. Darf ich Ihnen meinen langjährigen Freund und Kollegen Dr. Watson vorstellen, dem Sie genauso vertrauen dürfen wie mir. Großartig, Mrs. Hudson hat bereits Feuer gemacht! Madam, setzen Sie sich doch näher zum Kamin! Ich werde sofort heißen Kaffee bestellen, Sie zittern ja.«

»Es ist nicht die Kälte, die mich zittern läßt«, sagte die Frau leise und zog ihren Stuhl näher ans Feuer.

»Sondern?«

»Angst, Mr. Holmes. Nackte, kalte Angst.« Sie hob ihren Schleier während sie sprach, und wir sahen, daß sie sich wirklich in einem bemitleidenswerten, verstörten Zustand befand: Ihr Gesicht war verzerrt und grau, ihre Augen blickten unruhig und verängstigt, wie die eines gehetzten Tieres. Gestalt und Gesicht waren die einer dreißigjährigen Frau, aber ihr Haar war stellenweise bereits ergraut und ihr Gesichtsausdruck erschöpft und verhärmt. Sherlock Holmes schaute sie mit einem seiner schnellen, alles umfaßenden Blicke an. »Sie brauchen keine Angst zu haben«, sagte er beruhigend, beugte sich vor und tätschelte ihren Arm. »Ich hege keinen Zweifel, daß wir alles in Ordnung bringen können. Sie sind heute früh mit dem Zug nach London gekommen, wie ich sehe.«

»Sie kennen mich?«

»Nein, aber in Ihrem linken Handschuh steckt eine Rückfahrkarte. Sie müssen früh aufgebrochen und mit einem Einspänner lange über schlechte Wege gefahren sein, bevor Sie den Bahnhof erreichten.«

Die Dame schrak heftig zusammen und starrte meinen Freund verwirrt an.

»Da steckt kein Rätsel dahinter«, sagte er lächelnd. »Der linke Arm Ihrer Jacke ist an nicht weniger als sieben Stellen mit Schmutz bespritzt. Die Flecken sind frisch. Es gibt kein Fahrzeug mit Ausnahme des Einspänners, der in dieser Weise den Schmutz hochwirft, und dann nur, wenn man auf der linken Seite des Kutschers sitzt.«

»Wie immer Sie auch dazu gekommen sind, Sie haben recht. Ich verließ das Haus vor sechs, erreichte Leatherhead zwanzig nach sechs und nahm den ersten Zug nach Waterloo. Sir, ich kann diese Spannung nicht länger ertragen. Ich werde verrückt, wenn es so weitergeht. Ich habe niemanden, an den ich mich wenden könnte – niemanden außer einem einzigen Menschen, der mich liebt, und er kann mir nicht helfen. Dann hörte ich von Ihnen, Mr. Holmes. Eine Bekannte, Mrs. Farintosh, der Sie einmal in ihrer Not geholfen haben, hat mir von Ihnen erzählt. Von ihr habe ich auch Ihre Adresse. Oh, Sir, glauben Sie nicht, daß Sie auch mir helfen und ein wenig Licht in das tiefe Dunkel, das mich umgibt, bringen könnten? Augenblicklich bin ich nicht in der Lage, Sie für Ihre Hilfe zu entschädigen, aber in einem Monat oder in sechs Wochen werde ich heiraten und über mein eigenes Vermögen verfügen, und dann werden Sie sehen, daß ich nicht undankbar bin.«

Holmes ging an seinen Schreibtisch, öffnete ihn und entnahm ihm ein kleines Buch, in dem er nachschlug.

»Farintosh. Ach ja, ich erinnere mich an den Fall. Es ging um eine Opaltiara. Das war glaub ich vor Ihrer Zeit, Watson. Vorläufig kann ich Ihnen, Madam, nur sagen, daß ich Ihrem Fall mit der gleichen Sorgfalt nachgehen werde wie damals dem Ihrer Freundin. Was mein Honorar betrifft, so ist mein Beruf an sich Lohn genug, Madam, aber ich stelle es Ihnen frei, sich, wann und wie es Ihnen möglich ist, erkenntlich zu zeigen. Und jetzt erzählen Sie uns bitte alles, was uns einen ersten Einblick in die Sache verschaffen kann.«

»O weh«, antwortete unsere Besucherin. »Das schlimmste ist, daß meine Ängste wenig konkret sind und ich meine Unruhe nur mit Kleinigkeiten begründen kann, die jedem Außenstehenden bedeutungslos erscheinen müssen. Selbst dieser einzige Mensch, an den ich mich um Hilfe und Rat wenden könnte, hält all die Dinge, die ich ihm erzähle, für die Phantastereien einer überspannten Frau. Er spricht es nicht aus, aber ich kann es an seinen beruhigenden Worten und seinen abgewendeten Augen erkennen. Ich habe von Ihnen, Mr. Holmes, gehört, daß Sie die mannigfaltige Boshaftigkeit in den Herzen der Menschen zu erkennen vermögen. Vielleicht wissen Sie einen Rat, wie ich den Gefahren entkommen kann, die mich bedrohen.«

»Ich höre, Madam.«

»Mein Name ist Helen Stoner. Ich lebe bei meinem Stiefvater, dem Letzten der Roylotts aus Stoke Moran, einer der ältesten angelsächsischen Familien Englands, an der westlichen Grenze von Surrey.

Holmes nickte. »Der Name ist mir ein Begriff«, sagte er.

»Die Familie war früher einmal eine der reichsten in ganz England. Der Besitz dehnte sich im Norden weit über Berkshire und im Westen weit über Hampshire aus. Aber im letzten Jahrhundert zerrann Hab und Gut unter den Händen von vier Verschwendern, und schließlich, in der Regencyzeit, besiegelte ein Spieler den Ruin der Familie. Außer ein paar Feldern und dem zweihundert Jahre alten Haus, auf dem eine große Hypothek liegt, ist nichts übriggeblieben. Der letzte Gutsbesitzer hat dort das erbärmliche Leben eines verarmten Adligen geführt; aber sein einziger Sohn, mein Stiefvater, ergab sich nicht in dieses Schicksal. Er erreichte es, daß ihm ein Verwandter einen Vorschuß für die Finanzierung eines Medizinstudiums gab. Er legte sein Examen ab und ging nach Kalkutta, wo er, da er tüchtig und ehrgeizig war, bald eine große Praxis hatte. Aber in einem Wutanfall über mehrere Diebstähle, die in seinem Haus geschahen, prügelte er einen eingeborenen Diener zu Tode und entging nur knapp der Todesstrafe. So saß er jahrelang im Gefängnis und kehrte als düsterer und vom Leben enttäuschter Mann nach England zurück.

Als Dr. Roylott noch in Indien war, heiratete er meine Mutter, die junge Witwe des Generalmayors Stoner der bengalischen Artillerie. Meine Schwester Julia und ich waren Zwillinge und erst zwei Jahre alt, als meine Mutter sich wieder verheiratete. Sie verfügte über ein beträchtliches Vermögen, mehr als tausend Pfund im Jahr. Sie vermachte es meinem Stiefvater, Dr. Roylott, solange wir bei ihm wohnten, falls wir Mädchen aber heiraten würden, sollten wir eine bestimmte Summe jährlich erhalten. Kurz nach unserer Rückkehr nach England starb unsere Mutter – sie kam vor acht Jahren durch einen Eisenbahnunfall in der Nähe von

Crewe ums Leben. Dr. Roylott gab seinen Plan auf, in London eine Praxis zu gründen, und nahm uns mit sich in sein väterliches Haus nach Stoke Moran. Unsere Mutter hatte uns genügend Geld hinterlassen, um all unsere Wünsche zu erfüllen, und einem glücklichen Leben hätte nichts im Wege gestanden.

Aber ungefähr um diese Zeit vollzog sich ein schrecklicher Wandel in unserem Stiefvater. Die Nachbarn waren anfangs überglücklich, daß wieder ein Roylott auf Stoke Moran lebte, aber anstatt mit ihnen gutnachbarlichen Umgang zu pflegen und sie hin und wieder herüberzubitten, schloß er sich in seinem Haus ein, und ging er doch einmal aus, brach er mit jedem, der ihm über den Weg lief, einen Streit vom Zaun. Das an Raserei grenzende zügellose Temperament lag in der Familie, und ich glaube, daß der lange Aufenthalt in den Tropen bei meinem Stiefvater diese Veranlagung noch verstärkt hat. Immer häufiger kamen peinliche Streitereien vor, zweimal endeten sie vor dem Polizeigericht. Schließlich war er zum Schrecken des Dorfes geworden. Wenn er erschien, leerten sich die Straßen, weil er eben ein Mann mit ungeheuren Kräften ist und absolut zügellos in seiner Wut.

Letzte Wochen erst stieß er im Streit den Dorfschmied über das Geländer in den Fluß, und ich konnte ein gerichtliches Nachspiel nur dadurch verhindern, daß ich alles Geld, das wir im Hause hatten, zusammenkratzte, um den Schmied zu besänftigen. Er hat keine Freunde außer ein paar Zigeunern, die er auf seinem mit Dornen überwachsenen Grund und Boden nach Belieben ihre Zelte aufschlagen läßt. Dafür verbringt er viele Stunden an ihren Lagerfeuern und ist schon wochenlang mit ihnen durchs Land gezogen. Seine andere Leidenschaft sind indische Tiere, die ihm von einem Geschäftsfreund geschickt werden. Im Augenblick hält er einen Geparden und einen Pavian, die er frei auf dem Grundstück umherstreifen läßt und die von den Dorfbewohnern beinahe genauso gefürchtet werden wie ihr Herr.

Sie können sich nun vorstellen, daß für meine arme Schwester Julia und mich dieses Leben kein Vergnügen war. Kein Dienstbote hielt es bei uns aus, und lange Zeit mußten wir den Haushalt allein besorgen. Julia war erst dreißig, als sie starb, aber ihr Haar war schon grau, so wie meines.«

»Ihre Schwester lebt nicht mehr?«

»Sie starb gerade vor zwei Jahren, und darüber möchte ich mit Ihnen reden. Ich habe Ihnen unser Leben beschrieben, und Sie werden sich vorstellen können, daß wir kaum Gelegenheit hatten, Menschen unseres Alters und gesellschaftlichen Ranges kennenzulernen. Wir hatten jedoch eine Tante, eine unverheiratete Schwester meiner Mutter, Miss Honoria Westphail, die bei Harrow lebt und die wir gelegentlich besuchen durften. Vor zwei Jahren verbrachte Julia Weihnachten bei ihr, und sie lernte dort einen Marineoffizier kennen, mit dem sie sich verlobte. Als sie heimkam und mein Stiefvater von der Verlobung erfuhr, hatte er nichts dagegen einzuwenden, aber zwei Wochen vor dem vereinbarten Hochzeitstag geschah das Schreckliche und beraubte mich meiner einzigen Vertrauten.«

Sherlock Holmes hatte sich bisher in seinen Stuhl zurückgelehnt und mit geschlossenen Augen zugehört, den Kopf in ein Kissen gedrückt. Jetzt hob er die Lider etwas und sah die junge Frau an.

»Bitte, berichten Sie alles detailgetreu«, sagte er.

»Das ist einfach getan, denn jedes einzelne Ereignis dieser schrecklichen Zeit ist in mein Gedächtnis eingebrannt. Wie ich Ihnen schon erklärte, ist das Herrenhaus sehr alt, nur ein Flügel wird heute noch bewohnt. In diesem Flügel liegen die Schlafzimmer im Parterre, da die früheren Wohnräume im Mitteltrakt des Hauses lagen. Zuerst kommt Dr. Roylotts Schlafzimmer, dann das meiner Schwester, das dritte ist meines. Es gibt keine Verbindung zwischen den einzelnen Räumen, die Türen gehen aber alle auf den gleichen Korridor. Drücke ich mich deutlich genug aus?«

13

»Ja, völlig.«

»Die Fenster der Schlafzimmer gehen auf den Garten. In jener schrecklichen Nacht hatte sich Dr. Roylott schon sehr früh in sein Zimmer zurückgezogen, doch wir wußten, daß er noch nicht schlief, denn meine Schwester störte der Rauch seiner starken indischen Zigarren, die er gewöhnlich rauchte. Sie verließ deshalb ihr Zimmer und kam für eine Weile zu mir, und wir unterhielten uns über die baldige Hochzeit. Um elf Uhr stand sie auf und wollte gehen. An der Tür drehte sie sich noch einmal um und schaute mich an.

›Sag mal, Helen‹, fragte sie, ›hast du nie mitten in der Nacht jemand pfeifen hören?‹

›Niemals‹, antwortete ich.

›Könntest nicht du möglicherweise im Schlaf pfeifen?‹

›Bestimmt nicht! Warum denn?‹

›Weil ich es in den letzten Nächten leise, aber ganz deutlich pfeifen hörte, immer gegen drei Uhr morgens. Ich schlafe nicht sehr tief und bin jedesmal davon aufgewacht. Ich kann nicht sagen, woher es kam, vielleicht aus dem Nebenzimmer, vielleicht von draußen. Du hast also nichts gehört?‹

›Nein. Das müssen diese verfluchten Zigeuner auf dem Grundstück sein.‹

›Wahrscheinlich. Aber wenn es von draußen kam, dann wundere ich mich, daß du es nicht gehört hast.‹

›Ja, aber ich schlafe doch viel tiefer als du.‹

›Nun, es wird nicht so wichtig sein.‹ Sie lächelte mir zu und schloß die Tür hinter sich. Wenige Sekunden später hörte ich, wie der Schlüssel ihrer Tür sich drehte.«

»Schlossen Sie nachts immer Ihre Türen ab?« fragte Holmes.

»Immer!«

»Und warum?«

»Ich erzählte Ihnen doch von dem Geparden und dem Pavian. Wir fühlten uns nicht sicher, solange die Türen nicht verriegelt waren.«

»Verständlich. Bitte fahren Sie fort.«

»Ich fand keinen Schlaf in jener Nacht. Das unbestimmte Vorgefühl eines drohenden Unheils lastete auf mir. Es war eine stürmische Nacht. Draußen heulte der Wind, und der Regen peitschte und klatschte gegen die Fensterscheiben. Plötzlich gellte durch das Geheul des Sturmes hindurch der Schrei einer Frau. Ich erkannte die Stimme meiner Schwester. Ich sprang aus dem Bett, schlug einen Schal um mich und stürzte auf den Korridor. Als ich meine Tür öffnete, glaubte ich, ein leises Pfeifen zu hören, so wie es meine Schwester beschrieben hatte, dann ein polterndes Geräusch, als ob ein Stück Metall zu Boden gefallen wäre. Ich lief zum Zimmer meiner Schwester. Die Tür war nicht verschlossen, sondern schwang im Wind hin und her. Ich starrte sie an, von Grauen erfaßt, und wußte nicht, welcher Anblick mir gleich daraus zuteil werden sollte. Im Licht der Flurlampe sah ich, wie Julia in der Türöffnung erschien, hin und her schwankend wie eine Betrunkene, ihr Gesicht aschfahl vor Grauen, die Hände wie hilfesuchend vorgestreckt. Ich rannte auf sie zu und warf meine Arme um sie, aber in diesem Moment schienen ihre Knie nachzugeben, und sie sank zu Boden. Sie warf sich hin und her wie jemand, der fürchterliche Schmerzen auszustehen hat, und ihre Glieder waren fürchterlich verkrümmt. Zuerst dachte ich, sie hätte mich nicht erkannt, aber als ich mich über sie beugte, schrie sie plötzlich laut mit einer Stimme, die ich nie vergessen werde: ›O Gott, Helen! Das Band! Das gefleckte Band!‹ Sie wollte noch etwas sagen, zeigte auf das Zimmer des Doktors, aber da wurde sie erneut von einem Krampf geschüttelt, der ihre Worte erstickte. Ich stürzte hinaus und rief laut nach meinem Stiefvater, da sah ich ihn im Morgenrock aus seinem Zimmer eilen. Als wir zu meiner Schwester traten, hatte sie das Bewußtsein verloren, und obwohl er ihr Brandy einflößte und nach einem Arzt aus dem Dorf schickte, waren alle Mühen umsonst, denn sie starb, ohne das Bewußtsein wieder erlangt zu haben. Das war das grauenvolle Ende meiner geliebten Schwester.«

»Einen Moment«, sagte Holmes. »Sind Sie ganz sicher, das Pfeifen und das folgende metallische Geräusch gehört zu haben? Können Sie das beschwören?«

»Das wurde ich auch vom Vorsitzenden der Gerichtsverhandlung gefragt. Ich bin mir fast sicher, daß ich es hörte, aber bei der Stärke des Sturmes und bei dem Knarren des alten Hauses könnte ich mich auch getäuscht haben.«

»War Ihre Schwester vollständig angezogen?«

»Nein, sie trug ein Nachthemd. In ihrer rechten Hand fand man ein angebranntes Streichholz und in ihrer linken eine Streichholzschachtel.«

»Ein Indiz dafür, daß sie eine Lampe angezündet und um sich geschaut hat, als sie in Angst geriet. Das ist wichtig. Und zu welchen Schlußfolgerungen kam der Vorsitzende?«

»Er hat den Fall mit großer Sorgfalt untersucht, Dr. Roylotts Verhalten war ja schon seit langem in der ganzen Gegend berüchtigt. Aber der Vorsitzende konnte keine überzeugende Todesursache finden. Ich gab zu Protokoll, daß die Tür von innen verschlossen gewesen war und sich vor den Fenstern schwere, altmodische Läden, die noch dazu mit dicken Eisenstangen versehen sind, befinden. Ohne Erfolg wurden die Wände ihres Zimmers abgeklopft und zeigten sich rundum dicht, desgleichen wurde der Fußboden untersucht, mit dem gleichen Erfolg. Der Kamin ist nicht eng, aber mit vier großen Eisenstangen versperrt. Es ist deshalb mit Sicherheit anzunehmen, daß meine Schwester sich allein im Zimmer befand, als sie von ihrem Tod heimgesucht wurde. Außerdem waren keinerlei Spuren von Gewaltanwendung an ihrem Körper festzustellen.«

»Gift vielleicht?«

»Auch daraufhin wurde sie vom Arzt untersucht. Nichts.«

»Was glauben Sie, woran diese unglückliche Dame starb?«

»Ich bin überzeugt davon, daß sie an der Angst starb, an

einem Schock, obwohl ich mir nicht vorstellen kann, was sie so sehr entsetzte.«

»Waren damals Zigeuner auf dem Grundstück?«

»Ja, es waren beinahe immer welche da.«

»Und was sagen Ihnen die letzten Worte von einem Band – einem gefleckten Band?«

»Manchmal dachte ich, daß sie das lediglich im Delirium gesagt hat, dann wieder, daß sie vielleicht auf eine Bande von Menschen anspielen wollte, vielleicht gerade auf die Zigeuner auf unserem Grundstück. Vielleicht sind mit dieser Bemerkung die gepunkteten Kopftücher, die viele von ihnen tragen, gemeint gewesen.«

Holmes schüttelte den Kopf wie jemand, der gar nicht zufrieden ist.

»Das sind unergründliche Tiefen. Erzählen Sie doch bitte weiter.«

»Seitdem sind zwei Jahre verstrichen. Mein Leben wurde einsamer denn je. – Vor einem Monat nun hat ein Mann, ein alter Freund, den ich seit vielen Jahren kenne, um meine Hand angehalten. Sein Name ist Percy Armitage, er ist der zweite Sohn von Mr. Armitage von Crone Water bei Reading. Mein Stiefvater hat nichts gegen diese Verbindung einzuwenden, und wir wollen noch im Frühjahr heiraten. Vor zwei Tagen nun wurde im Westflügel des Hauses mit der Durchführung einiger Reparaturen begonnen, und die Wand meines Schlafzimmers wurde durchbrochen, weshalb ich in das Zimmer, in dem meine Schwester starb, ziehen mußte, und nun im gleichen Bett schlafe, in dem sie auch geschlafen hat. Stellen Sie sich mein Entsetzen vor, als ich in der vergangenen Nacht, während ich wachlag und über ihren Tod nachdachte, plötzlich durch die nächtliche Stille hindurch das Pfeifen hörte, das der Vorbote des Todes meiner Schwester war. Ich sprang aus dem Bett, zündete die Lampe an, aber es war nichts zu sehen. Ich war viel zu erregt, um mich wieder schlafen zu legen, und so zog ich mich an, und sobald es hell wurde, stahl ich mich aus dem Haus, nahm mir im gegenüberliegenden Gasthaus einen Wagen und fuhr zur Bahnstation nach Leatherhead, von wo ich heute morgen gekommen bin, um Ihren Rat zu erbitten.«

»Sie haben sehr klug gehandelt«, sagte Holmes. »Haben Sie mir alles erzählt?«

»Ja, alles.«

»Miss Stoner, das stimmt nicht. Sie decken Ihren Stiefvater.«

»Warum? Was meinen Sie damit?«

Als Antwort schob Holmes die schwarze Spitzenrüsche zurück, die über die auf dem Knie liegende Hand der Frau fiel. Fünf kleine leuchtend rote Flecken, die Abdrücke von vier Fingern und einem Daumen, waren deutlich auf dem Handgelenk zu sehen.

»Sie sind grausam behandelt worden.«

Die junge Frau errötete und verbarg das verletzte Gelenk. »Er ist ein kräftiger Mann«, sagte sie, »vielleicht weiß er gar nicht, wie stark er ist.«

Ein paar Minuten lang war Schweigen im Raum, und Holmes stützte sein Kinn auf und starrte ins Feuer.

»Das ist eine vertrackte Geschichte. Da gibt es noch tausend Dinge, die ich wissen müßte«, sagte er, »ehe ich mir einen Plan zurechtlege. Jedoch jetzt dürfen wir keine Zeit verlieren. Wenn wir nun heute nach Stoke Moran hinausführen, wäre es dann möglich, die Räume im Westflügel zu besichtigen, ohne daß Ihr Stiefvater davon erführe?«

»Ja. Wie der Zufall es will, sagte er mir, daß er heute etwas sehr Wichtiges in der Stadt zu erledigen habe. Wahrscheinlich bleibt er den ganzen Tag weg, und dann stünde Ihnen nichts im Wege. Zwar ist noch eine Haushälterin bei uns beschäftigt, aber sie ist alt und etwas töricht. Ich könnte sie leicht aus dem Wege halten.«

»Sehr gut. Watson, Sie haben doch nichts gegen diese Fahrt einzuwenden?«

»Im Gegenteil.«

»Dann kommen wir beide. Und wie sehen Ihre Pläne aus?«

»Ich würde gerne noch ein, zwei Dinge erledigen, wenn ich schon einmal in der Stadt bin. Aber ich werde mit dem Zwölf-Uhr-Zug zurückfahren und Sie dann erwarten.«

»Ich habe selbst noch ein paar Kleinigkeiten zu regeln. Wir werden am frühen Nachmittag bei Ihnen sein. Wollen Sie nicht noch eine Weile bleiben und mit uns frühstücken?«

»Nein, ich muß gehen. Aber ich fühle mich schon besser, seitdem ich mein Herz bei Ihnen erleichtern durfte. Wie Sie sich erinnern werden, waren meine Schwester und ich Zwillinge, und Sie wissen, wie eng das Band zwischen zwei so verwandten Seelen sein kann. Ich bin sehr froh, daß Sie heute nachmittag kommen wollen.« Darauf zog sie den dichten schwarzen Schleier über ihr Gesicht und glitt aus dem Zimmer.

»Was halten Sie von alledem, Watson?«

Sherlock Holmes lehnte sich in seinen Stuhl zurück.

»Ich sehe nicht klar«, meinte ich.

»Ich auch nicht. Aber wenn die Dame recht hat, wenn sie sagt, daß Fußboden und Wände dicht sind und daß weder durch die Tür noch durch die Fenster und den Kamin jemand hereinkann, war ihre Schwester zweifellos allein, als sie ihr mysteriöses Ende erreichte.«

»Aber wie erklären Sie sich dann das nächtliche Pfeifen und wie die merkwürdigen Worte der sterbenden Frau?«

»Keine Ahnung.«

»Gehen wir davon aus, daß alles einen gemeinsamen Nenner hat: das nächtliche Pfeifen, die Zigeuner, die mit dem Doktor in so engem Kontakt stehen, die Tatsache, daß dieser alles Interesse daran hat, die Hochzeit seiner Stieftochter zu verhindern, der Hinweis der Sterbenden und schließlich das metallische Scheppern, das Miss Helen Stoner hörte und das von einer der Metallstangen zur Sicherung der Fensterläden herrühren könnte. Es ließe sich wohl denken, daß des Rätsels Lösung irgendwo hier zu finden wäre.«

»Aber was können die Zigeuner denn getan haben?«

»Das weiß ich nicht.«

»Ich glaube nicht, daß diese Theorie sich halten läßt.«

»Ich auch nicht. Aus diesem Grund fahren wir heute noch nach Stoke Moran. Ich will mich dort vergewissern, ob sich die Einwände gegen die Theorie bestätigen oder ob sie entkräftet werden können. Aber was, in drei Teufels Namen . . .«

Die Tür war plötzlich aufgerissen worden. Ein Riese von einem Mann stand in der Tür. Sein Aufzug war eine einzigartige Mischung aus städtischer und bäuerlicher Kleidung: Zylinder, Gehrock, lange Gamaschen, in der Hand aber schwang er eine Reitpeitsche. Er war so groß, daß sein Kopf am oberen Türbalken anstieß, und auch in der Breite füllte sein Körper den Türrahmen vollständig aus. Auf seinem großflächigen Gesicht, das von einem zum anderen blickte und über das sich tausend Fältchen zogen, von der Sonne gelb ausgedörrt, lag ein teuflischer Ausdruck. Seine tiefliegenden, stechenden Augen und die scharfgeschnittene Nase gaben ihm das Aussehen eines ungezähmten alten Raubvogels.

»Wer von Ihnen ist Holmes?« fragte die Erscheinung scharf.

»Das ist mein Name, Sir, aber ich wüßte nicht . . .«

»Ich bin Dr. Grimesby Roylott von Stoke Moran.«

»Freut mich«, antwortete Holmes kühl. »Nehmen Sie doch bitte Platz.«

»Ich denke nicht daran. Meine Stieftochter war hier, ich bin ihr gefolgt. Was hat sie Ihnen erzählt?«

»Heute ist es etwas kalt für diese Jahreszeit, finden Sie nicht auch?« sagte Holmes.

»Was hat sie Ihnen erzählt?« schrie der alte Mann unbeherrscht.

»Aber wie ich höre, sollen die Krokusse bald blühen«, fuhr Holmes unerschüttert fort.

»Sie halten mich nicht hin.« Unser Besucher kam einen Schritt näher und hob seine Reitpeitsche. »Ich weiß Bescheid. Sie sind Holmes, der Schuft, der seine Nase in jede Angelegenheit steckt!«

Mein Freund lächelte.

»Holmes, der Gernegroß!«

Die Lachfältchen in Holmes' Gesicht vertieften sich.

»Holmes, der Scotland-Yard-Kasper.«

Holmes lachte laut heraus. »Ihre Unterhaltung ist äußerst amüsant«, sagte er. »Wenn Sie gehen, schließen Sie doch bitte die Tür hinter sich, es zieht so sehr.«

»Ich gehe, wann es mir paßt. Und wagen Sie es nicht, sich in meine Angelegenheiten zu mischen. Ich weiß, daß Miss Stoner hier war, ich bin ihr gefolgt. Es ist gefährlich, sich mit mir anzulegen! Schauen Sie her!« Er machte einen hastigen Schritt zum Kamin, ergriff den Feuerhaken und bog ihn mit seinen sehnigen braunen Händen krumm.

»Hüten Sie sich. Wenn ich Sie je in meine Finger bekommen sollte ...«, knurrte er. Er warf den Feuerhaken in den Kamin und schlug die Tür hinter sich zu.

Immer noch lächelnd sagte Holmes: »Ein liebenswerter Mensch! Ich bin zwar nicht so massiv wie er, aber wenn er geblieben wäre, hätte ich ihm zeigen können, daß meine Hände nicht viel schwächer sind als seine.« Während er sprach, hob er den eisernen Feuerhaken auf, und mit einem plötzlichen Ruck bog er ihn wieder gerade.

»Eine Frechheit, mich mit der Polizei zu vergleichen. Das soll mir ein Ansporn sein! Ich will nur nicht hoffen, daß Miss Stoner ihre Unvorsichtigkeit büßen muß. Aber jetzt, Watson, wollen wir erst einmal frühstücken. Dann muß ich zur Ärztekammer. Ich hoffe, dort einige Hinweise zu bekommen, die uns hilfreich sein könnten.«

Kurz vor ein Uhr kam Holmes zurück. Er hielt ein blaues Blatt Papier in der Hand, das über und über mit Randbemerkungen und Zahlen bekritzelt war.

»Ich habe mir das Testament der verstorbenen Mrs. Roylott angesehen«, sagte er. »Das Geld ist in Wertpapieren angelegt. Im Jahre ihres Todes betrug das Jahreseinkommen etwas weniger als tausendeinhundert Pfund, aber durch den Sturz der Agrarpreise liegt es jetzt etwa bei siebenhundertfünfzig Pfund. Im Falle einer Heirat haben beide Töchter Anspruch auf zweihundert Pfund jährlich. Damit ist es offensichtlich, daß, wenn beide Mädchen geheiratet hätten, diesem Edelmann nur ein äußerst armseliges Einkommen geblieben wäre. Schon die Heirat einer Tochter hätte ihn in ernsthafte Schwierigkeiten gebracht. Meine Morgenarbeit war nicht umsonst: Das ist ein starkes Motiv, um eine Heirat zu verhindern. Ich fürchte, wir dürfen keine Zeit verlieren, besonders da der Alte weiß, daß wir Anteil an der Sache nehmen. Wir sollten ein Taxi rufen und zur Waterloo Station fahren. Watson, Sie nehmen am besten Ihre Waffe mit. Bei einem Herrn, der eiserne Feuerhaken völlig verbiegen kann, ist eine Pistole immer noch das beste Argument. Das und eine Zahnbürste ist glaube ich alles, was wir brauchen.«

Wir hatten Glück. In die Waterloo Station lief gerade ein Zug nach Leatherhead ein, den wir sofort nahmen. In Leatherhead mieteten wir uns einen Wagen und fuhren durch die wunderschöne Landschaft von Surrey nach Stoke Moran. Es war ein prachtvoller Tag mit schönstem Sonnenschein, vereinzelten Schäfchenwolken am Himmel, die Bäume und Hecken am Wegesrande schoßen ihre ersten grünen Triebe, und durch die Luft zog ein angenehmer Geruch von feuchter Erde. Ein merkwürdiger Gegensatz zwischen dieser lieblichen Frühlingslandschaft und dunklen Affäre, der wir auf der Spur waren. In Gedanken vertieft saß Holmes vorn im Wagen, hatte die Arme verschränkt, den Hut tief ins

Gesicht gezogen und sein Kinn auf die Brust gesenkt. Plötzlich fuhr er hoch, stieß mich an und zeigte auf die Wiesen.

»Schauen Sie mal«, und Holmes wies auf einen weitläufigen, bewaldeten Park, der sich vor uns ausdehnte. Aus den Baumwipfeln tauchten der graue Giebel und das Dach eines sehr alten Herrenhauses auf.

»Stoke Moran?« fragte er den Kutscher.

»Ja, Sir, das ist das Haus von Dr. Grimesby Roylott.«

»Es wird dort gebaut. Wir sind also richtig«, sagte Holmes.

»Dort liegt das Dorf.« Der Kutscher deutete auf eine Gruppe von Dächern, die man links in der Ferne sehen konnte. »Aber wenn Sie zum Gutshaus wollen, ist es der kürzeste Weg, wenn Sie über den Zaun klettern und den Fußweg über die Felder nehmen. Da vorne den Fußweg, wo Sie die Dame sehen.«

Holmes hielt die Hände über die Augen und meinte: »Das wird Miss Stoner sein. Ja, wir steigen hier aus.«

Wir bezahlten den Kutscher, und der Wagen wendete und fuhr zurück nach Leatherhead.

»Der Kutscher soll ruhig denken, daß wir Architekten sind oder mit den Bauarbeiten zu tun haben. Dann wird nicht weiter geklatscht«, sagte Holmes. »Guten Tag, Miss Stoner. Sie sehen, wir halten Wort.«

Unsere Besucherin von heute morgen eilte uns mit einem freudigen Gesicht entgegen. »Ich habe Sie voller Ungeduld erwartet!« rief sie und drückte uns herzlich die Hand. »Alles läuft bestens. Dr. Roylott ist in die Stadt gefahren, und höchstwahrscheinlich wird er nicht vor dem Abend zurückkehren.«

»Wir hatten schon das Vergnügen, Dr. Roylott kennenzulernen.« Holmes erzählte ihr, was geschehen war. Miss Stoner wurde ganz blaß.

»Mein Gott! Er ist mir also gefolgt.«

»Es scheint so.«

23

»Er ist so schlau. Ich weiß nie, wann ich vor ihm sicher bin. Was wird er wohl sagen, wenn er zurückkommt?«

»Er soll sich hüten, denn ein noch Schlauerer ist ihm auf der Spur. Sie müssen sich heute nacht vor ihm in acht nehmen. Wenn er gewalttätig wird, bringen wir Sie am besten zu Ihrer Tante nach Harrow. Wir müssen aber jetzt die uns zur Verfügung stehende Zeit nützen. Führen Sie uns doch bitte zu den Räumen, die wir ansehen wollen.«

Das Gebäude war aus grauem, von Flechten überzogenem Stein, mit einem hohen Mittelteil, von dem zwei geschwungene Seitenteile abgingen wie die Scheren einer Krabbe. In dem einen Flügel waren die Fenster zerbrochen und mit Brettern zugenagelt und das Dach halb eingestürzt: ein jämmerlicher Anblick. Der Mitteltrakt war in kaum besserem Zustand, doch der rechte Flügel war vergleichsweise neu und die Jalousien an den Fenstern und der aus den Kaminen aufsteigende Rauch zeigten an, daß hier die Familie wohnte.

Ein Gerüst war hier am unteren Ende des Seitentrakts aufgerichtet worden. Eine Wand war teilweise durchbrochen, aber als wir ankamen, waren keine Bauarbeiter zu sehen. Holmes schritt auf dem schlechtgeschnittenen Rasen langsam auf und ab und betrachtete lange mit großer Aufmerksamkeit die Fensterfront.

»Dieses Fenster gehört also zu dem Zimmer, in dem Sie gewöhnlich schliefen, das mittlere zu dem Ihrer Schwester, und das nächstfolgende ist Dr. Roylotts Zimmer?«

»Ja, aber ich schlafe jetzt im mittleren.«

»Während der Bauarbeiten, nehme ich an. Ich kann allerdings nichts sehen, was an dieser Wand so dringend repariert werden müßte.«

»Ich bin überzeugt, daß es nur ein Vorwand war, damit ich in das andere Zimmer zog.«

»Ja, das mag wohl sein. Auf der Rückseite dieses Flügels befindet sich wohl der Korridor, auf den die Türen dieser drei Zimmer führen. Er hat natürlich Fenster, oder?«

»Doch, aber nur sehr kleine. Zu klein, als daß jemand sich durchzwängen könnte.«

»Also wenn Sie beide die Türen in der Nacht abschlossen, waren Ihre Zimmer von der Seite her nicht betretbar. Würden Sie jetzt bitte so freundlich sein und in Ihr Zimmer gehen und die Fensterläden von innen schließen?«

Miss Stoner machte die Fensterläden zu. Mit Aufmerksamkeit untersuchte Holmes den Verschluß und versuchte, die Läden mit Gewalt zu öffnen, aber ohne Erfolg. Keine kleine Ritze, durch die man mit einem Messer den Riegel hätte zurückschieben können. Dann untersuchte er mit seinem Vergrößerungsglas die Angeln, in denen die Läden hingen. Sie waren aus massivem Eisen und tief in den fest gefügten hölzernen Rahmen eingelassen. »Hm«, sagte Holmes und kratzte sich verwirrt das Kinn. »Meine Theorie weist einige Unstimmigkeiten auf. Diese Läden können unmöglich mit Gewalt geöffnet werden. Jetzt wollen wir uns die Sache einmal von innen ansehen.«

Durch eine schmale Seitentür betraten wir den weißgekalkten Korridor, auf den die drei Schlafzimmertüren führten. Holmes verzichtete darauf, das dritte Zimmer zu besichtigen. Wir gingen sofort in das Mittelzimmer, in dem Miss Stoner zur Zeit schlief und wo ihre Schwester dieses grauenhafte Schicksal ereilt hatte. Es war ein freundliches kleines Zimmer mit einer niedrigen Zimmerdecke und einem offenen Kamin, ein Raum, wie man ihn in vielen alten Landhäusern findet. In der einen Ecke stand eine Kommode, in der anderen ein schmales weißbezogenes Bett, und links vom Fenster stand ein Frisiertisch. Diese Möbelstücke, noch zwei Rohrstühle und ein Teppich in der Mitte – das war die ganze Einrichtung des Zimmers. Die Zimmerbalken und das Wandgetäfer waren aus braunem, wurmstichigem Eichenholz und so verschossen, daß sie wohl so alt waren wie das Haus selbst. Holmes zog sich einen Korbstuhl in die Ecke und setzte sich. Schweigend ließ er seine Blicke durch den

Raum schweifen und prägte sich die geringste Kleinigkeit ein.

»Wohin geht diese Klingel?« fragte er endlich und deutete auf eine dicke Schnur, die über dem Kopfende des Bettes hing. Der Klingelknopf lag auf dem Kissen.

»Zum Zimmer der Haushälterin«, antwortete Miss Stoner.

»Sieht neuer aus als die anderen Dinge hier.«

»Sie wurde erst vor ein paar Jahren installiert.«

»Ich nehme an, Ihre Schwester bat darum?«

»Nein, ich habe auch nie gesehen, daß Julia sie benutzte. Was wir brauchten, holten wir uns selbst.«

»Ja, es scheint mir hier wirklich unnötig zu sein, eine Klingelschnur zu legen. Wenn Sie mich für einige Minuten entschuldigen möchten, ich wende mich einmal dem Fußboden zu.« Er legte sich mit dem Vergrößerungsglas in der Hand auf den Boden, kroch vor und zurück und überprüfte jede einzelne Bodenritze. Mit derselben Aufmerksamkeit wandte er sich den holzverkleideten Wänden zu. Schließlich trat er vor das Bett. Ein paar Sekunden betrachtete er es schweigend. Auch begutachtete er immer wieder die Wand. Dann nahm er die Klingelschnur in die Hand und zog einmal kurz daran.

»Nur eine Attrappe«, sagte er.

»Klingelt sie nicht?«

»Nein. Sie ist nicht einmal mit einem Draht verbunden. Sehr interessant! Sehen Sie, sie hängt an einem Haken über der kleinen Ventilatoröffnung.«

»Wie absurd! Mit ist das nie zuvor aufgefallen.«

»Sehr merkwürdig«, brummte Holmes und zog noch einmal an der Schnur. »Es ist nicht das einzige in diesem Zimmer, das eigenartig ist. Zum Beispiel, was für ein Idiot von Architekt muß das gewesen sein, der einen Ventilator nach dem anderen Zimmer legt und nicht an die Außenwand.«

»Die Lüftungsanlage ist auch noch nicht sehr alt«, sagte Miss Stoner.

»Der Ventilator wurde zur selben Zeit wie die Klingel-schnur eingebaut«, bemerkte Holmes.

»Ja, damals wurden verschiedene Kleinigkeiten geändert.«

»Interessante Kleinigkeiten – Klingel-Attrappen und Ventilatoren ohne Frischluft. Wenn Sie gestatten, Miss Stoner, werden wir uns jetzt im nächsten Zimmer umsehen.«

Dr. Grimesby Roylotts Zimmer war größer als das seiner Stieftochter, aber genauso einfach eingerichtet. Ein Feldbett, ein kleines Holzregal, das vollgestellt war mit Büchern, ein Holzstuhl an der Wand, ein runder Tisch und ein großer Safe waren die Haupteinrichtungsgegenstände. Holmes wanderte langsam umher und prüfte alles mit großem Interesse.

»Was ist hier drin?« fragte Holmes und klopfte mit der Hand auf den Safe.

»Die Geschäftspapiere meines Stiefvaters.«

»Sie haben also den Safe schon einmal geöffnet gesehen?«

»Ein einziges Mal, vor einigen Jahren. Ich erinnere mich, daß er mit Papieren angefüllt war.«

»Eine Katze kann nicht drin sein?«

»Nein. Wie kommen Sie darauf?«

»Schauen Sie her.« Holmes hob eine kleine Untertasse mit Milch hoch, die auf dem Safe stand.

»Nein, Katzen halten wir nicht. Aber der Gepard und der Pavian . . .«

»Natürlich! Ein Gepard ist allerdings eine ziemlich große Katze, doch ich meine, mit einer Untertasse Milch gibt sich ein solches Tier nicht zufrieden. Es gibt noch eine Sache, die ich mir gerne anschauen würde.« Er kniete vor dem Holzstuhl nieder und untersuchte aufmerksam den Sitz.

»Das hätten wir auch«, sagte er schließlich. Er erhob sich und steckte das Vergrößerungsglas wieder ein. »Hallo! Noch eine Kleinigkeit!«

Er hatte eine über dem Bettende hängende kurze Hundepeitsche entdeckt. Das Ende der Schnur war allerdings eingerollt und so festgebunden, daß der Lederriemen eine Schlinge bildete.

»Watson, was halten Sie davon?«

»Eine ziemlich alltägliche Peitsche. Aber aus was für einem Grund ist sie nur so festgebunden?«

»Das ist nicht ganz so alltäglich, was? Die Welt ist sowieso schlecht, und wenn dann noch ein intelligenter Mann seinen Verstand für Verbrechen benutzt, ist es das Schlimmste von allem. Miss Stoner, ich habe genug gesehen. Ich würde mir nun gerne draußen auf dem Rasen ein wenig die Beine vertreten.«

So grimmig entschlossen und so ernst hatte ich Holmes noch nie gesehen. Wir verließen den Ort der Untersuchung und schritten auf dem Rasen auf und ab. Weder Miss Stoner noch ich wagten es, ihn zu stören. Endlich tauchte er aus seiner Versunkenheit auf.

»Miss Stoner, es ist wichtig, daß Sie sich in jedem einzelnen Punkt so verhalten werden, wie ich es Ihnen jetzt sagen werde.«

»Ich verspreche es Ihnen.«

»Die Lage ist sehr ernst. Ihr Leben hängt davon ab, ob Sie meine Worte befolgen oder nicht.«

»Ich tue alles, was Sie sagen.«

»Dr. Watson und ich müssen diese Nacht in Ihrem Zimmer verbringen.«

Verblüfft starrten Miss Stoner und ich ihn an.

»Ja, es muß sein. Lassen Sie mich erklären. Wenn ich mich nicht täusche, ist das dort drüben der Dorfgasthof?«

»Ja, die *Krone*.«

»Sehr gut. Kann man von dort Ihre Fenster sehen?«

»Gewiß.«

»Wenn Ihr Stiefvater zurückkehrt, müssen Sie unter dem Vorwand von Kopfschmerzen in Ihrem Zimmer bleiben. Sobald Sie hören, daß er sich zur Ruhe begibt, öffnen Sie den Fensterladen und stellen die Lampe als Zeichen für uns auf.

Gehen Sie dann leise in das Zimmer, in dem Sie früher geschlafen haben. Das wird sicherlich, trotz der Bauarbeiten, für eine Nacht möglich sein.«

»O ja, das geht.«

»Den Rest überlassen Sie uns.«

»Was haben Sie vor?«

»Wir werden die Nacht in Ihrem Zimmer verbringen und uns mit den Geräuschen beschäftigen, die Sie gestört haben.«

»Ich habe das Gefühl, Mr. Holmes, daß Sie bereits zu einer Schlußfolgerung gekommen sind«, sagte Miss Stoner und legte ihm ihre Hand auf den Arm.

»Vielleicht.«

»Dann flehe ich Sie an: sagen Sie mir, wie meine Schwester ums Leben gekommen ist.«

»Ich ziehe es vor, Beweise zu haben, ehe ich darüber spreche.«

»Sagen Sie mir wenigstens, ob meine Vermutung stimmt, daß sie sich zu Tode erschreckt hat.«

»Nein, das glaube ich nicht. Höchstwahrscheinlich gibt es einen handfesteren Grund. Jetzt müssen wir Sie aber verlassen, Miss Stoner. Wenn Dr. Roylott zurückkäme und uns hier fände, dann wäre alles vergeblich. Leben Sie wohl und seien Sie tapfer. Wenn Sie meinen Rat genau befolgen, können Sie versichert sein, daß die Gefahr, die Sie bedroht, bald beseitigt sein wird.«

Sherlock Holmes und ich hatten keine Schwierigkeiten, ein Schlaf- und ein Wohnzimmer in der *Krone* zu bekommen. Die Räume befanden sich im ersten Stock, und so konnten wir von unserem Fenster aus das Eingangstor und den bewohnten Flügel des Herrenhauses beobachten. Bei Einbruch der Dunkelheit sahen wir Dr. Grimesby Roylott zurückkommen. Seine riesenhafte Gestalt ragte neben der des Burschen auf, der ihn gefahren hatte. Der Junge hatte etwas Mühe mit dem Öffnen der schweren eisernen Pforte. Wir hörten das rauhe Gebrüll vom Doktor und sahen, daß der wütende Mann den Burschen mit geballten Fäusten bedrohte. Dann fuhr der Wagen weiter, und ein paar Minuten später ging in einem der Wohnzimmer das Licht an.

»Ich muß gestehen, Watson«, sagte Holmes, als wir im Dunkeln am Fester saßen, »es sind mir Bedenken gekommen, Sie heute nacht mitzunehmen. Die Sache ist sehr gefährlich.«

»Kann ich Ihnen behilflich sein?«

»Ihre Gegenwart kann von unschätzbarem Wert sein.«

»Dann komme ich auf jeden Fall mit.«

»Das ist sehr freundlich von Ihnen.«

»Sie sprechen von Gefahr. Natürlich haben Sie wieder mehr in diesen Räumen gesehen als ich.«

»Nein, vielleicht gehen nur meine Schlußfolgerungen etwas weiter. Ich denke doch, daß Sie genausoviel bemerkt haben wie ich.«

»Mit Ausnahme der Klingelschnur fiel mir eigentlich nichts Außergewöhnliches auf. Und was sie da soll, habe ich keine Ahnung.«

»Haben Sie sich auch den Ventilator angesehen?«

»Ja, aber trotzdem finde ich es nicht so ungewöhnlich, eine kleine Öffnung zwischen zwei Zimmern zu haben. Im übrigen ist die Öffnung so schmal, daß kaum eine Ratte durchschlüpfen könnte.«

»Ich wußte, daß wir einen Ventilator finden würden, ehe wir überhaupt nach Stoke Moran kamen.«

»Na na . . .«

»Doch. Erinnern Sie sich, daß sie uns erzählte, ihre Schwester habe den Zigarrenrauch von Dr. Roylott gerochen. Es war also anzunehmen, daß zwischen diesen beiden Räumen eine Verbindung bestand, aber nur eine kleine, sonst wäre sie bei der amtlichen Untersuchung erwähnt worden. Ich tippte auf einen Ventilator.«

»Nun gut, aber was ist Schlimmes an einem Ventilator?«

»Die eigenartige zeitliche Übereinstimmung. Eine Klingelschnur wird angebracht, ein Ventilator wird installiert, und eine im Bett schlafende junge Dame stirbt unvermittelt. Fällt Ihnen das nicht auf?«

»Ich sehe immer noch keinen Zusammenhang.«

»Fiel Ihnen nichts Ungewöhnliches am Bett auf?«

»Nein.«

»Es war am Fußboden festgeschraubt. Haben Sie jemals ein festgeschraubtes Bett gesehen?«

»Nein, nicht daß ich wüßte.«

»Die junge Dame konnte ihr Bett nicht verschieben. Das Bett mußte immer in gleichbleibender Entfernung zu dem Ventilator und dem Seil – so können wir es ruhig bezeichnen, denn eine Klingelschnur war es nie – sein.«

»Holmes«, rief ich, »ich glaube, langsam verstehe ich. Wir sind wirklich im letzten Augenblick gekommen, um ein hinterlistiges und schreckliches Verbrechen zu verhindern.«

»Teuflisch und klug. Ein Arzt, der zum Verbrecher wird, ist besonders gefährlich. Er ist kaltblütig, und er weiß viel. Palmer und Pritchard waren ebenfalls führende Köpfe ihrer Gilde. Dieser Mann hat viel vor, aber wir noch mehr. Heute nacht können wir ausziehen, das Fürchten zu lernen. Jetzt lassen Sie uns um Gottes willen in Ruhe eine Pfeife rauchen und für einige Stunden an etwas Erfreulicheres denken.«

Gegen neun Uhr verschwanden die Lichter zwischen den Bäumen. Das Gutshaus versank im Dunkeln. Es verstrichen langsam zwei Stunden. Plötzlich, Punkt elf, leuchtete ein einzelnes helles Licht auf.

»Unser Zeichen!« Holmes sprang auf. »Es kommt aus dem mittleren Fenster.«

Als wir aus dem Gasthof gingen, wechselten wir noch einige Worte mit dem Wirt und erklärten ihm, daß wir noch auf einen späten Besuch zu Bekannten gehen würden und daß wir möglicherweise dort die Nacht verbringen würden. Kurz darauf standen wir auf der Straße. Ein kalter Wind blies uns ins Gesicht. Das kleine helle Licht vor uns half uns, den Weg zu finden. Es war nicht schwierig, in den Park zu gelangen, denn in der Parkmauer gähnten große Lücken. Im Schutz der Bäume erreichten wir den Rasen und überquerten ihn. Wir wollten eben durchs Fenster steigen, als aus dem verwilderten Buschwerk ein dunkler Schatten hervorsprang. Er sah aus wie ein grausig verkrüppeltes Kind, warf sich mit zuckenden Gliedern ins Gras und verschwand dann schnellfüßig in der Dunkelheit.

»Mein Gott!« flüsterte ich. »Haben Sie das gesehen?«

Im ersten Augenblick war Holmes genauso erschrocken wie ich. In seiner Aufregung schlossen sich seine Finger wie ein Schraubstock um mein Handgelenk. Dann fing er leise zu lachen an und flüsterte mir ins Ohr:

»Ein reizender Haushalt. Das war der Pavian.«

Ich hatte die seltsamen Haustiere, für die der Doktor eine Vorliebe hatte, völlig vergessen. Da gab es ja auch noch den Geparden; vielleicht würde er im nächsten Moment auf unseren Schultern sitzen. Ich muß gestehen, daß ich aufatmete, als ich schließlich, Holmes' Beispiel folgend, die Schuhe in der Hand, im Schlafzimmer angelangt war. Holmes schloß geräuschlos die Läden, stellte die Lampe auf den Tisch und blickte sich im Zimmer um. Es war alles so, wie wir es tagsüber gesehen hatten. Holmes kam ganz nahe zu mir heran und flüsterte beinahe unhörbar in mein Ohr:

»Das geringste Geräusch kann alles verderben.«

Ich nickte, zum Zeichen, daß ich verstanden hatte.

»Wir müssen ohne Licht dasitzen. Er würde es durch den Ventilator sehen.«

Ich nickte abermals.

»Schlafen Sie nur nicht ein! Es könnte Sie das Leben kosten. Halten Sie die Pistole bereit, falls wir sie brauchen sollten. Ich setze mich aufs Bett, nehmen Sie den Stuhl.«

Ich zog meinen Revolver heraus und legte ihn vor mich auf den Tisch.

Holmes hatte einen langen dünnen Rohrstock mitgebracht und legte ihn neben sich aufs Bett, daneben eine Schachtel mit Streichhölzern und einen Kerzenstumpf. Schließlich löschte er die Lampe.

Ich werde niemals diese schreckliche Nachtwache vergessen. Ich konnte nicht das geringste Geräusch hören, und ich wußte, daß mein Begleiter mit wachen Augen einige Schritte von mir entfernt saß und genauso nervös war wie ich. Die Fensterläden ließen auch nicht das geringste Licht herein, und so warteten wir im absoluten Dunkeln. Draußen hörten wir von Zeit zu Zeit den Ruf eines Nachtvogels und einmal direkt vor unserem Fenster ein Gejammer wie von einer Katze. Der Gepard lief also tatsächlich frei herum. Aus der Ferne hörten wir alle Viertelstunde die tiefen Glockentöne der Kirchenuhr. Eine Ewigkeit schien zwischen diesen Tönen zu liegen! Zwölf Uhr. Eins, zwei. Um drei Uhr saßen wir immer noch still da und warteten auf etwas, was immer es auch sein mochte.

Plötzlich fiel ein Lichtstrahl durch den Ventilator.

Er erlosch sofort wieder, doch ihm folgte ein starker Geruch von verbranntem Öl und erhitztem Metall. Im anderen Raum hatte jemand eine Laterne entzündet, und ich hörte, wie sich jemand leise bewegte. Dann war wieder alles still, obwohl der Geruch stärker wurde. Eine halbe Stunde lauschte ich angespannt. Dann hörte ich plötzlich wieder etwas – ein schwaches, zischendes Geräusch, als ob Dampf aus einem kochenden Wasserkessel entweichen würde. Im gleichen Moment sprang Holmes vom Bett auf, zündete ein Streichholz an und schlug wie wild mit seinem Stock auf die Klingelschnur ein.

»Sehen Sie sie, Watson?« schrie er. »Sehen Sie sie?«

Aber ich sah nichts. Als Holmes die Kerze anzündete, hörte ich ein leises, klares Pfeifen. Der plötzliche Lichtstrahl blendete mich aber so, daß ich nicht erkennen konnte, worauf mein Freund so wild einhieb. Ich sah nur sein todbleiches und von Entsetzen und Haß gezeichnetes Gesicht.

Er hatte aufgehört zu schlagen und starrte zum Ventilator hinauf, als plötzlich durch die Stille der Nacht ein markerschütternder Schrei gellte, wie ich ihn nie zuvor gehört hatte. Er wurde lauter und lauter. Schmerz, Angst und Wut vereinten sich in einem schrecklichen Gebrüll. Man erzählt sich, daß der Schrei die Menschen unten im Dorf, ja sogar im noch weiter entfernten Pfarrhaus aus ihrem Schlaf riß. Uns wurde ganz kalt ums Herz, und wir starrten uns gegenseitig an, bis die Schreie erstarben und uns wieder die Stille der Nacht umgab.

»Was war das?« flüsterte ich mit erstickter Stimme.

»Es bedeutet, daß alles vorbei ist. Vielleicht ist es so am besten«, sagte Holmes.

»Nehmen Sie Ihren Revolver, wir gehen in Dr. Roylotts Zimmer.«

Mit ernstem Gesicht zündete er die Lampe an und begab sich auf den Korridor. Er klopfte zweimal an die Tür von Dr. Roylotts Zimmer, ohne eine Antwort zu erhalten. Dann drückte er die Türklinke nieder und trat ein. Ich folgte ihm mit entsicherter Pistole.

Es bot sich uns ein merkwürdiger Anblick. Auf dem Tisch stand eine Sturmlaterne. Die Klappe stand halb offen, und der Lichtkegel fiel auf den Safe, dessen Tür nur angelehnt war. Neben dem Tisch auf dem Holzstuhl saß Dr. Roylott in einem langen grauen Morgenrock, unter dem seine nackten Fußknöchel hervorkamen; seine Füße steckten in flachen roten türkischen Pantoffeln. Auf seinem Schoß lag der kurze Stock mit der langen Peitschenschnur, den wir am Tag schon gesehen hatten. Sein Kinn war nach oben gereckt, und seine Augen waren mit einem schrecklich starren Blick auf eine Ecke der Zimmerdecke gerichtet. Um seine Stirn wand sich ein eigenartiges gelbes Band mit bräunlichen Flecken. Als wir ins Zimmer traten, gab er keinen Laut von sich und bewegte sich nicht.

»Das Band! Das gefleckte Band!« flüsterte Holmes.

34

Ich trat einen Schritt vor. In der gleichen Sekunde begann der unheimliche Kopfschmuck sich zu bewegen. Aus den Haaren des Doktors erhob sich der gedrungene, rautenförmige Kopf und der aufgeblähte Hals einer ekelhaften Schlange.

»Es ist eine Sumpfnatter!« schrie Holmes. »Die gefährlichste Schlange von ganz Indien. Ihr Biß tötet in zehn Sekunden. Wirklich, Gewalt zerstört den Gewalttätigen, und der, der anderen eine Grube gräbt, fällt selbst hinein. Wir wollen dieses Tier wieder in seinen Bau legen und dann Miss Stoner an einen ruhigen Ort bringen und die örtliche Polizei verständigen.«

Während er sprach, nahm er die Hundepeitsche vom Schoß des toten Mannes, warf die Schlinge um den Hals der Schlange, zog sie von ihrem grauenhaften Platz weg und trug sie mit ausgestrecktem Arm zum Safe, warf sie dort hinein und schlug die Tür zu.

So starb Dr. Grimesby Roylott von Stoke Moran. Ich will meinen ohnehin ausführlichen Bericht nicht unnötig in die Länge ziehen. Nachdem wir die traurige Nachricht der verstörten Miss Stoner überbracht hatten, setzten wir sie in den Morgenzug, der sie in die Obhut ihrer Tante nach Harrow brachte. Die umständlichen Nachforschungen des Polizeigerichts ergaben, daß den unbesonnenen Doktor sein Schicksal ereilte, als er meinte, mit einem gefährlichen Haustier spielen zu müssen. Erst als wir am nächsten Tag nach London zurückfuhren, klärte Holmes mich über die letzten mir noch dunklen Punkte auf.

»Ich war zu einem völlig falschen Schluß gekommen, Watson. Das beweist wieder einmal, wie gefährlich es sein kann, aus ungenügenden Angaben Schlüsse zu ziehen. Die Anwesenheit der Zigeuner und die letzten gestammelten Worte, mit denen das arme Mädchen zweifellos die Erscheinung beschreiben wollte, die sie im flackernden Licht ihres

Streichholzes gesehen hatte, brachten mich auf eine voll-kommen falsche Spur. Doch als ich erkannte, daß die Gefahr für den Zimmerbewohner weder vom Fenster noch von der Tür her kommen konnte, stellte ich völlig neue Überlegungen an. Meine ganze Aufmerksamkeit war jetzt, wie ich Ihnen gegenüber schon erwähnt hatte, auf den Ventilator und die Klingelschnur gerichtet. Die Entdeckung, daß es sich dabei um eine Attrappe handelte und daß das Bett am Fußboden festgeschraubt war, erweckte sogleich in mir den Verdacht, daß das Seil nur als Brücke zwischen der Öffnung und dem Bett dienen konnte. Ich dachte sofort an eine Schlange. Da mir bekannt war, daß der Doktor indische Tiere hielt, fühlte ich, daß ich auf der richtigen Fährte war. Sehen Sie, Watson, die Idee, Gift für einen Mord zu benutzen, das höchstwahrscheinlich durch keinen chemischen Test nachgewiesen werden konnte, paßte sehr gut zu einem klugen und kaltblütigen Mann, der lange Jahre in Indien gelebt hat. Für ihn war auch die schnelle Wirksamkeit des Giftes wichtig. Es war unwahrscheinlich, daß bei einer Untersuchung die zwei kleinen Punkte, die die Giftzähne hinterlassen hatten, bemerkt werden würden. Dann das Pfeifen. Dr. Roylott mußte die Schlange ja wieder vor Tagesanbruch, bevor das zukünftige Opfer sie sehen konnte, zurückrufen. Wahrscheinlich hat er sie mit Hilfe der Milch abgerichtet, auf seinen Pfiff hin zurückzukommen. Er ließ sie also zur geeigneten Stunde durch den Ventilator kriechen, mit der Gewißheit, daß sie an dem Seil hinabgleiten und auf dem Bett landen würde. Ob sie nun gleich beim ersten Mal zubeißen würde oder nicht, konnte er zwar nicht im voraus wissen, vielleicht würde das Opfer eine ganze Woche lang entkommen, aber früher oder später mußte es eben doch geschehen, und das Opfer war rettungslos verloren.

Diese Schlüsse zog ich, bevor ich den Raum des Doktors betreten hatte. Als ich dann noch den Stuhl untersuchte, bemerkte ich, daß er oft auf ihm gestanden haben mußte, denn das war natürlich unumgänglich, wenn er zum Ventilator reichen wollte. Der Safe, das Schälchen Milch, die zu einer Schlinge geknüpfte Peitschenschnur, das alles gab mir die letzte Gewißheit. Das metallische Scheppern, das Miss Stoner gehört hatte, rührte offensichtlich daher, daß der Doktor die Tür zum Safe etwas zu hastig hinter dem unheimlichen Tier geschlossen hatte. Soviel also wußte ich, und Sie wissen, was dann folgte. Als ich die Schlange zischen hörte, dachte ich, Sie hätten sie auch gehört. Blitzschnell zündete ich die Kerze an und griff die Schlange an.«

»Mit dem Erfolg, daß Sie sie durch den Ventilator wieder zurücktrieben.«

»Nicht nur das, sondern auch mit dem Erfolg, daß sie auf der anderen Seite ihren Herrn angriff. Einige meiner Stockhiebe trafen ihr Ziel und reizten die Schlange so, daß sie den erstbesten, der sich ihr darbot, angriff. Indirekt also trifft mich die Schuld an Dr. Grimesby Roylotts Tod, aber ich muß gestehen, Watson, diese Schuld lastet nicht allzuschwer auf meinem Gewissen.«

Der zweite Fleck

Ich hatte mir vorgenommen, *Das Geheimnis von Abbey Grange* sollte das letzte Abenteuer meines Freundes Sherlock Holmes sein, das ich der Öffentlichkeit zur Kenntnis brachte. Meine Entscheidung hatte nichts mit einem Mangel an Stoffen zu tun, denn ich besitze Aufzeichnungen von einigen hundert Fällen, über die ich nie berichtet habe, oder etwa mit einem nachlassenden Interesse meiner Leser an der einmaligen Persönlichkeit und den einzigartigen Methoden dieses bemerkenswerten Mannes. Der wahre Grund lag im Widerwillen Sherlock Holmes', den er gegen die fortgesetzte Veröffentlichung seiner Erfahrungen hegte. Während er aktiv als Detektiv tätig war, brachten im ihne diese Erfolgsberichte einen gewissen praktischen Vorteil, aber seitdem er sich endgültig aufs Land zurückgezogen hatte und sich in Sussex Downs der Bienenzucht widmete, wurde ihm jedes Aufsehen um seine Person verhaßt, und er forderte entschlossen, daß seine Wünsche in dieser Hinsicht strikt respektiert werden sollten. Erst als ich ihn an mein Versprechen erinnerte, die Geschichte des Zweiten Flecks zu gegebener Zeit zu veröffentlichen, und ihn darauf aufmerksam machte, daß es schließlich nur angemessen sei, wenn diese lange Serie von Episoden ihren Höhepunkt mit dem wichtigsten internationalen Fall erreichte, den man ihm je anvertraut hatte, gab er mir endlich die Erlaubnis, der Öffentlichkeit eine äußerst vorsichtig formulierte Schilderung der Ereignisse vorzulegen. Sollte ich mich beim Erzählen dieser Geschichte zu bestimmten Einzelheiten etwas vage ausdrücken, so wird der Leser sofort verstehen, daß triftige Gründe für meine Zurückhaltung vorliegen.

Eines Dienstagmorgens im Herbst also, Jahr, sogar Jahrzehnt sollen ungenannt bleiben, fanden sich zwei Besucher internationalen Ranges in den bescheidenen Räumen unserer Wohnung in der Baker Street ein. Der eine, streng aussehend, mit Adleraugen, ausgeprägter Nase und gebieterischem Auftreten, war kein anderer als der vornehme Lord Bellinger, zum zweiten Mal Premierminister von Großbritannien. Der andere, mit dunklem Teint und scharfgeschnittenen Gesichtszügen, elegant, nicht viel älter als dreißig, ausgestattet mit allen körperlichen und geistigen Vorzügen, war der Right Honourable Trelawney Hope, Sekretär für europäische Angelegenheiten und einer der erfolgversprechendsten Nachwuchspolitiker des Landes. Sie saßen nebeneinander auf dem mit Zeitungen übersäten Sofa, und es war ein Leichtes, ihren besorgten und angsterfüllten Gesichtern zu entnehmen, daß sie eine Angelegenheit von höchster Wichtigkeit zu uns geführt hatte. Die schmale, blaugeäderte Hand des Premierministers umklammerte fest den Elfenbeingriff seines Regenschirms, und sein hageres, asketisches Gesicht schaute bedrückt von mir zu Holmes. Der Sekretär für europäische Angelegenheiten zupfte nervös an seinem Schnurrbart und spielte mit seiner Uhrkette.

»Als ich den Verlust heute morgen um acht Uhr entdeckte, Mr. Holmes, informierte ich sofort den Premierminister. Auf seinen Vorschlag hin sind wir beide zu Ihnen gekommen.«

»Haben Sie die Polizei benachrichtigt?«

»Nein, Sir«, antwortete der Premierminister in der schnellen, entschlossenen Art, für die er berühmt war. »Wir haben es nicht getan und dürfen es auch nicht tun. Die Polizei benachrichtigen bedeutet über kurz oder lang ein in Kenntnissetzen der Öffentlichkeit. Gerade das wollen wir aber unbedingt vermeiden.«

»Und warum, Sir?«

»Weil das fragliche Dokument von so gravierender Bedeutung ist, daß eine Veröffentlichung sehr leicht – ich möchte fast sagen höchstwahrscheinlich – zu einer europäischen Krise größten Ausmaßes führen könnte. Man darf wohl behaupten, daß Krieg oder Frieden vom Ausgang dieser Angelegenheit abhängen. Gelingt es nicht, das Dokument unter strengster Geheimhaltung wiederzubeschaffen, kann man es genauso gut in den Händen derjenigen lassen, die es an sich genommen haben, denn sie haben nur ein einziges Ziel: den Inhalt des Dokuments allgemein bekannt zu machen.«

»Ich verstehe. Nun, Mr. Trelawney Hope, ich wäre Ihnen sehr zu Dank verpflichtet, wenn Sie mir genau die Umstände schildern könnten, unter denen das Dokument abhanden gekommen ist.«

»Das ist in wenigen Worten gesagt, Mr. Holmes. Wir haben vor sechs Tagen einen Brief, um genau zu sein einen Brief von einem ausländischen Herrscher, erhalten. Er war von so ungeheurer Tragweite, daß ich ihn nicht in meinen Safe einschloß, sondern ihn jeden Abend in mein Haus in Whitehall Terrace mit hinübernahm. Ich bewahrte ihn in einer verschlossenen Kuriertasche im Schlafzimmer auf. So verhielt es sich auch gestern abend, dessen bin ich mir völlig sicher. Als ich mich zum Abendessen umzog, öffnete ich die Tasche und überzeugte mich davon, daß der Brief noch darin steckte. Heute morgen war er verschwunden. Die Kuriertasche stand die ganze Nacht auf meinem Nachttisch. Ich habe einen leichten Schlaf und meine Frau auch. Wir sind beide bereit zu beschwören, daß niemand während der Nacht das Zimmer betreten hat. Und ich muß es wiederholen – trotzdem ist das Dokument verschwunden.«

»Wann aßen Sie zu Abend?«

»Um halb acht.«

»Wie spät war es, als Sie zu Bett gingen?«

»Meine Frau war ins Theater gegangen. Ich wartete auf sie. Es war halb elf, als wir uns ins Schlafzimmer zurückzogen.«

»Demnach hat die Kuriertasche vier Stunden lang unbewacht in dem Zimmer gestanden?«

»Niemand darf das Zimmer betreten, mit Ausnahme des Hausmädchens am Morgen und meinem Kammerdiener sowie der Zofe meiner Frau tagsüber, alles vertrauenswürdige Hausangestellte, die schon lange bei uns in Stellung sind. Außerdem konnte keiner von ihnen auch nur ahnen, daß in meiner Kuriertasche etwas Wertvolleres als die üblichen Akten steckte.«

»Wer wußte von der Existenz dieses Briefes?«

»Niemand im Haus.«

»Sicherlich war Ihre Frau informiert?«

»Nein, Sir, ich habe meiner Frau nichts davon gesagt, bis ich heute morgen den Brief vermißte.«

Der Premierminister nickte zustimmend mit dem Kopf.

»Ich bin mir schon lange über Ihr hohes Maß an beruflichem Pflichtgefühl bewußt, Sir«, sagte er. »Ich bin überzeugt, daß ein Berufsgeheimnis dieser Größenordnung über Ihren engsten familiären Bindungen steht.«

Der Sekretär für europäische Angelegenheiten verbeugte sich dankend.

»Sie lassen mir Gerechtigkeit widerfahren, Sir. Bis heute morgen habe ich niemals ein Wort über diese Angelegenheit meiner Frau gegenüber verloren.«

»Hätte sie es erraten können?«

»Nein, Mr. Holmes, sie hätte es nicht erraten können – auch jemand anders nicht.«

»Sind Ihnen jemals vorher Dokumente abhanden gekommen?«

»Nein, Sir.«

»Wer in England wußte von der Existenz dieses Briefes?«

»Alle Kabinettsmitglieder wurden gestern davon unterrichtet. Aber das Geheimhaltungsgelübde, das vor jeder Kabinettssitzung erneut beschworen wird, wurde zusätzlich durch eine ernste Warnung des Premierministers verstärkt.

Gott im Himmel, sich vorzustellen, daß ich selbst den Brief innert weniger Stunden verloren haben sollte.« Das gutaussehende Gesicht des Sekretärs verzerrte sich krampfartig vor Verzweiflung, und er fuhr sich mit einer heftigen Handbewegung durchs Haar. Wir bekamen flüchtig das wahre Wesen dieses Mannes zu sehen: impulsiv, temperamentvoll und äußerst empfindsam. Doch sofort wurde die aristokratische Maske wieder aufgesetzt, kam die sanfte Stimme wieder zum Einsatz. »Außer den Kabinettsmitgliedern gibt es zwei, möglicherweise drei Staatsbeamte, die von dem Brief wissen. In England sonst niemand, Mr. Holmes, das versichere ich Ihnen.«

»Und im Ausland?«

»Ich glaube, im Ausland hat ihn niemand gesehen, außer demjenigen, der ihn geschrieben hat. Ich bin überzeugt, daß seine Minister – daß die sonst üblichen Kanäle nicht benutzt worden sind.«

Holmes überlegte einen Moment.

»Jetzt, Sir, muß ich noch genauer von Ihnen wissen, um was für ein Dokument es sich handelt und warum sein Verschwinden derart enorme Konsequenzen nach sich ziehen sollte?«

Die zwei Politiker tauschten einen kurzen Blick aus; die buschigen Augenbrauen des Premierministers zogen sich finster zusammen.

»Mr. Holmes, es ist ein länglicher, dünner, hellblauer Briefumschlag. Er trägt ein Briefsiegel, das einen sprungbereiten Löwen darstellt. Er wurde in einer großen, kühnen Handschrift adressiert an . . .«

»Ich fürchte«, unterbrach ihn Holmes, »daß, so interessant und wichtig diese Details auch sein mögen, sich meine Nachforschungen mehr auf den Grund der Dinge werden beziehen müssen. Was *war* das für ein Brief?«

»Das ist ein Staatsgeheimnis höchsten Ranges, ich fürchte, auch Ihnen kann ich nicht davon berichten. Ich sehe eigentlich auch keine Notwendigkeit dafür. Wenn Sie mit Hilfe der außerordentlichen Fähigkeiten, die man Ihnen nachsagt, diesen gerade beschriebenen Umschlag samt Inhalt aufspüren, machen Sie sich um Ihr Vaterland verdient, und jede Art von Belohnung oder Auszeichnung, die in unserer Macht liegt, wird Ihnen zukommen.«

Sherlock Holmes erhob sich mit einem Lächeln.

»Sie gehören beide zu den beschäftigsten Männern dieses Landes«, bemerkte Holmes, »aber auch ich habe, in meinem kleinen Rahmen, eine Vielzahl von Aufgaben, die mich rufen. Ich bedaure außerordentlich, daß ich Ihnen in dieser Angelegenheit nicht weiterhelfen kann. Jegliche Fortsetzung dieser Unterredung wäre Zeitverschwendung.«

Der Premierminister sprang auf, mit einem blitzenden, wütenden Blick aus seinen tiefliegenden Augen, vor dem schon manches Kabinett erzittert war.

»Ich bin es nicht gewohnt, Sir –«, begann er, zügelte aber seinen Zorn und nahm seinen Platz wieder ein. Einen Augenblick saßen wir schweigend da. Dann zuckte der alte Staatsmann die Schultern.

»Wir müssen Ihre Bedingungen akzeptieren, Mr. Holmes. Zweifellos haben Sie recht; es war unüberlegt von uns anzunehmen, Sie würden handeln, ohne unser völliges Vertrauen zu besitzen.«

»Ich pflichte Ihnen bei, Sir«, sagte der jüngere Staatsmann. »Nun, ich werde Ihnen alles erzählen. Ich darf mich aber auf Ihre Ehre und die Ihres Kollegen, Dr. Watson, verlassen und an Ihre Vaterlandsliebe appellieren, denn für England wäre es eine unvorstellbare Tragödie, wenn diese Affäre ans Tageslicht käme.«

»Sie können uns völlig vertrauen.«

»Der Brief stammt von einem gewissen ausländischen Herrscher, der sich durch die jüngsten Entscheidungen unseres Landes in der Kolonialpolitik gekränkt fühlt. Der Brief wurde im Affekt und allein auf seine eigene Verantwortung geschrieben. Nachforschungen haben ergeben, daß seine Minister nichts von der Sache wissen. Zugleich ist der Brief in einem so unglücklichen Ton abgefaßt und in manchen Sätzen so provokativ, daß eine Veröffentlichung zweifellos eine gefährliche Stimmung in diesem Land hervorrufen würde. Der Aufruhr wäre so groß, Sir, daß ich nicht zögere zu behaupten, das Land würde innerhalb einer Woche nach Veröffentlichung jenes Briefes in einen Krieg verwickelt.«

Holmes schrieb einen Namen auf ein Stück Papier und händigte es dem Premierminister aus.

»Genau. Von ihm stammt der Brief. Und dieser Brief, der Tausende von Millionen Pfund und Hunderttausende Menschenleben kosten kann, ist auf so unerklärliche Art und Weise verschwunden.«

»Haben Sie den Absender davon unterrichtet?«

»Ja, Sir, wir haben ihm ein verschlüsseltes Telegramm zugeschickt.«

»Vielleicht wünscht der Absender eine Veröffentlichung.«

»Nein, Sir. Wir haben guten Grund anzunehmen, daß er begriffen hat, wie indiskret und unkontrolliert er gehandelt hat. Es wäre ein größerer Schlag für ihn und sein Land als für uns, wenn der Inhalt des Briefes an die Öffentlichkeit dringen würde.«

»Wenn dem so ist, wem liegt dann daran, daß der Inhalt bekannt wird? Warum sollte irgendjemand den Brief stehlen oder veröffentlichen wollen?«

»Nun, Mr. Holmes, Sie führen mich in die Region höherer, internationaler Politik. Aber wenn Sie die momentane Situation in Europa betrachten, werden Sie ohne Schwierigkeiten die Motivation erkennen. Augenblicklich gleicht Europa einem Waffenlager. Durch die Existenz von zwei Bündnisblöcken herrscht zwar momentan ein militärisches Gleichgewicht, aber England ist das Zünglein an der Waage. Wenn England in einen Krieg mit dem einen Block getrieben würde, würde das die Vormachtstellung des anderen Blocks garantieren, ob er nun an dem Krieg teilnimmt oder nicht. Können Sie mir folgen?«

»Sehr gut. Es liegt also im Interesse des Feindes dieses Herrschers, sich des Briefs zu bemächtigen und ihn zu veröffentlichen, so daß es zu einem Zerwürfnis zwischen seinem und unserem Land kommt?«

»Ja, Sir.«

»Wem würde dieses Dokument zugeschickt, sollte es in die Hände eines Feindes fallen?«

»Irgendeiner der Großmächte Europas. Wahrscheinlich befindet sich das Dokument augenblicklich auf dem schnellsten Wege dorthin.«

Mr. Trelawney Hope ließ den Kopf auf die Brust sinken und stöhnte laut auf. Der Premierminister legte ihm freundlich die Hand auf die Schulter.

»Es ist ein Mißgeschick, mein lieber Freund, niemand tadelt Sie dafür. Sie haben keine Vorsichtsmaßregel vernachlässigt. Nun, Mr. Holmes, jetzt sind Sie über alles informiert. Was raten Sie uns?«

Holmes schüttelte bekümmert den Kopf.

»Glauben Sie wirklich, Sir, wenn dieses Dokument nicht wiederbeschafft wird, bricht ein Krieg aus?«

»Ich befürchte es.«

»Dann, Sir, bereiten Sie sich auf einen Krieg vor.«

»Das ist ein hartes Wort, Mr. Holmes.«

»Betrachten Sie die Tatsachen, Sir. So wie ich es sehe, ist es höchst unwahrscheinlich, daß der Brief nach 23.30 Uhr gestohlen wurde, denn von diesem Zeitpunkt an bis zum Moment der Entdeckung des Verlustes befanden sich Mr. Hope und seine Frau im Zimmer. Folglich wurde er gestern abend zwischen 18.30 Uhr und 23.30 Uhr entwendet, vermutlich eher zur früheren als zur späteren Stunde, denn wer immer auch den Brief gestohlen hat, er wußte genau, daß das Dokument in der Kuriertasche steckte, und wollte natürlich so schnell wie möglich in seinen Besitz kommen. Nun, Sir, wenn ein Dokument dieser Tragweite zu dieser Stunde gestohlen worden ist, wo könnte es jetzt sein? Niemand ist daran interessiert, es zurückzuhalten. Es wird denjenigen auf dem schnellsten Weg zugeleitet, denen es von Nutzen ist. Welche Chance haben wir jetzt, es wieder zurückzuerlangen oder zumindest seine Spur zu verfolgen? Das liegt nicht in unserer Macht.«

Der Premierminister erhob sich vom Sofa.

»Was Sie sagen, Mr. Holmes, klingt vollkommen logisch. Ich glaube, die Angelegenheit ist uns aus den Händen geglitten.«

»Angenommen, nur um der Hypothese willen, der Brief wurde vom Hausmädchen oder vom Kammerdiener gestohlen –«

»Aber beide sind treue und langbewährte Hausangestellte.«

»Wenn ich Sie recht verstanden habe, liegt Ihr Schlafzimmer im zweiten Stock. Von diesem Zimmer führt kein direkter Ausgang nach draußen, und innerhalb des Hauses konnte niemand unbeobachtet die Treppe zu dem Zimmer hinaufgehen. Der Verdacht fällt also auf jemanden aus dem Haus. Zu wem würde der Dieb seine Beute bringen? Zu einem der international arbeitenden Spione und Geheimagenten, deren Namen mir leidlich bekannt sind. Von diesen wird wiederum von dreien behauptet, daß sie die Spitze ihres Berufsstandes darstellen. Ich beginne meine Ermittlung damit, daß ich zu ihnen gehe und überprüfe, ob jeder auf seinem Posten ist. Sollte einer von ihnen abwesend sein – insbesondere seit der vergangenen Nacht – werden wir einen Hinweis dafür haben, zu wem das Dokument gewandert sein könnte.«

»Warum sollte einer nicht anzutreffen sein?« fragte der Sekretär für europäische Angelegenheiten. »Er brauchte den Brief doch nur seiner Gesandtschaft in London auszuhändigen.«

»Dessen bin ich mir nicht sicher. Diese Agenten arbeiten

unabhängig, und ihre Beziehungen zu den Gesandtschaften sind oft sehr gespannt.«

Der Premierminister brachte mit einem Nicken seine Zustimmung zum Ausdruck.

»Ich glaube, Mr. Holmes, Sie haben recht. Jeder würde eine so wertvolle Beute lieber selbst an höchster Stelle abliefern. Ihr Vorgehen in dieser Sache überzeugt mich und scheint mir momentan das Beste zu sein. Aber inzwischen, Hope, können wir nicht wegen dieses Unglücks unsere anderen Pflichten vernachläßigen. Mr. Holmes, sollten sich im Laufe des Tages irgendwelche Neuigkeiten ergeben, so werden wir sie Ihnen mitteilen, und Sie lassen uns zweifellos das Resultat Ihrer Ermittlungen wissen.«

Die beiden Staatsmänner verneigten sich und schritten gemessen aus dem Raum. Als unsere erlauchten Besucher sich verabschiedet hatten, zündete sich Holmes schweigend seine Pfeife an und saß einige Zeit gedankenverloren da. Ich schlug die Morgenzeitung auf und vertiefte mich in einen Bericht über ein aufsehenerregendes Verbrechen, das letzte Nacht in London verübt worden war. Plötzlich sprang mein Freund mit einem Ausruf auf die Füße und legte seine Pfeife auf den Kaminsims.

»Ja«, sagte er, »es gibt keinen besseren Weg, diese Sache anzugehen. Die Lage ist verzweifelt, aber nicht hoffnungslos. Wenn wir nur wüßten, wer den Brief entwendet hat, denn es besteht auch jetzt noch die Möglichkeit, daß er ihn noch nicht aus den Händen gegeben hat. Schließlich ist für diese Burschen alles nur eine Geldfrage, und ich habe das Britische Schatzamt hinter mir. Wenn der Brief auf dem Markt ist, kaufe ich ihn – auch wenn sich deswegen die Einkommenssteuer um einen Penny erhöht! Es ist möglich, daß der Bursche den Brief zurückhält, um die Angebote, die er von der einen Seite erhält, gegen die Angebote der anderen Seite abzuwägen. Nur drei Agenten sind imstande, ein so dreistes Spiel zu treiben: Oberstein, La Rothière und Eduardo

Lucas. Ich werde jedem von ihnen einen Besuch abstatten.«

Ich blickte kurz auf meine Morgenzeitung.

»Sie meinen Eduardo Lucas aus der Godolphin Street?«

»Ja.«

»Sie werden ihn nicht mehr antreffen.«

»Warum nicht?«

»Er wurde gestern nacht in seinem Haus ermordet.«

Da mich mein Freund im Laufe unserer gemeinsamen Abenteuer so oft in Erstaunen versetzt hatte, verspürte ich dieses Mal ein gewisses Triumphgefühl, als ich sah, wie sehr ich ihn überrascht hatte. Er starrte mich verblüfft an, dann riß er mir die Zeitung aus den Händen. Der Artikel, den ich gerade las, als Holmes aus seinem Sessel aufsprang, hatte folgenden Wortlaut:

MORD IN WESTMINSTER

Vergangene Nacht wurde ein mysteriöses Verbrechen in einem Haus an der Godolphin Street verübt. Mit ihren Häusern aus dem 18. Jahrhundert ist es eine der altmodischen, abgelegenen Straßen, die zwischen Themse und Westminster Abbey fast im Schatten des Parlamentsgebäudes liegen. Dieses kleine, aber schmucke Haus wurde seit einigen Jahren von Mr. Eduardo Lucas bewohnt, in der Londoner Gesellschaft bekannt für sein charmantes Auftreten und seinen wohlverdienten Ruf als einer der besten Amateurtenöre des Landes. Der vierunddreißigjährige Mr. Lucas war unverheiratet; in seinem Haus lebten nur noch Mrs. Pringle, eine ältere Haushälterin, und sein Kammerdiener John Mitton. Mrs. Pringle zieht sich gewöhnlich abends früh zum Schlafen ins Dachgeschoß zurück. Der Kammerdiener war an dem Abend ausgegangen, um einen Freund in Hammersmith zu besuchen. Ab 22.00 Uhr war Mr. Lucas allein im Haus. Was in dieser Zeit geschah, ist noch nicht bekannt geworden, aber um Viertel vor zwölf bemerkte der Polizist Barrett, der gerade die Godolphin Street entlangging, daß die Haustür von Nr. 16 nur angelehnt war. Er klopfte, erhielt aber keine Antwort. Da er einen Lichtschein im Vorderzimmer entdeckte, betrat er den Hausflur und klopfte wieder an, diesmal an der Zimmertür, aber auch wieder ohne eine Antwort zu erhalten. Er riß die Tür auf und trat ein. Das Zimmer befand sich in einem höchst unordentlichen Zustand, die Möbel waren alle zur Seite gestoßen worden, und ein umgestürzter Stuhl lag in der Mitte des Raumes. Daneben, noch eines der Stuhlbeine umklammernd, lag der unglückselige Hausbewohner. Sein Herz war durchbohrt worden. An dieser Stichwunde muß er augenblicklich gestorben sein. Die Mordwaffe, mit der das Verbrechen durchgeführt worden ist, war ein indischer Krummdolch, der aus der an der Wand hängenden orientalischen Waffensammlung stammt. Raubmord scheint als Motiv nicht in Frage zu kommen, denn es gibt keine Anzeichen, daß Wertgegenstände aus dem Zimmer entwendet wurden. Mr. Eduardo Lucas erfreute sich überall großer Beliebtheit, so daß sein gewaltsamer und mysteriöser Tod untröstliches Bedauern und schmerzliches Interesse in seinem großen Freundeskreis hervorrufen wird.

»Nun, Watson, was sagen Sie dazu?« fragte Holmes nach einem langen Schweigen.

»Ein erstaunlicher Zufall!«

»Ein Zufall! Hier haben wir einen der drei Männer, die wir als mögliche Akteure in diesem Drama verdächtigten: er kommt gewaltsam zu Tode, und zwar in der Zeitspanne, während der sich, wie wir wissen, das Drama abspielte. Die Wahrscheinlichkeit, daß es sich hier um einen Zufall handelt, ist verschwindend klein. Sie läßt sich in Zahlen gar nicht ausdrücken. Nein, mein lieber Watson, die beiden Ereignisse sind miteinander verknüpft – sie müssen verknüpft sein. Es liegt an uns, die Zusammenhänge herauszufinden.«

»Aber jetzt ist die Polizei über alles informiert.«

»Ganz und gar nicht. Die Polizeibeamten wissen nur das, was sie in der Godolphin Street gesehen haben. Sie wissen aber nichts und werden auch nichts über Whitehall Terrace erfahren. Nur *wir* beide haben Kenntnis von beiden Vorfällen und können den Zusammenhang zwischen ihnen aufspüren. In jedem Fall hätte ein unübersehbarer Punkt meinen Verdacht auf Lucas gelenkt. Die Godolphin Street und Whitehall Terrace liegen zu Fuß nur etwa fünf Minuten auseinander. Die beiden anderen von mir genannten Geheimagenten leben am Rande vom Westend. Für Lucas war es deshalb einfacher, eine Verbindung mit dem Haushalt des Sekretärs herzustellen oder eine Nachricht von dort zu erhalten – eigentlich nur eine Nebensächlichkeit, aber wenn sich die Ereignisse in so kurzer Zeit häufen, dürfte es von Bedeutung sein. Holla, was haben wir hier?«

Mrs. Hudson hatte auf ihrem Silbertablett eine Visitenkarte hereingebracht. Holmes warf einen flüchtigen Blick darauf, zog die Augenbrauen hoch und reichte sie mir.

»Bitten Sie Lady Hilda Trelawney Hope, sie möge so freundlich sein, heraufzukommen«, wandte er sich an seine Wirtin.

Einen Augenblick später wurden unsere bescheidenen Räumlichkeiten, die heute morgen schon von so hohen Persönlichkeiten ausgezeichnet worden waren, erneut beehrt, denn eine der bezauberndsten Frauen Londons trat herein. Ich hatte schon oft von der Schönheit der jüngsten Tochter des Duke of Belminster gehört, aber keine Beschreibung, keine Betrachtung farbloser Photographien hatten mich auf so feinen, zarten Charme und auf eine so schöne Harmonie dieses vollkommenen Kopfes vorbereiten können. Aber an diesem Herbstmorgen war es nicht seine Schönheit, die einen Beobachter als erstes beeindruckt hätte. Die Wangen waren lieblich, aber blaß vor Erregung, die Augen glänzten, aber es war der Glanz von Fieber, der empfindsame Mund war zusammengepreßt in einem Versuch der Selbstbeherrschung. Entsetzen – nicht Schönheit – fiel zuerst ins Auge, als unsere elegante Besucherin für einen Moment im Türrahmen stehenblieb.

»War mein Mann bei Ihnen, Mr. Holmes?«

»Ja, Madam, er war hier.«

»Mr. Holmes, ich flehe Sie an, bitte sagen Sie ihm nicht, daß ich Sie aufgesucht habe.«

Holmes verbeugte sich kühl und forderte die Dame auf, Platz zu nehmen.

»Lady Hilda, Sie versetzen mich in eine sehr prekäre Lage. Ich bitte Sie, sich zu setzen und Ihr Anliegen vorzubringen. Aber ich fürchte, ich kann Ihnen kein uneingeschränktes Versprechen geben.«

Sie durchschritt den Raum und ließ sich auf einen Stuhl nieder, mit dem Rücken zum Fenster. Sie war eine majestätische Erscheinung – groß, graziös und ungeheuer weiblich.

»Mr. Holmes«, begann sie und faltete ihre weiß behandschuhten Hände nervös auf und zu, während sie sprach, »ich will ganz offen mit Ihnen sprechen in der Hoffnung, daß Sie sich dadurch veranlaßt fühlen, mir genauso offen zu antworten. Zwischen meinem Mann und mir besteht ein absolutes Vertrauen, bis auf eine Sache, und das ist die Politik. Diesbezüglich kommt nichts über seine Lippen, sie sind wie versiegelt. Nun habe ich aber erfahren, daß sich in unserem Haus vergangene Nacht ein beklagenswerter Vorfall ereignet hat. Ich weiß, daß ein Dokument abhanden gekommen ist. Aber weil es eine politische Angelegenheit ist, weigert sich mein Mann, mich ins Vertrauen zu ziehen. Aber es ist unbedingt notwendig – unbedingt, sage ich – daß ich vollkommen verstehe, worum es geht. Außer den Politikern sind Sie der einzige Mensch, der den wahren Sachverhalt kennt. Ich flehe Sie an, Mr. Holmes, erzählen Sie mir genau, was geschehen ist und zu was es führen kann. Sagen Sie mir alles, Mr. Holmes. Nehmen Sie keine Rücksicht auf Ihren Klienten, indem Sie schweigen, denn ich versichere Ihnen, es wäre seinen Interessen am besten gedient, wenn er mich ganz ins Vertrauen zöge. Was war das für ein Dokument, das gestohlen wurde?«

»Madam, Sie fragen mich etwas, das ich unmöglich beantworten kann.«

Sie seufzte und vergrub ihr Gesicht in ihren Händen.

»Sie müssen es akzeptieren, Madam. Wenn es Ihr Mann für richtig hält, Sie in dieser Angelegenheit im unklaren zu lassen, kann ich, der ich den wahren Sachverhalt unter dem Siegel der Verschwiegenheit erfahren habe, doch nicht die Dinge weitererzählen, die er vor Ihnen geheimhielt. Es ist darum nicht fair von Ihnen, danach zu fragen. Er ist es, den Sie fragen müssen.«

»Ich habe ihn ja gefragt, aber ohne Erfolg. Sie sind meine letzte Hoffnung, Mr. Holmes. Aber wenn Sie mir auch keine Details geben können, würden Sie mir einen großen Dienst erweisen, wenn Sie mich über einen Punkt aufklären würden.«

»Und der wäre, Madam?«

»Wird die politische Karriere meines Mannes durch diesen Vorfall gefährdet?«

»Nun, Madam, wenn die Sache nicht bald in Ordnung gebracht werden kann, kann es gewiß sehr unangenehme Folgen haben.«

»Ah!« Sie zog scharf ihren Atem ein, wie jemand, dessen Zweifel beseitigt sind.

»Noch eine Frage, Mr. Holmes. Im ersten Schreckensmoment des Unheils ließ mein Mann Worte fallen, denen ich entnommen habe, daß durch den Verlust dieses Dokuments schreckliche Konsequenzen für unser Land entstehen könnten.«

»Wenn er es so ausgedrückt hat, kann ich es nicht leugnen.«

»Welcher Art sind diese Konsequenzen?«

»Nein, Madam, Sie fragen mich wieder mehr, als ich Ihnen sagen kann.«

»Dann will ich nicht länger Ihre Zeit in Anspruch nehmen. Ich kann es Ihnen nicht verübeln, Mr. Holmes, daß Sie sich geweigert haben, offen mit mir zu reden. Denken Sie Ihrerseits nicht schlecht von mir, nur weil ich wünsche, die Sorgen meines Mannes zu teilen, auch wenn es gegen seinen Willen ist. Noch einmal bitte ich Sie, meinen Besuch ihm gegenüber nicht zu erwähnen.« Sie schaute an der Tür auf uns zurück, und mein letzter Eindruck von ihr war ein schönes Gesicht mit einem gejagten Gesichtsausdruck, erschreckten Augen und einem zusammengekniffenen Mund. Dann verschwand sie.

»Nun, Watson, das schöne Geschlecht ist Ihr Ressort«, mokierte sich Holmes lächelnd, als das Rauschen der Seidenkleider mit dem Zufallen der Vordertür abrupt geendet hatte. »Was für ein Spiel spielt die schöne Dame? Was will sie wirklich?«

»Ihre Aussage war klar und deutlich, und ihre Ängste sind ganz verständlich.«

»Hm! Erinnern Sie sich an ihre Erscheinung, Watson, an ihre Manieren, ihre unterdrückte Aufregung, ihre Ruhelosigkeit und an die Beharrlichkeit, mit der sie Fragen stellte. Denken Sie daran, daß sie aus einer Gesellschaftsschicht kommt, in der man keine Gefühle zeigt.«

»Sie war äußerst erregt.«

»Und vergessen Sie nicht, mit welch seltsamer Ernsthaftigkeit sie uns beteuerte, daß es das Beste für ihren Mann sei, wenn sie über alles Bescheid wisse. Was hat sie damit gemeint? Und Sie müssen bemerkt haben, Watson, wie geschickt sie es einrichtete, das Licht im Rücken zu haben. Sie wollte nicht, daß wir ihren Gesichtsausdruck sehen konnten.«

»Ja, stimmt, sie wählte genau den richtigen Stuhl.«

»Und doch – die Motive einer Frau sind so unergründlich.

Erinnern Sie sich an die Frau in Margate, die ich aus dem gleichen Grund verdächtigte? Sie hatte keinen Puder auf ihre Nase aufgetragen – das war des Rätsels Lösung. Wie kann man auf solchen Treibsand bauen? Ihre trivialsten Handlungen können von immenser Bedeutung sein oder ihr außergewöhnlichstes Benehmen kann von einer Haarnadel oder einem Lockenwickler abhängen. – Guten Morgen, Watson.«

»Sie gehen?«

»Ja, ich werde den Morgen in der Godolphin Street mit unseren Freunden von der Polizei verbringen. In Eduardo Lucas liegt des Pudels Kern, obwohl ich hinzufügen muß: ich habe keine Ahnung, in welcher Form. Es ist ein kapitaler Fehler, im voraus Theorien aufzustellen. Mein lieber Watson, Sie halten hier Wache und empfangen jeden weiteren Besucher. Wenn es mir möglich ist, bin ich zum Lunch wieder da.«

In den drei darauffolgenden Tagen befand sich Holmes in einer Stimmung, die seine Freunde als wortkarg, andere als griesgrämig bezeichnet hätten. Er ging aus, kam zurück, rauchte unaufhörlich, spielte einige Musikfetzen auf seiner Geige, versank in Träumereien, verschlang Sandwiches zu den unmöglichsten Zeiten und beantwortete kaum die Fragen, die ich ihm stellte. Ich erkannte, daß entweder er oder seine Ermittlung nicht wunschgemäß vorankamen. Er ließ kein Wort über die Sache fallen; ich erfuhr nur aus der Zeitung die Details der Untersuchung, der Verhaftung und der späteren Freilassung John Mittons, des Kammerdieners des Ermordeten. Die Leichenschau hatte ergeben, daß es sich um einen vorsätzlichen Mord handelte, aber die Täter blieben so unbekannt wie vorher. Über das Motiv herrschte immer noch Unklarheit. Der Raum enthielt zahlreiche Wertgegenstände, aber keiner war entwendet worden, selbst die Papiere des Toten waren unberührt geblieben. Die sorgfältige Hausdurchsuchung und Durchschau seiner Unterlagen hatte ergeben, daß er ein politisch stark interessierter Mann, ein unermüdlicher Schwätzer und ein großer Briefeschreiber war, der zudem noch einige Sprachen sprach. Mit vielen führenden Politikern verschiedener Länder stand er auf vertraulichem Fuß. Aber es wurde nichts Sensationelles in den Papieren gefunden. Seine häufig wechselnden Beziehungen zu Frauen schienen meist oberflächlicher Natur gewesen zu sein. Er hatte viele Bekannte, wenige Freunde und niemanden, den er liebte. Er ging regelmäßig seinen Gepflogenheiten nach, und sein Lebenswandel rief keinerlei Tadel hervor. Sein Tod war und blieb ein absolutes Mysterium.

Die Verhaftung des Kammerdieners John Mitton war ein Verzweiflungsakt, praktisch als Alternative zur völligen Tatenlosigkeit. Aber es konnte keine Klage gegen ihn erhoben werden. In jener Nacht hatte er Freunde in Hammersmith besucht; sein Alibi war hieb- und stichfest. Es stimmte zwar, daß er sich zu einer Stunde auf den Heimweg machte, die ihn in Westminster hätte ankommen lassen sollen, bevor das Verbrechen entdeckt wurde. Aber er erklärte, daß er einen Teil des Weges zu Fuß gegangen sei, und in Anbetracht jener schönen und milden Nacht leuchtete das durchaus ein. Tatsächlich erreichte John Mitton das Haus um Mitternacht und schien von der unerwarteten Tragödie überwältigt zu sein. Er hatte immer ein gutes Verhältnis zu seinem Herrn gehabt. Im Schrank des Kammerdieners fand man einige Gegenstände des Toten – unter anderem ein bemerkenswertes kleines Kästchen für Rasiermesser –, aber der Verdächtige erklärte, es wären Geschenke des Verstorbenen. Die Haushälterin bestätigte diese Aussage. Mitton war seit drei Jahren bei Lucas angestellt. Auffallend war, daß Lucas Mitton nie auf eine seiner Reisen auf den Kontinent mitnahm. Manchmal hielt sich Lucas drei Monate in Paris auf, aber Mitton wurde während dieser Zeit das Haus in der Godolphin Street in Obhut gegeben. Die Haushälterin selbst hatte in jener Nacht nichts gehört. Sollte der Hausherr Besuch gehabt haben, so mußte er ihm selbst die Tür geöffnet haben.

Der Stand des mysteriösen Verbrechens änderte sich während der nächsten drei Tage nicht, soweit ich es aus den Zeitungen verfolgen konnte. Falls Holmes mehr wußte, behielt er seine Gedanken für sich, aber er erzählte mir, daß Inspektor Lestrade ihn in diesem Fall ins Vertrauen gezogen hatte. Damit wußte ich, daß er jede neue Entwicklung genau verfolgte. Am vierten Tag erschien ein Zeitungsartikel im *Daily Telegraph,* der offenbar die Lösung des Geheimnisses enthielt:

Der Pariser Polizei ist es gelungen, den Schleier, der über dem tragischen Tod von Mr. Eduardo Lucas hing, zu lüften. Mr. Lucas war in der Nacht vom vergangenen Montag auf Dienstag in der Godolphin Street, Westminster, ermordet worden. Unsere Leser werden sich daran erinnern, daß der verstorbene Gentleman erstochen in seinem Zimmer aufgefunden wurde und daß ein Verdachtsmoment gegen seinen Kammerdiener bestand, das aber durch ein hieb- und stichfestes Alibi zerstreut wurde. Gestern nun wurde eine Dame, bekannt als Madame Henri Fournaye, die ein kleines Haus in der Rue d'Austerlitz bewohnt, von ihren Dienern als geisteskrank gemeldet. Eine Untersuchung ergab, daß sich bei ihr tatsächlich ein gefährlicher, anhaltender Wahnsinn eingestellt hat. Nachforschungen der Polizei ergaben, daß Madame Henri Fournaye am letzten Dienstag von einer Reise aus London zurückgekehrt war. Zudem gibt es Anhaltspunkte, die sie mit dem Verbrechen in Westminster in Zusammenhang bringen. Ein Vergleich von Photographien hat eindeutig bewiesen, daß Henri Fournaye und Eduardo Lucas in Wahrheit ein und dieselbe Person waren. Somit hat der Tote aus noch unbekannten Gründen ein Doppelleben in London und Paris geführt. Mme. Henri Fournaye, eine

Dame kreolischer Abstammung, besitzt ein äußerst leicht erregbares Temperament. Schon seit längerem wird sie von Eifersuchtsanfällen geplagt, die sich in Tobsucht steigerten. Man vermutet, daß sie in einem dieser Tobsuchtsanfälle das schreckliche Verbrechen beging, das in London ein derartiges Aufsehen erregte. Wie sie den fraglichen Montag im Detail verbrachte, konnte bis jetzt noch nicht ermittelt werden. Aber zweifellos trifft auf sie die Personenbeschreibung einer Frau zu, die am darauffolgenden Dienstagmorgen am Bahnhof von Charing Cross durch ihre verwilderte Erscheinung und ihr ungestümes Gebaren auffiel. So nimmt man an, daß die Tat entweder von einer bereits Geisteskranken verübt wurde, oder daß die unglückliche Frau durch ihre eigene Tat erst in den Wahnsinn verfiel. Im Moment ist sie nicht in der Lage, einen zusammenhängenden Bericht über diese Tage abzugeben, und die Ärzte hegen keinerlei Hoffnung, sie heilen zu können. Es liegen aber Angaben vor, nach denen eine Frau, höchstwahrscheinlich Mme. Henri Fournaye, am Montagabend zur fraglichen Stunde gesehen worden ist, während sie das Haus in der Godolphin Street beobachtete.

»Was sagen Sie dazu, Holmes?« Ich hatte ihm den Artikel laut vorgelesen, während er zu Ende frühstückte.

»Mein lieber Watson«, antwortete er, stand vom Tisch auf und ging im Zimmer auf und ab, »Sie mußten in den letzten drei Tagen sehr viel Geduld mit mir haben, aber wenn ich Ihnen nichts erzählt habe, so liegt es daran, daß es nichts zu erzählen gab. Auch dieser Artikel hilft uns nicht weiter.«

»Aber er klärt doch den Mord an diesem Mann auf!«

»Der Tod dieses Mannes ist eher ein Unglücksfall – eine alltägliche Episode – im Vergleich zu unserer Aufgabe, nämlich dieses Dokument aufzuspüren und Europa vor einer Katastrophe zu bewahren. Es gibt nur ein wichtiges Ereignis in den letzten drei Tagen, nämlich, daß sich nichts Wichtiges ereignet hat. Fast stündlich erhalte ich Lageberichte von der

Regierung; bisher ist es sicher, daß in ganz Europa keinerlei Anzeichen von Unruhe ausfindig zu machen sind. Nun, wenn der Brief weitergeleitet worden wäre – nein, er *kann nicht* weitergeleitet worden sein – aber wenn er nicht weitergeleitet wurde, wo kann er nur sein? Wer besitzt ihn? Warum wird er zurückgehalten? Diese Fragen zermartern mein Gehirn wie Hammerschläge. War es tatsächlich ein Zufall, daß Lucas in derselben Nacht getötet wurde, in der der Brief verschwand? Hat ihn der Brief jemals erreicht? Wenn ja, warum befindet er sich nicht unter seinen anderen Papieren? Hat seine wahnsinnige Frau ihn an sich genommen? Wenn ja, liegt er in ihrem Haus in Paris? Wie könnte ich nach ihm suchen, ohne den Verdacht der französischen Polizei auf mich zu ziehen? Bei diesem Fall kann uns das Gesetz ebenso gefährlich werden wie die Verbrecher. Alle sind gegen uns, und dabei stehen die Interessen aller auf dem Spiel. Falls ich den Fall erfolgreich abschließen sollte, wird er sicherlich die Krönung meiner Karriere sein. Ah, hier kommt die letzte Meldung von der Front!« Er überflog schnell die Notiz, die ihm hereingereicht worden war. »Hallo! Lestrade scheint etwas Interessantes entdeckt zu haben. Setzen Sie Ihren Hut auf, Watson, wir beide werden einen Spaziergang nach Westminster machen.«

Ich betrat zum ersten Mal den Schauplatz des Verbrechens – ein hohes, schmutziges, schmales Haus, spröde, förmlich und solide wie das Jahrhundert, in dem es gebaut wurde. Lestrades Bulldoggengesicht blickte uns vom Fenster des Vorderzimmers entgegen. Er begrüßte uns herzlich, nachdem ein dicker Polizist die Tür geöffnet und uns hereingelassen hatte. Wir wurden in den Raum geführt, in dem das Verbrechen verübt worden war, doch jetzt war keine Spur mehr davon zu sehen, außer einem häßlichen, unregelmäßigen Blutfleck auf dem Teppich. Es war ein kleiner, quadratischer Teppich aus grobem Wollstoff, der in der Mitte des Raumes lag, umrahmt von einem wunderschönen, altmodischen, aus lauter auf Hochglanz polierten Quadraten zusammengesetzten Parkettfußboden. Über dem Kamin hing eine prachtvolle Waffensammlung, aus der in der tragischen Nacht die Mordwaffe entnommen worden war. Vor dem Fenster stand ein kostbarer Schreibtisch. Jeder einzelne Einrichtungsgegenstand der Wohnung, die Bilder, die Teppiche, die Tapeten, alles zeugte von einem verschwenderischen Geschmack, den man beinahe unmännlich nennen konnte.

»Haben Sie schon die Neuigkeit aus Paris gelesen?« fragte Lestrade.

Holmes nickte.

»Unsere französischen Freunde scheinen diesmal den Nagel auf den Kopf getroffen zu haben. Zweifellos verhält es sich so, wie sie sagen. Sie klopft an die Tür – ich nehme an, eine Art Überraschungsbesuch, denn er hielt sein Leben in London von dem in Paris sauber getrennt –, er läßt sie eintreten, kann sie ja nicht gut auf der Straße stehenlassen. Sie erklärt ihm, wie sie ihm auf die Spur gekommen ist, macht ihm Vorwürfe, eines kommt zum anderen, und dann – mit dem Dolch so bequem in der Nähe – kam die Sache schnell zu Ende. Es geschah aber offensichtlich nicht alles in einem Augenblick, denn die Stühle waren alle zur Seite geworfen worden, und er umklammerte noch ein Stuhlbein, so als ob er versucht hätte, sie abzuwehren.«

Holmes zog seine Augenbrauen hoch.

»Und trotzdem haben Sie mich hierher gebeten?«

»Oh, da ist eine andere Sache, nur eine Nebensächlichkeit, aber eine von der Sorte, für die Sie sich interessieren – kurios, wissen Sie, man könnte es auch wunderlich nennen. Der Punkt hat bestimmt nichts mit dem zu untersuchenden Fall zu tun. Wie sollte er auch?«

»Also, Lestrade, schießen Sie los.«

»Nun, Sie wissen, daß wir nach einem Verbrechen dieser Art sehr darum bemüht sind, die Dinge an Ort und Stelle zu belassen. Nichts wurde verrückt. Ein Polizist schob hier Tag und Nacht Wache. Heute morgen, als der Tote begraben und die Ermittlung beendet worden ist – soweit sie das Zimmer betrifft –, dachten wir, wir könnten ein bißchen aufräumen. Dieser Teppich hier, ist, wie Sie sehen, nirgends befestigt, er liegt einfach so auf dem Parkettboden. Als wir ihn beim Aufräumen hochhoben, fanden wir –.«

»Ja, Sie fanden . . .?«

Holmes Gesichtszüge waren auf das äußerste gespannt und erregt.

»Nun, ich nehme an, Sie würden in hundert Jahren nicht erraten, was wir gefunden haben. Sehen Sie diesen Fleck auf dem Teppich? Ein beträchtliches Quantum an Blut muß durchgesickert sein, oder?«

»Zweifellos.«

»Sie werden aber überrascht sein zu hören, daß das helle Parkett keinen entsprechenden Fleck aufweist.«

»Keinen Fleck? Aber es muß –.«

»Ja, das sagen Sie. Aber Tatsache bleibt, es gibt keinen.«

Lestrade nahm einen Zipfel des Teppichs in die Hand und schlug ihn um. Er wollte damit beweisen, daß er tatsächlich recht hatte.

»Aber die untere Seite des Teppichs ist genauso befleckt wie die obere. Es muß etwas durchgesickert sein und einen Abdruck hinterlassen haben.«

Lestrade kicherte schadenfroh, weil es ihm gelungen war, den berühmten Experten vor ein Rätsel zu stellen.

»Ich will Ihnen die Erklärung zeigen. Es gibt zwar einen zweiten Fleck, aber nicht dort, wo er hingehört. Sehen Sie selbst.« Mit diesen Worten schlug er einen anderen Teil des Teppichs um, und tatsächlich, dort befand sind ein blutrotes Mal auf dem hellen, quadratisch angelegten, altmodischen Parkett. »Was sagen Sie dazu, Mr. Holmes?«

»Oh, das ist nicht schwierig. Die beiden Flecke sind dekkungsgleich, nur wurde der Teppich gedreht. Da er quadratisch und nicht am Boden befestigt ist, war das leicht getan.«

»Mr. Holmes, die Polizei benötigt nicht Ihre Hilfe, um zu erfahren, daß der Teppich gedreht worden ist. Das ist eindeutig, denn die Flecken passen aufeinander, wenn Sie den Teppich so herum legen. Aber ich möchte wissen, wer den Teppich gedreht hat und warum?«

Ich konnte Holmes' verschlossenem Gesichtsausdruck entnehmen, daß er innerlich vor Aufregung vibrierte.

»Hören Sie, Lestrade!« sagte Holmes, »hat der Polizist draußen vor der Tür die ganze Zeit Dienst gehabt?«

»Ja.«

»Wenn ich Ihnen einen Rat geben darf, Lestrade, verhören Sie ihn einmal erbarmungslos, aber nicht in unserer Gegenwart. Wir werden hier warten. Führen Sie ihn in das hintere Zimmer. Sie werden höchstwahrscheinlich eher ein Geständnis von ihm erhalten, wenn Sie beide alleine sind. Fragen Sie ihn, wie er es wagen konnte, jemanden das Zimmer betreten zu lassen und ihn auch noch dort allein zu lassen. Fragen Sie ihn aber nicht, ob er es getan hat. Setzen Sie das voraus. Sagen Sie ihm, Sie *wüßten*, daß jemand hier gewesen ist. Treiben Sie ihn in die Enge! Sagen Sie ihm, er könne sich nur durch ein lückenloses Geständnis unbeschadet aus der Affäre ziehen. Tun Sie genau das, was ich Ihnen gesagt habe.«

»Beim Heiligen Georg, wenn er etwas weiß, ich werde alles aus ihm herausholen!« brüllte Lestrade. Er stürzte in die Eingangshalle, und einige Minuten später hörte man seine tobende Stimme aus dem Hinterzimmer.

»Jetzt, Watson, jetzt!« befahl Holmes in großer Hast. Die ganze dämonische, hinter einer teilnahmslosen Maske versteckte Kraft dieses Mannes brach vehement hervor. Er zog den Teppich weg, und einen Augenblick später kroch er auf allen vieren auf dem Fußboden herum und kratzte mit seinen Nägeln an jedem Quadrat des Parketts. Als er wieder eine Fuge untersuchte, bewegte sich ein Quadrat. Es sprang hoch wie der Deckel eines Kastens. Darunter lag eine kleine, dunkle Vertiefung. Holmes steckte seine Hand begierig hinein und zog sie mit einem bitteren Laut voll Ärger und Enttäuschung wieder heraus. Das Versteck war leer.

»Schnell, Watson, schnell! Alles wieder auf seinen Platz!« Der Holzdeckel wurde wieder eingesetzt, und der Teppich war gerade darüber zurecht gezogen worden, als wir Lestrades Stimme auf dem Flur hörten. Bei Lestrades Eintritt lehnte Holmes in seiner lässigen Haltung am Kamin und bemühte sich resigniert und geduldig darum, ein unwiderstehliches Gähnen zu unterdrücken.

»Mr. Holmes, entschuldigen Sie, daß ich Sie warten ließ. Ich sehe, daß diese Geschichte Sie zu Tode langweilt. Also, er hat alles gestanden. Kommen Sie herein, MacPherson. Beichten Sie den Gentlemen Ihr unentschuldbares Benehmen.«

Der dicke, vor Verlegenheit puterrote und reumütige Polizist drückte sich durch die Tür.

»Ich habe mir nichts Böses dabei gedacht, Sir. Gestern abend klingelte die junge Dame an der Tür. Sie hatte sich in der Hausnummer geirrt. Und dann haben wir ein bißchen geschwatzt. Die Zeit wird einem so lang, wenn man den ganzen Tag Wache schiebt.«

»So, und was passierte dann?«

»Sie wollte den Tatort sehen – sagte, sie hätte darüber in der Zeitung gelesen. Es war eine sehr ehrenwerte, gebildete junge Dame, Sir, und ich sah nichts Unrechtes darin, sie einen Blick in das Zimmer werfen zu lassen. Aber als sie den Fleck auf dem Teppich sah, sank sie zu Boden und lag wie tot da. Ich lief aus dem Zimmer und holte etwas Wasser, aber ich brachte sie damit nicht zu Bewußtsein. Da rannte ich aus dem Haus um die Ecke zu dem Pub *Ivy Plant* und kaufte etwas Brandy. Als ich aber damit zurückkam, hatte sich die Dame wohl erholt und war verschwunden. Vermutlich schämte sie sich und traute sich nicht, mir gegenüberzutreten.«

»Wie verhielt sich das mit dem Teppich?«

»Nun, Sir, sicherlich, er war ein bißchen verrutscht, als ich zurückkam. Sehen Sie, sie fiel auf ihm zu Boden, und er lag lose auf dem gebohnerten Parkett. Ich rückte ihn wieder zurecht.«

»Das wird Ihnen eine Lehre sein, daß Sie mich nicht täuschen können, MacPherson«, sagte Lestrade würdevoll. »Zweifellos glaubten Sie, niemand würde je entdecken, wie Sie Ihre Pflicht vernachlässigt haben, doch mir genügte ein Blick auf den Teppich, um zu wissen, daß jemandem Zutritt zu diesem Zimmer gewährt worden war. Ihr Glück, mein lieber Mann, daß nichts vermißt wird, denn sonst würden Sie nicht so leicht davonkommen. Mr. Holmes, es tut mir leid, daß ich Sie wegen einer so unbedeutenden Angelegenheit habe rufen lassen, aber ich dachte, die Sache mit dem zweiten Fleck, der nicht deckungsgleich mit dem ersten ist, würde Sie interessieren.«

»Oh, gewiß, es war hochinteressant. Ist die Frau nur einmal aufgetaucht, MacPherson?«

»Ja, Sir, nur einmal.«

»Wer war diese Dame?«

»Ihren Namen weiß ich nicht, Sir. Sie wollte sich auf eine Annonce hin als Sekretärin vorstellen und hatte sich in der Hausnummer geirrt – eine sehr freundliche, nette, junge Frau, Sir.«

»Groß? Schön?«

»Ja, Sir. Sie war eine gutgewachsene Person. Man könnte sie als schön bezeichnen, vielleicht sogar als sehr schön. ›Oh, lassen Sie mich doch schnell hineinschauen!‹ sagte sie. Man könnte sagen, sie hat sich geschickt eingeschmeichelt. Ich dachte, es wäre nichts Böses dabei, sie den Kopf zwischen den Türspalt stecken zu lassen.«

»Wie war sie gekleidet?«

»Unauffällig, Sir – sie trug einen bodenlangen Mantel.«

»Um welche Uhrzeit kam sie?«

»Es begann gerade zu dämmern. Als ich mit dem Brandy zurückkehrte, zündete man gerade die Straßenlaternen an.«

»Sehr gut«, ließ sich Holmes vernehmen. »Kommen Sie, Watson, ich glaube, wir haben noch woanders eine wichtigere Arbeit zu erledigen.«

Als wir das Haus verließen, blieb Lestrade im Vorderzimmer zurück, während der reuige Polizist uns zur Haustür begleitete und hinausließ. Auf der Treppe drehte sich Holmes noch einmal um und hob mit seiner Hand etwas in die Höhe. Der Polizist starrte entgeistert darauf.

»Du lieber Gott, Sir!« rief er verblüfft. Holmes legte seinen Finger auf die Lippen, steckte etwas in seine Brusttasche zurück und brach in ein schallendes Gelächter aus, als wir die Straße hinuntergingen. »Ausgezeichnet!« meinte er.

»Kommen Sie, Freund Watson, der Vorhang hebt sich zum letzten Akt. Gewiß werden Sie beruhigt sein zu hören, daß es keinen Krieg geben wird, daß der vornehme Trelawney Hope in seiner brillanten Karriere keinen Rückschlag erleiden muß und daß der indiskrete, ausländische Herrscher für seine Indiskretion nicht bestraft wird, daß der Premierminister keine europäischen Komplikationen zu befürchten braucht, und mit ein bißchen Takt und Diplomatie unsererseits wird niemand auch nur einen Penny wegen dieses gräßlichen Zwischenfalls einbüßen, der zu einer Katastrophe größten Ausmaßes hätte führen können.«

Meine Bewunderung für diesen außergewöhnlichen Mann war grenzenlos.

»Sie haben das Problem gelöst!« rief ich.

»Das weniger. Es existieren noch einige ungeklärte Punkte. Aber wir haben soviele Indizien zusammengetragen, daß es unsere eigene Schuld wäre, wenn wir den Rest nicht auch noch in Erfahrung bringen würden. Wir gehen jetzt direkt nach Whitehall Terrace und bringen die Angelegenheit zu Ende.«

Als wir das Haus des Sekretärs für europäische Angelegenheiten erreichten, fragte Holmes nach Lady Hilda Trelawney Hope. Wir wurden ins Morgenzimmer geführt.

»Mr. Holmes!« begrüßte uns die Lady empört und mit vor Entrüstung geröteten Wangen, »das ist wirklich sehr unfair und wenig großmütig von Ihnen. Ich wünschte, wie ich es auch Ihnen ausdrücklich gesagt habe, daß mein Besuch bei Ihnen ein Geheimnis bleibt, damit mein Mann nicht befürchten muß, daß ich mich in seine Angelegenheiten mische. Und nun kompromittieren Sie mich, indem Sie hierher kommen und deutlich zeigen, daß zwischen uns eine geschäftliche Verbindung besteht.«

»Unglücklicherweise, Madam, hatte ich keine andere Wahl. Ich bin damit beauftragt worden, ein immens wichtiges Dokument aufzuspüren. Ich muß Sie deshalb bitten, Madam, es mir auszuhändigen.«

Die schöne Frau sprang auf und wurde aschfahl im Gesicht. Sie bekam einen glasigen Blick – schwankte –, so daß ich schon vermutete, sie würde ohnmächtig werden. Aber mit größter Anstrengung erholte sie sich von dem Schock und sammelte ihre Kräfte. Grenzenloses Erstaunen und Entrüstung trieben jeden anderen Ausdruck von ihren Zügen.

»Sie – Sie beleidigen mich, Mr. Holmes.«

»Kommen Sie, Madam, es ist hoffnungslos. Übergeben Sie uns den Brief.«

Sie eilte zur Klingel. »Der Butler wird Sie hinausbegleiten.«

»Klingeln Sie nicht, Lady Hilda. Wenn Sie das tun, werden all meine ernsthaften Bemühungen, einen Skandal zu vermeiden, zunichte gemacht. Überreichen Sie uns den Brief, und alles wird wieder ins Lot kommen. Wenn Sie mit mir zusammenarbeiten, kann ich die Sache arrangieren, aber wenn Sie gegen mich arbeiten, muß ich Sie bloßstellen.«

Würdevoll und trotzig stand sie da, eine majestätische

Erscheinung, den Blick so intensiv auf Holmes geheftet, als ob sie in seiner Seele lesen wollte. Ihre Hand lag noch auf der Klingel, läutete dann aber doch nicht.

»Sie versuchen, mich einzuschüchtern, Mr. Holmes. Es ist wenig galant von Ihnen, hierher zu kommen und eine Frau drohend anzusehen. Sie behaupten, etwas zu wissen. Was ist es denn, das Sie vorgeben zu wissen?«

»Setzen Sie sich, Madam. Sie werden sich nur unnötig verletzen, wenn Sie ohnmächtig zu Boden fallen. Ich spreche solange nicht, bis Sie Platz genommen haben. Vielen Dank!«

»Mr. Holmes, ich gebe Ihnen fünf Minuten.«

»Eine Minute reicht, Lady Hilda. Ich weiß genau, daß Sie Eduardo Lucas besucht haben, daß Sie ihm das Dokument gegeben haben, daß Sie auf einfallsreiche Art und Weise vergangene Nacht in jenes Zimmer zurückgekehrt sind und daß Sie den Brief aus dem Versteck unter dem Teppich genommen haben.«

Sie starrte ihn mit totenbleichem Gesicht an und schluckte zweimal, bevor sie sprechen konnte.

»Sie sind wahnsinnig, Mr. Holmes – Sie sind wahnsinnig!« rief sie schließlich.

Holmes zog ein kleines Stück Pappe aus seiner Tasche, ein Frauenantlitz, das aus einem Portrait ausgeschnitten worden war.

»Ich habe es mitgebracht, weil ich dachte, es könnte sich als nützlich erweisen«, bemerkte Holmes, »der Polizist hat Sie darauf wiedererkannt.«

Sie stieß einen tiefen Seufzer aus, und ihr Kopf fiel auf die Stuhllehne zurück.

»Kommen Sie, Lady Hilda, Sie sind im Besitz des Briefes. Die Angelegenheit kann noch geregelt werden. Ich möchte Ihnen wirklich keine Unannehmlichkeiten bereiten. Meine Aufgabe ist in dem Moment beendet, in dem ich den verlorengegangenen Brief Ihrem Mann übergeben habe. Befolgen Sie meinen Rat und seien Sie mir gegenüber offen. Es ist Ihre einzige Chance.«

Ihr Mut war bewundernswert. Auch jetzt wollte sie sich noch nicht geschlagen geben.

»Ich wiederhole, Mr. Holmes, Sie unterliegen einem absurden Irrtum.«

Holmes erhob sich aus seinem Stuhl.

»Es tut mir leid für Sie, Lady Hilda. Ich habe mein Bestes für Sie getan, aber es war umsonst.«

Er zog an der Klingel, und der Butler betrat das Zimmer.

»Ist Mr. Trelawney Hope im Hause?«

»Wir erwarten ihn um Viertel vor eins, Sir.«

Holmes schaute auf seine Uhr.

»Noch eine Viertelstunde«, stellte er fest, »sehr gut, ich werde warten.«

Kaum hatte der Butler die Tür hinter sich geschlossen, als Lady Hilda vor Holmes auf die Knie fiel, ihre Hände flehend erhoben, ihr schönes Gesicht zu ihm hinaufgewandt und tränenüberströmt.

»Oh, schonen Sie mich, Mr. Holmes! Schonen Sie mich!« bat sie flehentlich. »Um Himmels willen, verraten Sie ihm nichts. Ich liebe ihn so sehr. Ich möchte nicht den geringsten Schatten auf sein Leben werfen, und diese Sache würde sein edles Herz brechen.«

Holmes half der Dame, sich zu erheben.

»Ich danke Ihnen, Madam, daß Sie zur Besinnung gekommen sind, auch wenn es im letzten Moment war. Es gibt keinen Augenblick zu verlieren. Wo ist der Brief?«

Sie stürzte zum Schreibtisch, schloß ihn auf und entnahm ihm einen länglichen, hellblauen Briefumschlag.

»Hier ist er, Mr. Holmes. Ich wünsche bei Gott, ich hätte ihn nie gesehen!«

»Wie können wir ihn zurücklegen?« murmelte Holmes. »Schnell, schnell, es muß uns etwas einfallen. Wo ist die Kuriertasche?«

»Immer noch im Schlafzimmer.«

»Was für ein Glück! Schnell, Madam, bringen Sie sie hierher.«

Wenige Minuten später erschien sie mit der roten, schmalen Kuriertasche in der Hand.

»Wie haben Sie sie das letzte Mal geöffnet? Sie besitzen doch einen Nachschlüssel? Natürlich haben Sie einen. Öffnen Sie die Tasche!«

Lady Hilda zog aus ihrem Ausschnitt einen kleinen Schlüssel hervor. Die Tasche wurde aufgeschlossen, und uns quoll eine Unmenge Akten und Papiere entgegen. Holmes steckte den Umschlag tief zwischen die anderen Dokumente, verschloß die Tasche wieder und ließ sie ins Schlafzimmer zurücklegen.

»Jetzt sind wir für ihn bereit«, sagte Holmes. »Wir haben noch zehn Minuten. Ich werde alles in meiner Macht Stehende tun, Lady Hilda, um Sie zu schützen. Als Gegenleistung werden Sie mir in der Zwischenzeit freundlicherweise den wahren Sachverhalt dieser Affäre schildern.«

»Mr. Holmes, ich werde Ihnen alles sagen«, schluchzte die Lady. »Oh, Mr. Holmes, ich würde mir eher die rechte Hand abhacken, als ihm auch nur einen Moment Anlaß zur Betrübnis geben! Es gibt keine Frau in London, die ihren Mann so liebt wie ich den meinen. Wenn er aber erfahren würde, wie ich gehandelt habe – auch wenn ich gezwungen war, so zu handeln –, er würde mir nicht vergeben. Seine eigene Ehre ist so unantastbar, daß er den Fehltritt eines anderen nicht vergessen oder sogar entschuldigen könnte. Helfen Sie mir, Mr. Holmes! Mein Glück, sein Glück, unser Leben steht auf dem Spiel!«

»Rasch, Madam, die Zeit wird knapp!«

»Es dreht sich um einen von mir geschriebenen Brief, Mr. Holmes, einen indiskreten, vor meiner Ehe verfaßten Brief – der lächerliche Brief eines impulsiven, verliebten Mädchens. Ich dachte mir nichts Böses dabei, doch mein Mann würde diesen Brief als ein Verbrechen ansehen. Hätte er ihn gelesen, sein Vertrauen zu mir wäre für immer zerstört gewesen. Seit ich diesen Brief geschrieben habe, sind Jahre vergangen. Ich hatte gedacht, die ganze Angelegenheit sei in Vergessenheit geraten. Doch dann erfuhr ich von diesem Mann, Lucas, daß der Brief in seine Hände geraten war und daß er ihn meinem Mann geben würde. Ich flehte ihn um Gnade an. Er erwiderte, er würde mir den Brief nur aushändigen, wenn ich ihm dafür als Gegenleistung ein bestimmtes Dokument verschaffen würde, das sich laut seiner Aussage in der Kuriertasche meines Mannes befand. Ein Spion im Ministerium hatte ihm von der Existenz dieses Briefes berichtet. Er versicherte mir, daß für meinen Mann dadurch keine Unannehmlichkeiten entstehen würden. Versetzen Sie sich in meine Lage, Mr. Holmes! Was sollte ich tun?«

»Ihren Mann ins Vertrauen ziehen.«

»Das konnte ich nicht, Mr. Holmes, das konnte ich nicht! Es hätte unsere Beziehung zerstört. So schrecklich es auch war, an die Papiere meines Mannes gehen zu müssen, konnte ich doch die Folgen in einer politischen Angelegenheit nicht übersehen, während mir die Folgen für unsere Ehe nur allzu klar waren. Ich tat es, Mr. Holmes! Ich machte einen Abdruck seines Schlüssels, und dieser Mann Lucas fertigte danach das Duplikat an. Ich öffnete seine Kuriertasche, nahm den Brief heraus und brachte ihn in die Godolphin Street.«

»Was geschah dort?«

»Ich klopfte wie verabredet an die Tür. Lucas selbst öffnete. Ich folgte ihm in sein Zimmer, ließ aber die Haustür angelehnt hinter mir, denn ich fürchtete mich, mit diesem Mann allein zu sein. Ich erinnere mich, eine Frau draußen gesehen zu haben, als ich das Haus betrat. Unser Briefaustausch war schnell abgewickelt. Er hatte meinen Brief schon auf dem Schreibtisch bereitgelegt. Ich händigte ihm das Dokument aus. Er gab mir meinen Brief. In diesem Augenblick waren ein Geräusch an der Tür und dann Schritte zu hören. Lucas zog rasch den Teppich weg, warf das Dokument in irgendein darunter liegendes Versteck und schob den Teppich wieder darüber.

Was danach geschah, war wie ein grauenhafter Alptraum. Ich sehe noch ein dunkles, wutverzerrtes Gesicht vor mir, höre eine Frauenstimme, die in französisch schrie: ›Mein Warten war nicht vergebens. Endlich habe ich dich mit ihr erwischt!‹ Dann gab es einen erbitterten Kampf. Ich sah, wie er einen Stuhl in die Hand nahm, ein Messer blitzte in ihrer auf. Ich flüchtete vor der schrecklichen Szene, rannte aus dem Haus, und erst am nächsten Morgen las ich in der Zeitung, wie die entsetzliche Szene ihr grauenhaftes Ende nahm. In jener Nacht war ich glücklich, denn ich hatte meinen Brief, und ich ahnte noch nicht, was die Zukunft bringen würde.

Am darauffolgenden Morgen realisierte ich, daß ich ein Übel gegen das andere eingetauscht hatte. Der Schmerz meines Mannes über das verlorengegangene Dokument ging mir sehr zu Herzen. Ich konnte mich deshalb kaum beherrschen, mich vor ihm auf die Knie zu werfen und ihm alles zu gestehen, was ich getan hatte. Aber das hätte wieder ein Geständnis der Vergangenheit bedeutet. Ich kam an jenem Morgen zu Ihnen, um die volle Tragweite meines Vergehens zu erfahren. Von dem Augenblick an, in dem ich sie begriff, war mein Sinnen nur auf eines gerichtet, nämlich das Dokument meines Mannes zurückzuerhalten. Es mußte noch dort sein, wo Lucas es verborgen hatte, denn das Dokument war versteckt worden, bevor diese schreckliche Frau den Raum betrat. Wäre sie nicht gekommen, hätte ich nicht erfahren, wo sein Geheimfach war. Wie konnte ich aber unbemerkt in das Zimmer gelangen? Zwei Tage lang beobachtete ich sein Haus, aber die Tür wurde nie offen gelassen. Vergangene Nacht unternahm ich den letzten Versuch. Was ich getan habe und wie es mir gelang, wissen Sie schon. Ich nahm das

Papier mit mir nach Hause und dachte daran, es zu vernichten, denn ich konnte keine Möglichkeit entdecken, es zurückzulegen, ohne meinem Mann meine Schuld zu gestehen. Himmel, ich höre seine Schritte auf der Treppe!«

Der Sekretär für europäische Angelegenheiten stürzte aufgeregt ins Zimmer.

»Irgendwelche Neuigkeiten, Mr. Holmes, irgendwelche Neuigkeiten?« schrie er.

»Ich habe einige Hoffnungen.«

»Oh, Gott sei Dank.« Er begann zu strahlen.

»Der Premierminister ißt mit mir zu Mittag. Darf er an Ihren Hoffnungen teilhaben? Er hat Nerven wie Drahtseile, und doch weiß ich, daß er seit diesem schrecklichen Ereignis kaum noch geschlafen hat. Jacobs, bitten Sie den Premierminister heraufzukommen. Und nun zu dir, Liebling, ich fürchte, es handelt sich hier um eine politische Angelegenheit. Würdest du schon ins Speisezimmer vorgehen, wir kommen in einigen Minuten nach.«

Der Premierminister trat sehr beherrscht auf, aber ich konnte dem Glanz seiner Augen und dem Zittern seiner knochigen Hände entnehmen, daß er nicht weniger aufgeregt war als sein jüngerer Kollege.

»So wie ich es verstanden habe, haben Sie etwas zu berichten, Mr. Holmes?«

»Bis jetzt fällt das Ergebnis negativ aus«, antwortete mein Freund. »Ich habe an allen in Frage kommenden Plätzen Nachforschungen angestellt und bin zu der festen Überzeugung gelangt, daß keinerlei Gefahr droht.«

»Aber das genügt nicht, Mr. Holmes. Wir können nicht für immer auf diesem Pulverfaß sitzen bleiben. Wir müssen etwas Definitives in Händen haben.«

»Ich hoffe, genau das zu erreichen. Das ist ja der Grund, warum ich hier bin. Je mehr ich über die Angelegenheit nachdenke, um so stärker bin ich davon überzeugt, daß der Brief niemals das Haus verlassen hat.«

»Mr. Holmes!«

»Sonst wäre er sicher schon veröffentlicht worden.«

»Aber warum sollte jemand den Brief entwenden, um ihn dann in diesem Haus zu lassen?«

»Ich bin mir nicht sicher, ob überhaupt jemand ihn genommen hat.«

»Wie konnte er denn aus der Kuriertasche verschwinden?«

»Ich bin mir nicht sicher, ob er überhaupt jemals die Kuriertasche verlassen hat.«

»Mr. Holmes, Ihre Witze sind jetzt nicht sehr angebracht. Ich versichere Ihnen, daß der Brief aus der Tasche verschwunden war.«

»Haben Sie seit Dienstagmorgen noch einmal in der Tasche nachgesehen?«

»Nein, das war nicht nötig.«

»Es wäre doch denkbar, daß Sie den Brief übersehen haben.«

»Meines Erachtens ausgeschlossen.«

»Aber ich bin mir da nicht so sicher. Ich weiß aus Erfahrung, daß so etwas vorkommen kann. Ich nehme an, es befinden sich noch andere Papiere in der Tasche. Nun, vielleicht ist der Brief dazwischen geraten.«

»Er lag zuoberst.«

»Jemand kann die Tasche geschüttelt haben, und damit wäre auch der Brief verrutscht.«

»Nein, nein, ich hatte alles herausgenommen.«

»Kommen Sie, Hope, das ist leicht festzustellen!« schaltete sich der Premierminister ein. »Lassen Sie die Kuriertasche herbringen.«

Der Sekretär klingelte.

»Jacobs, holen Sie meine Kuriertasche. Das ist zwar eine lächerliche Zeitverschwendung, aber dennoch, wenn Sie nichts anderes zufriedenstellt, wird es getan. Vielen Dank, Jacobs, stellen Sie sie hierher. Den Schlüssel trage ich immer an meiner Uhrkette. Hier sehen Sie, das sind die Papiere, ein Brief von Lord Merrow, ein Bericht von Sir Charles Hardy, ein Memorandum aus Belgrad, eine Notiz zu den deutsch-russischen Getreidezöllen, ein Brief aus Madrid, eine Notiz von Ford Flowers und – großer Gott, was ist das? Lord Bellinger! Lord Bellinger!«

Der Premierminister riß ihm den blauen Briefumschlag aus der Hand.

»Ja, das ist er – und unversehrt. Hope, ich gratuliere Ihnen!«

»Ich danke Ihnen! Ich danke Ihnen! Mir fällt eine schwere Last vom Herzen. Aber das ist unbegreiflich – unmöglich! Mr. Holmes, Sie sind ein Hexenmeister! Wie wußten Sie, daß der Brief dort war?«

»Weil ich wußte, daß er nirgendwo anders sein konnte.«

»Ich kann meinen Augen nicht trauen.« Er rannte eilig zur Tür. »Wo ist meine Frau? Ich muß ihr sagen, daß alles in Ordnung ist. Hilda! Hilda!« hörten wir ihn noch auf der Treppe rufen.

Der Premierminister schaute Holmes mit glitzernden Augen an.

»Kommen Sie, Sir«, sagte er, »hinter der Sache steckt mehr, als es den Anschein hat. Wie ist der Brief in die Tasche zurückgekommen?«

Holmes wandte sich lächelnd von dem intensiv forschenden Blick dieser wundervollen Augen ab.

»Wir haben auch unsere diplomatischen Geheimnisse«, erklärte er, nahm seinen Hut und entschwand aus der Tür.

Der Mann mit der Narbe

Isa Whitney, ein Bruder des jüngst verstorbenen Dekans der Theologischen Fakultät am St. George College, Elias Whitney, war schwer opiumsüchtig, seit er durch einen dummen Einfall während seiner Collegezeit dem Rauschgift verfallen war. Er hatte De Quinceys Beschreibung seiner Träume und Empfindungen gelesen und seinen Tabak mit Laudanum getränkt, um dieselben Effekte zu erzielen. Doch wie so viele vor ihm entdeckte auch er, daß man diese Gewohnheit leichter annimmt als loswird; viele Jahre hindurch war er der Sklave dieser Droge, Anlaß für Entsetzen und Mitleid bei seinen Freunden und Verwandten. Ich sehe ihn noch vor mir: zusammengekauert in einem Stuhl, mit gelbem, teigigem Gesicht, stecknadelgroßen Pupillen und schlaff darüber hängenden Lidern, das Wrack eines einst vornehmen Mannes.

Eines Abends zu vorgerückter Stunde – es war im Juni 1889 – klingelte es an der Haustür. Es war zu einem Zeitpunkt, an dem man anfängt zu gähnen und auf die Uhr zu schauen. Meine Frau legte ihre Handarbeit zur Seite und verzog ein wenig enttäuscht ihr Gesicht.

»Ein Patient!« sagte sie. »Du wirst weg müssen.«

Ich stöhnte, denn ich war gerade von einem arbeitsreichen Tag nach Hause gekommen.

Wir hörten, wie die Tür geöffnet wurde, ein paar hastige Worte gewechselt wurden, darauf eilige Schritte auf dem Linoleum. Unsere Zimmertür flog auf, und eine dunkelgekleidete, schwarz verschleierte Dame betrat das Zimmer.

»Entschuldigt bitte die späte Störung«, begann sie, verlor dann plötzlich die Selbstbeherrschung, stürmte auf meine Frau zu, fiel ihr um den Hals und schluchzte an ihrer Schulter. »Oh, ich habe fürchterliche Sorgen. Ich brauche Hilfe«, rief sie.

Meine Frau hob ihren Schleier hoch und sagte erstaunt: »So etwas! Das ist Kate Whitney! Kate, du hast mich erschreckt! Ich hatte nicht die leiseste Ahnung, daß du es sein könntest, als du hereinkamst.«

»Ich weiß nicht mehr, was ich tun soll. Deshalb kam ich direkt zu dir.« Das war immer so. Menschen, die Kummer hatten, kamen zu meiner Frau wie Mücken zum Licht.

»Es ist ganz richtig, daß du gekommen bist. Komm, setz dich gemütlich hierhin, trink ein Glas Wein und erzähl uns alles. Oder ist es dir lieber, wenn ich James ins Bett schicke?«

»Nein, nein! Ich möchte auch den Rat und die Hilfe des Doktors. Es handelt sich um Isa. Seit zwei Tagen ist er nicht mehr zu Hause gewesen. Ich habe Angst um ihn.«

Es war nicht das erste Mal, daß sie zu uns über die Schwierigkeiten ihres Gatten sprach, zu mir als Arzt, zu meiner Frau als alte Schulfreundin. Wir beruhigten und trösteten sie, so gut wir konnten. Wußte sie, wo ihr Mann steckte? Konnten wir ihn vielleicht zu ihr zurückbringen?

Es war möglich, ihr zu helfen. Sie wußte mit Sicherheit, daß er in letzter Zeit, wenn er wieder Opium benötigte, in eine Opiumhöhle im tiefsten East End ging. Bisher beschränkten sich diese Orgien immer auf einen Tag, an dem er dann abends zitternd und völlig zerschlagen zurückkehrte. Aber diesmal stand er schon seit 48 Stunden unter der Einwirkung des Opiums und lag jetzt zweifelsohne zwischen dem Abschaum der Menschheit am Hafen herum, wo er entweder das Gift gerade inhalierte oder dessen Wirkung ausschlief. Sie war überzeugt davon, daß man ihn dort finden würde, nämlich in der *Bar of Gold* an der oberen Swandam Lane. Aber was sollte sie tun? Wie konnte sie, eine junge und scheue Frau, in solch ein Etablissement gelangen und ihren Mann aus dem sich dort herumtreibenden Gesindel herausholen?

So lag die Geschichte, und natürlich gab es nur einen Ausweg. Könnte ich sie nicht an diesen Ort begleiten oder, noch besser, ohne sie dort hingehen? Allein war es bestimmt einfacher, etwas auszurichten. Ich war Isa Whitneys Hausarzt und besaß somit ein wenig sein Vertrauen. So versprach ich Kate, ich würde ihn innerhalb der nächsten zwei Stunden mit der Droschke nach Hause schicken, falls er sich wirklich an der angegebenen Adresse aufhielt. Daraufhin erhob ich mich aus meinem Lehnstuhl, verließ das gemütliche Wohnzimmer und fuhr eilig mit einer Droschke und einem eigenartigen Auftrag ins East End.

Im ersten Teil meines Abenteuers ergaben sich jedoch keine großen Schwierigkeiten. Die obere Swandam Lane ist eine kleine, düstere Gasse hinter den großen Piers, die an der Nordseite der Themse östlich der London Bridge liegen. Zwischen einem billigen Konfektionsgeschäft und einer Schnapsbude führte eine steile Treppe hinunter zu einer dunklen Öffnung, ähnlich einem Höhleneingang: die Tür zur *Bar of Gold*. Nachdem ich meine Droschke gebeten hatte zu warten, stieg ich die Stufen hinab, die von den Schritten unzähliger Süchtiger ganz ausgetreten waren. Mit Hilfe des flackernden Lichtes einer Öllampe über der Tür fand ich die Klinke und betrat ein langes, niedriges Zimmer, in dem eine dicke Opiumwolke stand. Der Raum erinnerte durch die terrassenartig angelegten hölzernen Liegestätten an das Logis eines Emigrantenschiffes.

Durch den Dunst konnte man kaum die in sich zusammengekauerten und herumliegenden Körper erkennen, die die merkwürdigsten Haltungen angenommen hatten: Schultern verkrümmt, Knie verbogen, Kopf zurückgeworfen, Kinn nach oben gedrückt. Hier und dort wurde ein dunkler glanzloser Blick auf den Neuankömmling geworfen. Aus den schwarzen Schatten glommen kleine rote Lichtkreise auf, einmal intensiv, einmal schwach, je nachdem ob die Glut des brennenden Giftes in den Köpfen der Metallpfeifen zu- oder abnahm. Die meisten lagen schweigend da, aber manche murmelten vor sich hin, und wieder andere redeten miteinander in einer merkwürdigen tiefen, monotonen Stimme. Ihre Unterhaltungen erfolgten stoßweise und verloren sich dann und wann plötzlich in Schweigen; jeder lallte leise seine eigenen Gedanken vor sich hin und achtete wenig auf die Worte seines Nachbarn. Am hinteren Ende des Raumes stand ein kleines Kohlenbecken mit brennender Holzkohle, neben dem auf einem dreibeinigen Hocker ein großer, magerer alter Mann saß, der sein Kinn auf seine beiden Fäuste und seine Ellbogen auf seine Knie aufstützte und ins Feuer starrte.

Als ich hereinkam, eilte ein bleicher Malaie mit einer Pfeife und Opium auf mich zu und wies mir eine leere Liegestatt zu.

»Danke, aber ich möchte nicht bleiben«, sagte ich. »Ein Freund von mir ist hier, Mr. Isa Whitney, und ich wünsche ihn zu sprechen.«

Da bewegte sich etwas rechts von mir, und ich vernahm einen leisen Aufschrei. Als ich durch den Dunst spähte, sah ich Whitney, eine blaße, abgehärmte, zerzauste Erscheinung, die mich anstarrte.

»Mein Gott! Es ist Watson!« bemerkte er. Er befand sich in einem beklagenswerten Zustand und zitterte am ganzen Körper. »Sag, Watson, wieviel Uhr ist es?«

»Es ist fast elf Uhr abends.«

»Und was für ein Tag?«

»Freitag, der 19. Juni.«

»Um Gottes willen! Ich dachte, es sei Mittwoch. Es *ist* Mittwoch. Warum mußt du einen Kerl wie mich so in Schrecken versetzen?« Er ließ den Kopf auf seine Arme sinken und begann, in einem hohen, schrillen Ton zu schluchzen.

»Wirklich, heute ist Freitag. Deine Frau wartet seit zwei Tagen auf dich. Du solltest dich schämen!«

»Das tue ich auch. Aber Watson, du verwechselst etwas, ich bin hier erst seit ein paar Stunden, so für drei oder auch vier Pfeifen – ich weiß nicht mehr wie viele. Aber ich werde mit dir nach Hause gehen. Ich wollte Kate nicht ängstigen – arme, kleine Kate! Gib mir deine Hand! Hast du eine Droschke draußen stehen?«

»Ja, es wartet eine auf uns.«

»Dann werde ich sie nehmen. Aber ich muß noch Schulden haben. Watson, bitte stelle die Höhe meiner Schulden fest. Ich fühle mich nicht wohl. Ich bin zu nichts mehr imstande.«

Ich bahnte mir einen Weg durch die Reihen der Schlafenden und hielt den Atem an, um nicht den ekelhaften, betäubenden Rauch der Drogen einzuatmen. Ich suchte den Direktor. Als ich an dem großen Mann, der am Kohlenbecken saß, vorbeikam, fühlte ich, wie mich jemand plötzlich am Rockschoß zog, und eine leise Stimme flüsterte mir zu: »Gehen Sie vorbei und wenden Sie sich erst dann nach mir um.« Die Worte waren sehr deutlich gesprochen worden. Ich blickte mich flüchtig um. Sie konnten nur von dem alten Mann, der an meiner Seite saß, gekommen sein. Trotzdem saß er so versunken da wie vorher, sehr dünn, sehr faltig, durch das Alter gebeugt, eine Opiumpfeife lose zwischen seinen Knien, als ob seine Finger sie aus lauter Mattigkeit hätten fallen lassen. Ich ging zwei Schritte weiter und schaute mich dann um. Es erforderte meine ganze Selbstbeherrschung, um nicht einen Schrei des Erstaunens auszustoßen. Der alte Mann hatte sich so gedreht, daß ihn niemand außer mir sehen konnte. Nun hatte er seine Gestalt gestreckt, seine Falten waren verschwunden, seine erloschenen Augen hatten wieder an Leben gewonnen, und zu meiner Überraschung grinste mir niemand anders als Sherlock Holmes entgegen. Mit einer kleinen Bewegung deutete er mir an, sich ihm ein wenig zu nähern, und in dem Moment, da er sein Gesicht wieder der Menschenmenge zuwendete, fiel er zurück in eine tatterige, brabbelnde Greisenhaftigkeit.

»Holmes«, flüstere ich, »was um Himmels willen tun Sie in dieser Opiumhöhle?«

»Sprechen Sie so leise wie Sie können«, antwortete er. »Ich habe ausgezeichnete Ohren. Bitte haben Sie die Freundlichkeit zuzusehen, daß Sie Ihren tölpelhaften Freund loswerden, denn ich würde mich außerordentlich über ein kleines Gespräch mit Ihnen freuen.«

»Ich habe draußen eine Mietdroschke stehen.«

»Dann schicken Sie ihn bitte damit nach Hause. Und Sie können beruhigt sein, er ist viel zu schwach, um noch Unheil anzurichten. Lassen Sie Ihrer Frau durch den Kutscher die Nachricht zukommen, daß Sie mich getroffen haben. Wenn Sie draußen warten, bin ich in fünf Minuten bei Ihnen.«

Es ist schwierig, Sherlock Holmes Bitten abzuschlagen, sie werden immer so bestimmt und präzise vorgebracht. Allerdings, wenn Whitney einmal in der Droschke saß, hatte ich meine Mission erfüllt, und schließlich konnte ich mir nichts Schöneres vorstellen, als gemeinsam mit meinem Freund eines seiner einzigartigen Abenteuer, die für ihn alltäglich waren, zu erleben. Ich schrieb also eine Notiz an meine Frau, bezahlte Whitneys Rechnung, führte ihn zur Droschke und sah ihn in die Dunkelheit davonfahren. Kurz darauf trat ein gebrechlicher Mann aus der Opiumhöhle. Mit gekrümmtem Rücken und unsicherem Schritt schlurfte Sherlock Holmes zwei Straßen lang neben mir her. Dann, nachdem er sich schnell umgeschaut hatte, richtete er sich auf und brach in schallendes Gelächter aus.

»Ich glaube, Watson«, sagte er, »Sie befürchten, daß ich zum Kokainspritzen und all den anderen kleinen Schwächen, die Sie als Arzt so beunruhigen, auch noch das Opiumrauchen hinzugefügt habe.«

»Ich war wirklich überrascht, Sie hier zu treffen.«

»Ich war auch höchst erstaunt, Sie hier zu sehen.«

»Ich suchte einen Freund.«

»Und ich einen Feind.«

»Einen Feind?«

»Ja, einen meiner natürlichen Feinde oder besser gesagt meine natürliche Beute. Kurz, Watson, ich befinde mich mitten in einer äußerst bemerkenswerten Ermittlung und hoffte, wie schon so oft, im zusammenhanglosen Gefasel der Süchtigen einen Anhaltspunkt zu finden. Hätte man mich in dieser Höhle erkannt, mein Leben wäre keinen Pfennig mehr wert gewesen, denn ich habe sie schon früher für meine eigenen Zwecke benutzt, und der schurkische Laskar, dem die Spelunke gehört, hat mir Rache geschworen. An der Rückseite des Hauses befindet sich eine Falltür, die Ihnen schauerliche Geschichten erzählen könnte, von mondlosen Nächten, in denen manches durch sie verschwand.«

»Was! Meinen Sie Leichen?«

»Ja, Watson, Leichen. Wir wären reiche Leute, wenn wir für jeden armen Teufel, der in dieser Höhle ums Leben kam, 1000 Pfund erhalten würden. Dies ist die finsterste Mördergrube im ganzen Hafengebiet, und ich fürchte, Neville St. Clair hat sie zwar betreten, wird sie aber nie mehr verlassen. Aber unsere Kutsche sollte jetzt hier sein.« Er steckte beide Zeigefinger in den Mund und ließ einen durchdringenden Pfiff ertönen, worauf aus einer gewissen Entfernung mit einem ähnlichen Signal geantwortet wurde. Dann hörte man das Gepolter rollender Räder und das Geklapper von Pferdehufen. Ein hoher Dogcart tauchte aus der Dunkelheit auf, dessen Seitenlaternen zwei Lichttunnel durch die Finsternis bahnten.

»Nun, Watson«, fragte mich Holmes, »Sie kommen doch mit mir, nicht wahr?«

»Wenn ich Ihnen behilflich sein kann.«

»Oh, ein Kamerad, dem man vertrauen kann, wird immer benötigt, und ein Chronist noch mehr. In meinem Zimmer in *The Cedars* stehen zwei Betten.«

»*The Cedars*?«

»Ja, das ist das Haus von Mr. St. Clair. Während meiner Ermittlungen wohne ich dort.«

»Wo liegt es denn?«

»In Kent, nahe der Ortschaft Lee. Etwa sieben Meilen von hier.«

»Ich tappe völlig im dunkeln.«

»Natürlich! In Kürze werden Sie alles erfahren! Steigen Sie ein! Vielen Dank, John, wir brauchen Sie nicht mehr. Hier eine halbe Krone, und kommen Sie morgen früh gegen elf zu mir. Auf Wiedersehen!«

Er knallte mit der Peitsche, und wir rasten durch endlos scheinende, düstere und verlassene Straßen davon. Nachdem wir eine breite Brücke, unter der der dunkle Fluß träge durchfloß, überquert hatten, weiteten sich die Straßenzüge. Die Stille dieser steinernen Wildnis wurde nur durch den schweren regelmäßigen Schritt eines Polizisten und das Gegröhle von späten Heimkehrern unterbrochen. Ein oder zwei Sterne blinkten hier und dort zwischen den treibenden Wolken schwach auf. Holmes kutschierte schweigend, in Gedanken vertieft; sein Kopf war auf den Brustkorb gefallen. Ich saß neben ihm, darum bemüht, ihn in seinem Gedankenfluß nicht zu stören, obwohl ich gespannt war zu erfahren, welcher neue Auftrag ihn so sehr beanspruchte. Wir hatten bereits einige Meilen hinter uns und erreichten die Peripherie der Stadt, als Holmes sich plötzlich schüttelte, seine Schultern hochzog und sich eine Pfeife ansteckte, wobei er ganz den Eindruck eines Mannes vermittelte, der sich selbst von der Richtigkeit seines Handelns überzeugt hat.

»Watson, Sie besitzen die große Gabe zu schweigen«, sagte er. »Das macht Sie zu einem unersetzlichen Gefährten. Ich schwöre Ihnen, es ist großartig, daß ich jemanden habe, mit dem ich sprechen kann, denn meine eigenen Gedanken sind nicht sehr erhebend. Was soll ich bloß heute abend dieser lieben kleinen Frau sagen, wenn sie mir die Haustür öffnet.«

»Vergessen Sie nicht, ich weiß überhaupt nichts.«

»Dann lege ich Ihnen schnell die wichtigsten Punkte dieses Falles dar, ehe wir nach Lee kommen. Die Sache scheint lächerlich einfach zu sein, und doch komme ich nicht weiter. Eine Reihe von Indizien sind vorhanden, aber ich komme zu keiner Schlußfolgerung. Ich will Ihnen den Fall klar und deutlich darlegen, und vielleicht sehen Sie einen Lichtblick in diesem Dunkel.«

»Fahren Sie fort.«

»Vor einigen Jahren – um genau zu sein, im Mai 1884 – tauchte in der Ortschaft Lee ein Gentleman namens Neville St. Clair auf, der sehr wohlhabend zu sein schien. Er kaufte sich eine große Villa, legte einen wunderschönen Park an und führte das Leben eines wohlsituierten Bürgers. Langsam schloß er auch Freundschaften in der Nachbarschaft, und 1887 heiratete er die Tochter eines ortsansässigen Brauereibesitzers. Mit dieser Frau hat er jetzt zwei Kinder. Er ging keinem festen Beruf nach, war aber an verschiedenen Gesellschaften beteiligt. Er fuhr regelmäßig jeden Morgen in die Stadt und kehrte mit dem 5.14-Uhr-Zug am Nachmittag ab Cannon Street zurück. Der 37 Jahre alte Mr. St. Clair hat keine ausschweifenden Angewohnheiten, ist ein guter Ehemann, ein äußerst liebevoller Vater, kurz ein Mann, der bei allen, die ihn kennen, beliebt ist. Ich sollte hinzufügen, daß sich seine Schulden, soweit wir wissen, momentan auf 88 Pfund 10 Schilling belaufen, während sein Konto bei der Capital and Counties Bank ein Guthaben von 220 Pfund aufweist. Es liegt also kein Grund zur Annahme vor, daß ihn Geldsorgen bedrückten. Letzten Montag fuhr Mr. Neville St. Clair früher als gewohnt in die Stadt, weil er zwei wichtige geschäftliche Dinge regeln wollte. Er versprach seinem kleinen Sohn, einen Baukasten mit nach Hause zu bringen. Durch einen Zufall erhielt seine Frau an demselben Morgen, kurz nachdem er das Haus verlassen hatte, ein Telegramm, das sie informierte, daß das von ihr erwartete Wertpaket eingetroffen sei und von ihr in der Aberdeen Shipping Company abgeholt werden könnte. Wenn Sie sich in London auskennen, wissen Sie, daß der Sitz dieser Company in der

Fresno Street liegt, die in die obere Swandam Lane mündet, in der Sie mich heute nacht getroffen haben. Mrs. St. Clair fuhr nach dem Lunch in die Stadt, erledigte ein paar Einkäufe, begab sich zur besagten Company und holte ihr Paket ab. Genau um 16.35 Uhr trat sie ihren Rückweg zum Bahnhof durch die Swandam Lane an. Ist Ihnen soweit alles klar?«

»Durchaus.«

»Falls Sie sich erinnern, der Montag war ein außergewöhnlich heißer Tag. Mrs. St. Clair schlenderte langsam die Swandam Lane entlang und hielt nach einer Droschke Ausschau, weil ihr die Umgebung mißbehagte. Plötzlich hörte sie einen Ausruf oder einen Schrei und war aufs höchste erstaunt, ihren Mann in einem Fenster im zweiten Stock eines Hauses zu sehen. Er blickte auf sie herab und schien ihr Zeichen zu geben. Das Fenster war geöffnet, und sie konnte deutlich das erregte Gesicht ihres Mannes erkennen. Er gestikulierte wild mit seinen Händen, verschwand dann aber plötzlich vom Fenster, so als habe ihn jemand aus dem Hintergrund mit Gewalt zurückgerissen. Außerdem entging ihrem weiblichen Scharfblick nicht, daß er zwar seinen dunklen Rock trug, nicht aber Kragen und Krawatte.

In der festen Annahme, daß etwas nicht in Ordnung sei, stürzte sie die Treppe zu der uns wohlbekannten Opiumhöhle hinab, rannte durch die Haustür und wollte die Stufen, die zum ersten Stock führten, hinaufgehen, als sie am Fuß der Treppe auf den Laskar, diesen Schuft, stieß, der sie mit Hilfe eines bei ihm arbeitenden Dänen gewaltsam auf die Straße zurückdrängte. In größter Verzweiflung und Furcht eilte sie die Gasse hinab und traf durch ungeheuren Zufall in der Fresno Street auf einige Polizisten und einen Inspektor auf dem Weg zu ihrem Revier. Der Inspektor und zwei Polizisten gingen mit ihr zurück, und trotz heftigen Widerstandes seitens des Besitzers verschafften sie sich Zugang zu dem Zimmer, in dem Mr. St. Clair zuletzt gesehen worden war. Doch war kein Lebenszeichen von ihm zu entdecken.

Sie durchsuchten das ganze Stockwerk und stießen nur auf einen gräßlich aussehenden Krüppel, der dort wohl hauste. Beide, der Laskar und der Krüppel, schworen, niemand hätte sich während des Nachmittags in dem Raum aufgehalten. Sie bestritten es so entschieden, daß der Inspektor schwankte und fast zu der Überzeugung gelangte, Mrs. St. Clair habe sich wohl getäuscht. Doch sie sprang plötzlich mit einem Schrei auf, griff nach dem Kasten, der auf dem Tisch lag, und entfernte hastig den Deckel. Eine Kaskade Bauklötze fiel auf den Tisch. Es war das Spielzeug, das er versprochen hatte mitzubringen.

Diese Entdeckung und die offensichtliche Verwirrung des Krüppels veranlaßten den Inspektor, die Räume noch einmal aufs gründlichste zu durchsuchen. Die Indizien deuteten auf ein schreckliches Verbrechen hin. Das Zimmer war einfach als Wohnzimmer möbliert und führte in ein kleines Schlafzimmer, durch dessen breites Fenster man auf die Kais blickt. Zwischen dem Fenster und dem Kai befindet sich ein schmaler Streifen, der bei Ebbe im Trockenen liegt und bei Flut mindestens viereinhalb Fuß unter Wasser steht. Nach einer erneuten Durchsuchung wurden Blutspuren auf dem Fensterbrett und einzelne Blutstropfen auf dem Holzfußboden im Schlafzimmer festgestellt. Hinter den Wohnzimmervorhängen versteckt fand man alle Kleidungsstücke von Mr. Neville St. Clair mit Ausnahme des Rockes. Seine Schuhe, Strümpfe, Uhr und Hut – alles war vorhanden. An diesen Kleidungsstücken waren keine Anzeichen von Gewaltanwendung ausfindig zu machen. Von Mr. Neville St. Clair fehlte jegliche Spur. Er mußte durch das Fenster verschwunden sein, denn ein anderer Ausgang konnte nicht entdeckt werden. Die ominösen Blutflecken auf dem Fensterbrett gaben wenig Hoffnung, daß er sich schwimmend gerettet haben könnte, denn zum Zeitpunkt der Tragödie stand die Flut am höchsten.

Nun zu den Schurken, die direkt in die Sache verwickelt

schienen. Der Laskar war zwar bekannt für seine üble Vergangenheit, aber da er nach Mrs. St. Clairs Aussage wenige Sekunden nach dem Erscheinen ihres Mannes am Fenster unten an der Treppe stand, konnte er höchstens ein Mitschuldiger des Verbrechens sein. Er verteidigte sich, daß er von nichts wüßte, keine Kenntnisse vom Treiben seines Untermieters, Hugh Boone, habe und sich nicht erklären könnte, wie die Kleidungsstücke des Vermißten hierherkämen.

So weit der Spelunkenwirt. Jetzt zum finsteren Krüppel, der im zweiten Stock der Opiumhöhle haust und mit Sicherheit der letzte war, der Neville St. Clair lebend gesehen hat. Sein Name ist Hugh Boone. Sein scheußliches Gesicht ist jedem vertraut, der oft in der Stadt ist. Er ist von Beruf Bettler, aber um das Bettelverbot zu umgehen, handelt er pro forma mit Streichhölzern. Am oberen Ende der Threadneedle Street, auf der linken Straßenseite, nimmt diese Kreatur täglich in einer Mauernische ihren Platz ein, kreuzt die Beine übereinander und legt ihren geringen Bestand an Streichhölzern in den Schoß. Auf Grund seines erbärmlichen Aussehens fließen genügend Almosen in die speckige Ledermütze, die vor ihm auf dem Bürgersteig liegt. Ich habe ihn mehrmals beobachtet, bevor ich jemals daran dachte, beruflich seine Bekanntschaft zu machen, und war erstaunt über die Beträge, die er in kurzer Zeit einnahm. Seine Erscheinung ist so auffallend, daß man nicht an ihm vorbeigehen kann, ohne hinzusehen. Er hat flammend rotes Haar, ein blaßes Gesicht, entstellt durch eine entsetzliche Narbe, die den äußeren Rand seiner Oberlippe nach oben zieht, ein Boxerkinn und ein Paar durchdringender, dunkler Augen, die einen seltsamen Kontrast zu seiner Haarfarbe bilden. Dieses Aussehen hebt ihn aus der Masse der Bettler heraus. Zudem hat er Verstand: läßt ein Passant eine dumme Bemerkung fallen, ist er nie um eine Antwort verlegen. Nun, dieser Mann, Untermieter in der Opiumhöhle, hat wohl als letzter den Gentleman gesehen, nach dem wir suchen.«

»Aber was könnte ein Krüppel allein gegen einen Mann in seinen besten Jahren ausrichten?« fragte ich.

»In einer Hinsicht ist er ein Krüppel, weil er hinkt, aber ansonsten scheint er mir ein kräftiger und wohlgenährter Mann zu sein. Als erfahrener Arzt werden Sie sicherlich wissen, daß die Schwäche eines Gliedes oft durch ungewöhnliche Kraft in den anderen Gliedern ausgeglichen wird.«

»Bitte fahren Sie mit Ihrem Bericht fort.«

»Mrs. Clair wurde beim Anblick des Blutes auf der Fensterbank ohnmächtig. Sie wurde von der Polizei in einer Droschke nach Hause gebracht, weil man sie bei dem gegenwärtigen Stand der Untersuchung nicht mehr benötigte. Inspektor Barton, dem der Fall übergeben war, ließ die Räume noch einmal sehr sorgfältig durchsuchen, aber ohne Erfolg. Man machte einen Fehler, indem man Boone nicht sofort festnahm und ihm gestattete, einige Worte mit dem Laskar zu wechseln, aber das wurde schnell nachgeholt. Man verhaftete ihn und unterzog ihn einer Leibesvisitation, die aber keinerlei Belastungsmaterial erbrachte. Zwar fanden sich einige Blutflecken auf seinem rechten Hemdsärmel, aber er wies auf seinen Ringfinger, wo er sich nahe am Nagel geschnitten hatte. Er behauptete, das Blut rühre von dieser Verletzung her, und da er sich kurz vorher am Fenster aufgehalten hätte, wären damit auch die dort befindlichen Blutflecken zu erklären. Er bestritt hartnäckig, Mr. Neville St. Clair jemals gesehen zu haben, und schwor, die Kleider seien für ihn ein genauso großes Mysterium wie für die Polizei. Die Aussage von Mrs. St. Clair, ihren Mann im Fenster gesehen zu haben, konnte er sich nur damit erklären, daß sie verrückt sei oder aber geträumt habe. Laut protestierend wurde Hugh Boone zur Polizeistation gebracht, während der Inspektor in der Hoffnung zurückblieb, die bald einsetzende Ebbe werde neue Indizien an den Tag bringen.

Was sie auch tat. Nachdem die Ebbe eingesetzt hatte, fanden sie zwar auf der Sandbank nicht das, was sie befürchtet hatten, nämlich die Leiche von Neville St. Clair, aber dafür seinen Rock. Und was meinen Sie, haben sie in den Taschen gefunden?«

»Ich kann es mir nicht vorstellen.«

»Nein, das können Sie wirklich nicht. Jede Tasche war vollgestopft mit Pennies und Halfpennies – 421 Pennies und 270 Halfpennies. Kein Wunder, daß der Rock nicht von der Flut weggespült wurde. Aber mit einem Körper verhält es sich anders. Zwischen dem Haus und dem Kai bildet sich ein starker Strudel. Vermutlich verhält es sich so, daß der beschwerte Rock auf den Grund sank, während der Körper mit in den Fluß gerissen wurde.«

»Aber soweit ich es verstanden habe, wurden alle anderen Kleidungsstücke in dem Zimmer aufgefunden. War der Körper nur mit einem Rock bekleidet?«

»Nein, aber für all dies könnte es trotzdem eine plausible Erklärung geben. Angenommen, dieser Hugh Boone hat Neville St. Clair aus dem Fenster gestoßen, und niemand hat die Missetat gesehen. Was würde er daraufhin tun? Natürlich fiel ihm sofort ein, daß er die verräterischen Kleider loswerden mußte. Er schnappte sich den Rock. Während er im Begriff stand, diesen aus dem Fenster zu werfen, durchfuhr ihn der Gedanke, daß der Rock obenauf schwimmen und nicht sinken würde. Er hatte wenig Zeit, denn er hatte das Handgemenge unten gehört, als die Frau versuchte, sich den Zugang zu erzwingen, und vielleicht hatte er schon von seinem Verbündeten, dem Laskar, erfahren, daß die Polizei die Straße hinaufeilte. Es war keine Sekunde zu verlieren. Er eilte zu einem Versteck, in dem er die Früchte seiner Bettelei hortete, und stopfte soviel Münzen, wie er greifen konnte, in die Taschen, um sicherzugehen, daß der Rock versinken würde. Er warf ihn hinaus und hätte dasselbe mit den anderen Kleidungsstücken getan, hätte er nicht die eilig heraufkommenden Schritte gehört. Somit fand er nur noch die

Zeit, das Fenster zu schließen, als auch schon die Polizei im Raum stand.«

»Das klingt logisch.«

»Gut, wir werden diese These als Arbeitsgrundlage nehmen, bis wir eine bessere gefunden haben. Wie schon erwähnt, Boone wurde festgenommen und zur Polizeistation gebracht. Dort zeigte sich, daß bisher nichts gegen ihn vorgelegen hatte. Seit Jahren ist er als professioneller Bettler bekannt, scheint aber ein ruhiges Leben geführt zu haben, ohne sich jemals etwas zuschulden kommen zu lassen. So liegen die Dinge im Moment. Noch stehen aber einige Fragen offen: Was tat Neville St. Clair in der Opiumhöhle, was geschah dort mit ihm, wo steckt er jetzt, und was hat Hugh Boone mit seinem Verschwinden zu tun. Wir sind weiter denn je von des Rätsels Lösung entfernt. Ich gestehe, ich kann mich an keinen meiner Fälle erinnern, der auf den ersten Blick so einfach erschien und dann derartige Schwierigkeiten verursachte.«

Während Sherlock Holmes den eigenartigen Fall genau geschildert hatte, waren wir durch die Außenbezirke der Stadt gerast, bis wir die letzten vereinzelten Häuser hinter uns ließen und eine mit Hecken gesäumte Landstraße entlangfuhren. Just in dem Moment, da Sherlock Holmes seinen Bericht beendet hatte, kamen wir durch zwei Dörfer, in denen in einigen Häusern noch Licht brannte.

»Wir befinden uns am Rand von Lee«, sagte mein Gefährte. »Wir haben auf unserer kurzen Fahrt drei Grafschaften berührt, zuerst Middlessex, dann eine Ecke von Surrey und schließlich Kent. Sehen Sie das Licht zwischen den Bäumen? Es gehört zu *The Cedars*, und neben der Lampe sitzt eine besorgte Frau. Ich bezweifle nicht, daß ihre empfindlichen Ohren das Geklapper der Pferdehufe bereits gehört haben.«

»Aber warum führen Sie die Untersuchung nicht von der Baker Street aus?« fragte ich.

»Weil viele Unklarheiten nur hier draußen aufgedeckt

werden können. Mrs. St. Clair hat mir freundlicherweise zwei Räume zur Verfügung gestellt, und Sie können versichert sein, daß sie sich freuen wird, einen Freund und Kollegen von mir aufnehmen zu können. Ich trete ihr nur sehr ungern gegenüber, ohne Nachricht von ihrem Mann zu haben.«

Vor einer großen Villa, die von einem Park umgeben war, hielten wir an. Ein Stalljunge eilte auf das Pferd zu. Ich sprang aus der Kutsche und folgte Holmes den schmalen Kiesweg zum Haus hinauf. Als wir uns der Haustür näherten, wurde diese aufgerissen, und eine kleine blonde Frau stand im Rahmen. Sie trug ein helles Kleid aus einer Art Seidenmusselin, das am Hals und an den Handgelenken mit duftigem, pinkfarbenem Chiffon eingefaßt war. Sie stand im Licht, die eine Hand an der Tür, die andere vor Spannung halb erhoben, den Körper leicht nach vorn geneigt, den Kopf vorgestreckt, die Augen erwartungsvoll, den Mund leicht geöffnet: das ganze Wesen eine einzige Frage.

»Nun!« rief sie, »nun?« Als sie sah, daß wir zu zweit gekommen waren, ließ sie einen Hoffnungsschrei ertönen, der aber in einem Stöhnen endete, als sie sah, wie mein Freund den Kopf schüttelte und die Schultern zuckte.

»Keine guten Nachrichten?«

»Nein.«

»Keine schlechten?«

»Nein.«

»Gott sei Dank, wenigstens das. Aber kommen Sie doch herein. Sie müssen müde sein nach dem langen Tag.«

»Darf ich meinen Freund, Dr. Watson, vorstellen? Er ist mir in einigen Fällen eine entscheidende Hilfe gewesen, und durch einen glücklichen Zufall war es mir möglich, ihn hierher mitzubringen und ihn in die Ermittlung mit einzubeziehen.«

»Ich freue mich, Sie begrüßen zu dürfen«, erwiderte sie und drückte mir herzlich die Hand. »Ich bin sicher, Sie werden mir verzeihen, wenn manches im Haus Ihren Wünschen nicht entspricht. Das Unglück brach so plötzlich über uns herein.«

»Ich bitte Sie, Madam«, antwortete ich, »ich bin ein alter Soldat, und auch wenn ich es nicht wäre, sähe ich keinen Grund für Entschuldigungen. Ich würde mich glücklich schätzen, Ihnen oder meinem Freund behilflich sein zu können.«

Als wir das Eßzimmer betraten, wo wir einen gedeckten Abendbrottisch vorfanden, sagte sie: »Nun, Mr. Holmes, ich möchte Ihnen ein, zwei offene Fragen stellen, und ich bitte Sie, sie mir offen zu beantworten.«

»Selbstverständlich, Madam.«

»Achten Sie nicht auf meine Gefühle. Ich bin weder hysterisch noch neige ich dazu, ohnmächtig zu werden. Ich möchte einfach Ihre ehrliche Meinung hören.«

»Betreffend welchen Punkt?«

»Glauben Sie, im Innern Ihres Herzens, daß Neville noch lebt?«

Holmes schien etwas verlegen zu werden. »Seien Sie aufrichtig«, wiederholte sie. Sie stand vor ihm und richtete einen durchdringenden Blick auf Holmes, der sich in einen Korbstuhl zurückgelehnt hatte.

»Offen gesagt, Madam, ich glaube nicht.«

»Sie glauben, daß er tot ist?«

»Ja.«

»Ermordet?«

»Das habe ich nicht gesagt. Vielleicht!«

»An welchem Tag ist er gestorben?«

»Am Montag!«

»Mr. Holmes, wie können Sie sich dann den Umstand erklären, daß ich heute diesen Brief von meinem Mann erhalten habe?«

Sherlock Holmes sprang wie von einer Tarantel gestochen auf.

»Was!« schrie er.

»Ja, heute.« Lächelnd hob sie ein kleines Blatt Papier in die Höhe.

»Darf ich den Brief einmal sehen?«

»Selbstverständlich.«

Er griff aufgeregt nach dem Brief, strich ihn auf dem Tisch glatt und zog die Lampe näher heran, um ihn aufmerksam zu prüfen. Ich erhob mich von meinem Stuhl und blickte ihm über die Schulter. Der Briefumschlag war sehr rauh und trug den Poststempel von Gravesend mit dem Datum desselben, oder besser gesagt, des vorherigen Tages, denn es war schon weit nach Mitternacht.

»Eine plumpe Handschrift!« murmelte Holmes. »Madam, das ist doch sicherlich nicht die Handschrift Ihres Mannes.«

»Nein, aber die Schrift des Briefes ist die meines Mannes.«

»Ich vermute, daß derjenige, der den Briefumschlag adressierte, sich erst einmal nach der Anschrift erkundigen mußte.«

»Wie kommen Sie zu dieser Schlußfolgerung?«

»Sehen Sie, der Name steht in schwarzer Tinte da, die an der Luft getrocknet ist. Die übrigen Worte weisen aber eine gräuliche Farbe auf: ein Indiz dafür, daß Löschpapier benutzt wurde. Wäre alles in einem Zug geschrieben und dann abgelöscht worden, hätte kein Buchstabe eine tiefschwarze Farbe. Der Mann hat den Namen geschrieben, und dann gab es einen Unterbruch, bevor er die Adresse schrieb. Das kann nur bedeuten, daß er sie nicht wußte. Natürlich ist das eine Belanglosigkeit, aber nichts ist so wichtig wie Belanglosigkeiten. Schauen wir uns jetzt den Brief an! Ha, es muß dem Brief noch etwas beigefügt worden sein!«

»Ja, ein Ring, sein Siegelring.«

»Und Sie sind sich sicher, daß dies die Handschrift Ihres Mannes ist?«

»Eine seiner Handschriften.«

»Eine?«

»Ja, so schrieb er, wenn er in Eile war. Sie unterscheidet sich stark von seiner üblichen Handschrift, aber ich erkenne sie genau.« Holmes las vor:

»›Liebste, erschrick nicht. Es wird sich alles zum Guten wenden. Ein ungeheurer Irrtum ist passiert. Es braucht seine Zeit, um ihn zu berichtigen. Hab Geduld! – Neville‹

Diese Notiz wurde mit Bleistift auf das Vorsatzblatt eines Buches in Oktavformat ohne Wasserzeichen geschrieben. Sie ist heute in Gravesend von einem Mann mit einem schmutzigen Daumen aufgegeben worden. Ha! Und ich müßte mich irren, wenn der Briefumschlag nicht von einem Mann, der Kautabak kaut, zugeklebt wurde. Und Sie haben keinerlei Zweifel, daß dies die Handschrift Ihres Mannes ist, Madam?«

»Nein. Neville hat diese Worte geschrieben.«

»Der Brief wurde heute in Gravesend aufgegeben. Gut, Mrs. St. Clair, ein Lichtblick, obwohl ich nicht wagen möchte zu behaupten, daß die Gefahr gebannt ist.«

»Aber er muß noch am Leben sein, Mr. Holmes.«

»Wenn das hier nicht eine ausgezeichnete Fälschung ist, um uns auf die falsche Fährte zu locken. Der Ring beweist gar nichts. Man kann ihn Ihrem Mann auch abgenommen haben.«

»Nein, nein! Das ist eindeutig seine Handschrift.«

»Nun gut. Es kann aber möglich sein, daß der Brief zwar am Montag geschrieben, aber erst heute aufgegeben wurde.«

»Das ist denkbar.«

»Wenn dem so ist, kann in der Zwischenzeit noch viel passiert sein.«

»Oh, Sie dürfen mich nicht entmutigen, Mr. Holmes. Ich weiß, es geht ihm gut. Wir stehen uns so nahe, daß ich es spüren würde, wenn ihm etwas zugestoßen wäre. Genau an dem Tag, als ich ihn das letzte Mal sah, schnitt er sich im Schlafzimmer in den Finger, und obwohl ich mich im Eßzimmer aufhielt, rannte ich sofort die Treppe hinauf, mit der absoluten Gewißheit, daß etwas passiert war. Glauben Sie, ich würde auf so eine Kleinigkeit reagieren und auf seinen Tod nicht?«

»Ich habe zuviel erlebt, um nicht zu wissen, daß die Intuition einer Frau wertvoller sein kann als die Schlußfolgerung eines Analytikers. Und mit diesem Brief haben Sie ohne Zweifel ein schwerwiegendes Beweisstück in der Hand, das Ihre These bekräftigt. Aber wenn Ihr Mann lebt und imstande ist, Briefe zu schreiben, warum kehrt er nicht zu Ihnen zurück?«

»Ich weiß es nicht. Es ist nicht zu verstehen.«

»Und am Montag machte er keinerlei Andeutungen, bevor er wegging?«

»Nein.«

»Sie waren sehr überrascht, ihn in der Swandam Lane wiederzusehen?«

»Sehr.«

»War das Fenster geöffnet?«

»Ja.«

»Dann hätte er Ihnen etwas zurufen können?«

»Ja, er hätte mir etwas zurufen können.«

»So wie ich es verstanden habe, gab er aber nur einen unartikulierten Schrei von sich.«

»Ja.«

»Sie glauben, es war ein Hilferuf?«

»Ja, denn er gestikulierte wild mit seinen Händen.«

»Aber es könnte auch ein Schrei aus Überraschung gewesen sein. Vielleicht war er über Ihren unerwarteten Anblick so verblüfft, daß er seine Hände hochriß?«

»Möglicherweise.«

»Und Sie glauben, daß er vom Fenster weggezerrt wurde?«

»Er verschwand so plötzlich.«

»Er kann auch zur Seite gesprungen sein. Sie sahen keine weiteren Personen in dem Zimmer?«

»Nein, aber dieser schreckliche Mensch gestand, dort gewesen zu sein, und der Laskar stand am Fuß der Treppe.«

»Richtig. Soweit Sie es erkennen konnten, trug Ihr Mann seine gewohnte Kleidung?«

»Ja, aber ohne Kragen und Krawatte. Ich sah deutlich seinen entblößten Hals.«

»Hat er jemals von der Swandam Lane gesprochen?«

»Nie!«

»Waren jemals Anzeichen, die auf die Einnahme von Opium hinwiesen, zu entdecken?«

»Nie!«

»Ich danke Ihnen, Mrs. St. Clair. Ich wollte mir über die wesentlichsten Punkte absolute Klarheit verschaffen. Wir sollten nun zu Abend essen und dann ins Bett gehen, denn morgen werden wir vermutlich einen sehr anstrengenden Tag haben.«

Man hatte uns ein großes, gemütliches Schlafzimmer zur Verfügung gestellt. Ich schlüpfte schnell unter die Bettdecke, denn nach meinem nächtlichen Abenteuer war ich recht müde. Aber Sherlock Holmes konnte, wenn er ein ungelöstes Problem im Kopf hatte, Tage, ja sogar eine Woche verstreichen lassen, ohne sich auch nur einmal Ruhe zu gönnen. Er betrachtet dann das Problem im Geist von allen Seiten, kombiniert die Tatsachen neu und berücksichtigt jeden Standpunkt, bis er entweder das Problem gelöst oder sich überzeugt hat, daß das Beweismaterial unzureichend ist. Mir war bald klar, daß er sich jetzt auf eine solche Nacht der Denkarbeit vorbereitete. Er zog seinen Rock und seine Weste aus, legte einen weiten, blauen Schlafrock an und streifte dann durchs Zimmer, um die Kissen von Bett, Sofa und Sesseln einzusammeln. Mit diesen baute er sich eine Art orientalischen Diwan, auf den er sich mit gekreuzten Beinen setzte, vor sich eine Unze Shag-Tabak und Streichhölzer. Im schwachen Licht der Lampe sah ich ihn dort sitzen, eine alte Bruyèrepfeife zwischen den Lippen, aus der sich blauer Rauch zur Decke hochringelte, die Augen starr auf einen Punkt an der Decke fixiert, schweigend, unbeweglich, mit dem Lichtschein der Lampe auf seinen ausgeprägten adlerhaften Zügen. So saß er da, als ich einschlief, und so saß er immer noch da, als ich durch einen plötzlichen Ausruf geweckt wurde und die Sommersonne ins Zimmer scheinen sah. Die Pfeife steckte immer noch zwischen seinen Lippen, der Rauch ringelte sich immer noch hoch, und der Raum war von dichtem Tabakdunst erfüllt, aber vom Tabakhaufen der vergangenen Nacht war nichts übriggeblieben.

»Watson, sind Sie wach?« fragte er.

»Ja.«

»Sind Sie bereit für eine Morgenfahrt?«

»Gewiß.«

»Dann kleiden Sie sich bitte an. Zwar ist noch niemand wach, aber ich weiß, wo der Stalljunge schläft. Wir sollten den Einspänner bald draußen haben.« Er lachte in sich hinein, seine Augen blitzten; er war wie ausgewechselt im Vergleich zu dem ernsten, nachdenklichen Mann der vergangenen Nacht.

Als ich mich angezogen hatte, schaute ich auf die Uhr. Kein Wunder, daß sich kein Mensch rührte, denn es war 4.25 Uhr. Kaum hatte ich meine Morgentoilette beendet, als Holmes auch schon mit der Nachricht zurückkehrte, daß der Stalljunge das Pferd angespannt hatte.

»Ich möchte meine kleine Theorie überprüfen«, sagte er, und zog seine Stiefel an. »Watson, vor Ihnen steht einer der größten Dummköpfe Europas. Man sollte mich durchprügeln. Aber ich glaube, jetzt habe ich den Schlüssel zu dem Geheimnis.«

»Und wo befindet sich der?« fragte ich lächelnd.

»Im Badezimmer«, antwortete er. »O nein, ich scherze nicht«, fuhr er fort, als er meinen ungläubigen Gesichtsausdruck sah. »Ich war gerade dort, habe ihn mir genommen und in die Reisetasche gesteckt. Kommen Sie, schauen wir, ob er in das Schloß paßt oder nicht.«

So leise wie möglich gingen wir die Treppe hinunter, der hellen Morgensonne entgegen. Draußen standen schon Pferd und Wagen bereit, daneben der halbangezogene Stalljunge. Wir sprangen in den Einspänner und rasten auf der London Road davon. Zwar waren ein paar Bauernkarren unterwegs, die Gemüse in die Stadt brachten, aber die Villen links und rechts der Straße lagen noch in tiefem Schlaf.

»In mancher Hinsicht ist der Fall einzigartig«, sagte Holmes und ließ das Pferd in Galopp fallen. »Zuerst war ich mit Blindheit geschlagen, aber immerhin ist es noch besser, spät zu einer Erkenntnis zu gelangen, als gar nicht.«

Als wir die Stadt erreichten, sahen wir an den Fenstern die ersten, noch verschlafenen Frühaufsteher. Wir überquerten den Fluß, und ehe wir uns versahen, befanden wir uns vor der Polizeiwache in der Bow Street. Sherlock Holmes war dort wohlbekannt. Die beiden Polizisten vor der Tür grüßten ihn; der eine hielt das Pferd, während der andere uns in die Wache führte.

»Wer hat Dienst?« fragte Holmes.

»Inspektor Bradstreet, Sir.«

»Oh, Bradstreet, wie geht es Ihnen?« Ein großer untersetzter Polizist in Uniform kam uns in dem mit Steinfliesen ausgelegten Korridor entgegen. »Ich würde Sie gerne sprechen, Bradstreet.«

»Selbstverständlich, Mr. Holmes. Kommen Sie in mein Büro.«

Es war ein kleiner Raum, mit einem dicken Eintragungsbuch auf dem Tisch und einem Telefon an der Wand. Der Inspektor setzte sich hinter seinen Schreibtisch und fragte:

»Was kann ich für Sie tun, Mr. Holmes?«

»Es handelt sich um den Bettler Boone, den Mann, der in die Sache mit dem verschwundenen Mr. Neville St. Clair verwickelt ist.«

»Ja, er wurde hierher gebracht und für weitere Fragen in Untersuchungshaft genommen.«

»Das habe ich gehört. Haben Sie ihn hier?«

»Ja, in einer der Zellen.«

»Verhält er sich ruhig?«

»Oh, er macht keinerlei Schwierigkeiten, aber er ist ein dreckiger Schurke.«

»Dreckig?«

»Ja, wir konnten ihn nur dazu bewegen, sich die Hände zu waschen. Sein Gesicht ist so schwarz wie das eines Kessel-flickers. Nun, wenn er ins Gericht zur Verhandlung muß, dann wird er vorher in den Genuß eines ordentlichen Gefängnisbades kommen. Ich denke, wenn Sie ihn gesehen haben, werden Sie mir zustimmen, daß er eins nötig hat.«

»Ich würde ihn sehr gerne sehen.«

»Das ist kein Problem. Kommen Sie mit. Ihre Tasche können Sie hier stehenlassen.«

»Nein, ich glaube, ich nehme sie mit.«

»Das ist mir auch recht. Bitte folgen Sie mir.« Er führte uns durch einen Flur, öffnete eine verriegelte Tür, stieg eine Wendeltreppe hinab und brachte uns in einen weißgekalkten Korridor, von dem zu beiden Seiten lauter Türen abgingen.

»Die dritte rechts ist seine«, sagte der Inspektor. »Hier!«

Er schob leise eine Klappe zurück, die sich im oberen Teil der Tür befand, und blickte hindurch.

»Er schläft«, bemerkte er. »Sie können ihn gut sehen.«

Wir schauten beide durch das Gitter. Der Gefangene, dessen Gesicht uns zugewandt war, schlief fest. Er atmete langsam und schwer. Hugh Boone war ein Mann mittlerer Größe, seinem Beruf entsprechend gekleidet; sein buntes Hemd schaute durch einen Riß in seinem schäbigen Rock heraus. Er war, wie der Inspektor gesagt hatte, außerordentlich dreckig. Doch selbst der Schmutz, der sein Gesicht bedeckte, konnte seine abstoßende Häßlichkeit nicht verbergen. Eine breite Narbe verlief vom Auge bis zum Kinn und zog die eine Hälfte seiner Oberlippe hoch, so daß es aussah, als würde er ständig die Zähne fletschen. Flammend rotes Haar hing tief in Stirn und Augen.

»Er ist wirklich eine Schönheit, nicht?« meinte der Inspektor.

»Mit Sicherheit braucht er ein Bad«, bemerkte Holmes. »Ich dachte es mir schon und habe mir deshalb die Freiheit genommen, das entsprechende Instrument gleich mitzubringen.« Er öffnete seine Tasche und zog zu meinem Erstaunen einen großen Badeschwamm hervor.

»Ha, ha! Sie sind ein Witzbold«, gluckste der Inspektor.

»Wenn Sie jetzt die Güte hätten, die Tür leise zu öffnen. Wir werden ihn bald in eine ansehnliche Erscheinung verwandelt haben.«

»Nun, ich habe nichts dagegen einzuwenden«, erwiderte der Inspektor. »Er trägt wirklich nicht zum Ansehen der Bow Street-Zellen bei.« Er schloß die Tür auf, und sehr leise betraten wir drei die Zelle. Der Schlafende drehte sich halb zur Seite und fiel erneut in tiefen Schlaf. Holmes beugte sich über den Wasserkrug, benetzte den Schwamm und fuhr dem Gefangenen damit zweimal energisch über das Gesicht.

»Darf ich Ihnen hiermit Mr. Neville St. Clair aus Lee in der Grafschaft Kent vorstellen«, rief er.

Niemals zuvor in meinem Leben hatte ich so etwas gesehen. Das Gesicht des Mannes schälte sich unter dem Schwamm ab wie die Rinde eines Baumes. Verschwunden war die widerliche braune Gesichtsfarbe! Verschwunden auch die grauenhafte Narbe und die nach oben gezogene Lippe, die dem Gesicht den abstoßend höhnischen Ausdruck gegeben hatte! Mit einem Griff ließ sich das zerzauste rote Haar entfernen, und nun saß auf dem Bett ein blasser, traurig dreinblickender, kultiviert wirkender Mann mit schwarzem Haar und weicher Haut, der seine Augen rieb und uns verwirrt und verschlafen anstarrte. Plötzlich realisierte er die Enthüllung, stieß einen Schrei aus und warf sich mit dem Gesicht auf das Kissen.

»Um Gottes willen!« rief der Inspektor, »das ist tatsächlich der Vermißte. Ich erkenne ihn von der Photographie.«

Der Gefangene bewegte sich so gleichmütig wie jemand, der sich in sein Schicksal ergeben hat. »So sei es«, sagte er, »aber bitte, wessen werde ich beschuldigt?«

»Der Ermordung von Mr. Neville St. Clair – oh, dafür können Sie ja gar nicht belangt werden, außer man macht daraus einen Prozeß wegen versuchten Selbstmords«, erwiderte der Inspektor mit einem Grinsen. »Ich bin schon seit 27 Jahren bei der Polizei, aber das schießt den Vogel ab.«

»Wenn ich wirklich Mr. Neville St. Clair bin, dann ist es doch offensichtlich, daß kein Verbrechen begangen worden ist und ich somit unrechtmäßig festgehalten werde.«

»Es ist kein Verbrechen, aber ein großer Irrtum geschehen. Sie hätten sich besser Ihrer Frau anvertraut«, meinte Holmes.

»Ich tat es nicht wegen meiner Frau, sondern wegen meiner Kinder«, stöhnte der Gefangene. »Gott steh mir bei, ich wollte nicht, daß sie sich ihres Vaters schämten. Mein Gott! Was für eine Schande! Was kann ich nur tun?«

Sherlock Holmes setzte sich neben ihn auf das Bett und klopfte ihm freundlich auf die Schulter.

»Wenn Sie es zu einer Gerichtsverhandlung kommen lassen, werden Sie es natürlich kaum vermeiden können, daß der Fall in die Öffentlichkeit getragen wird. Andererseits, wenn Sie die Polizei überzeugen, daß keine Klage gegen Sie erhoben werden kann, liegt kein Grund vor, die Öffentlichkeit davon erfahren zu lassen. Ich bin sicher, daß Inspektor Bradstreet Ihr Geständnis aufnehmen und an die zuständige Stelle weiterleiten wird. Es würde dann gar nicht erst zu einem Prozeß kommen.«

»Gott segne Sie!« schluchzte der Gefangene. »Ich hätte eher eine Gefängnisstrafe, ja sogar ein Todesurteil auf mich genommen, als meinen Kindern mein elendes Geheimnis als Familienschande zu hinterlassen.

Sie sind der erste, der meine Geschichte hört. Mein Vater war Lehrer in Chesterfield. Ich erhielt eine ausgezeichnete Erziehung und Ausbildung. In meiner Jugend reiste ich viel, arbeitete zeitweise als Schauspieler und wurde schließlich Reporter bei einer Londoner Abendzeitung. Eines Tages wünschte mein Verleger eine Artikelserie über das Bettelwesen in der Stadt. Ich bot ihm an, diese zu schreiben. Das war der Beginn meines Abenteuers. Ich versuchte mich als Amateurbettler, um Material für meine Artikel zu sammeln. Als Schauspieler hatte ich natürlich das Schminken gelernt, und ich war in den Umkleideräumen für meine Kunstfertigkeit berühmt. Diese Fähigkeit wirkte sich jetzt für mich vorteilhaft aus. Ich schminkte mir mein Gesicht, und um mich so bemitleidenswert wie möglich zu machen, verpaßte ich mir eine große Narbe. Sie verlief vom Auge bis zum Mund, dessen Oberlippe ich verzerrte, indem ich sie hochzog und mit einem fleischfarbenen Pflaster befestigte. Mit roter Perücke und zweckentsprechender Kleidung versehen suchte ich mir einen Platz im geschäftigsten Teil der City, pro forma als Streichholzverkäufer, in Wirklichkeit aber mimte ich den Bettler. Sieben Stunden saß ich dort. Als ich abends nach Hause kam, stellte ich zu meinem Erstaunen fest, daß ich nicht weniger als 26 Shilling und vier Pence eingenommen hatte.

Ich schrieb meine Artikel. Ich dachte kaum noch an dieses Ereignis, bis ich einige Zeit darauf einen Zahlungsbefehl über 25 Pfund erhielt. Ich hatte nämlich die Bürgschaft für einen Freund übernommen. Ich besaß damals keinen Penny mehr und wußte nicht, woher ich das Geld nehmen sollte. Plötzlich schoß mir eine Idee durch den Kopf. Ich bat den Gläubiger um einen vierzehntägigen Aufschub, nahm Urlaub und begab mich in meiner Verkleidung zum Betteln in die City. Innerhalb von zehn Tagen hatte ich die fragliche Summe beisammen und bezahlte die Schuld.

Sie können sich sicher vorstellen, wie hart es ist, für zwei Pfund die Woche mühsam zu arbeiten in dem Bewußtsein, daß ich mindestens so viel an einem Tag verdienen könnte, indem ich mein Gesicht mit ein bißchen Farbe beschmiere, meine Mütze auf den Bürgersteig lege und still dasitze. Ich focht einen langen Kampf zwischen Stolz und Geld aus, aber das Geld siegte. Ich gab meinen Beruf als Reporter auf und saß Tag für Tag in der damals von mir gewählten Ecke, erregte Mitleid durch mein grausiges Gesicht und füllte meine Taschen mit Kupfermünzen. Nur ein einziger Mensch kannte mein Geheimnis. Dieser besaß eine finstere Opiumhöhle in der Swandam Lane, in der ich mich eingemietet hatte. Dort konnte ich mich jeden Morgen in einen erbärmlichen Bettler und am Abend in einen gutgekleideten Geschäftsmann verwandeln. Dieser Mann, ein Laskar, erhielt von mir eine fürstliche Miete für die beiden Räume, so daß ich sicher sein konnte, daß mein Geheimnis gut bei ihm aufgehoben war.

Bald darauf hatte ich eine beachtliche Summe zusammen. Ich glaube zwar nicht, daß jeder Bettler in London 700 Pfund im Jahr einnehmen kann – diese Summe liegt sogar noch unter meinem durchschnittlichen Einkommen – aber ich hatte den ungeheuren Vorteil, mich gekonnt zu schminken und schlagfertig zu sein. Durch diese Schlagfertigkeit gelang es mir mit der Zeit, ein recht bekanntes Original in der City zu werden. Ein tagtäglicher Strom Pennies, manchmal auch Silberstücke, ergoß sich über mich, und ich hatte wirklich einen schlechten Tag erwischt, wenn ich nur zwei Pfund eingenommen hatte.

Als ich reicher wurde, wuchsen auch meine Ansprüche. Ich kaufte mir ein Haus auf dem Land und heiratete schließlich, ohne daß jemand Verdacht bezüglich meiner wahren Beschäftigung schöpfte. Meine liebe Frau wußte, daß ich in der City tätig war, aber nicht als was.

Als ich mich letzten Montag nach dem Betteln in dem

Zimmer über der Opiumhöhle umzog und aus dem Fenster schaute, sah ich zu meinem Entsetzen und Erstaunen, daß meine Frau auf der Straße stand und mich direkt ansah. Ich stieß einen Schrei der Überraschung aus, warf meine Hände hoch, um mein Gesicht zu bedecken, und eilte zu meinem Vertrauten, dem Laskar, flehte ihn an, zu verhindern, daß jemand zu mir heraufkam. Ich hörte ihre Stimme unten, aber ich wußte, sie konnte nicht herauf. Rasch entledigte ich mich meiner Kleider, zog die des Bettlers an, schminkte mich und setzte die Perücke auf. Selbst das Auge einer Ehefrau konnte diese Verkleidung nicht durchschauen. Doch dann kam mir in den Sinn, daß der Raum durchsucht werden könnte und mich meine Kleider verraten würden. Ich öffnete eilig das Fenster und in der Hast verletzte ich mich erneut an dem kleinen Schnitt, den ich mir am Morgen im Schlafzimmer zugefügt hatte. Daraufhin ergriff ich meinen Rock, in den ich schon die Tageseinnahmen aus meiner Ledertasche gesteckt hatte, und schleuderte den mit Münzen beschwerten Rock aus dem Fenster. Er versank in der Themse. Die anderen Kleidungsstücke sollten ihm folgen, aber in dem Moment stürmte ein Trupp Polizisten die Treppe herauf, und wenige Minuten später wurde ich zu meiner Erleichterung nicht als Mr. Neville St. Clair entlarvt, sondern als sein Mörder verhaftet.

Ich weiß nicht, ob irgendetwas von meiner Seite aus noch zu erklären wäre. Ich war entschlossen, meine Maske so lang wie möglich zu behalten; daher meine Vorliebe für Schmutz im Gesicht. Weil ich aber wußte, daß meine Frau sich sehr ängstigen würde, zog ich schnell meinen Siegelring ab und vertraute ihn in einem unbeobachteten Moment dem Laskar an, zusammen mit einer hastig geschriebenen Nachricht an meine Frau, in der ich ihr versicherte, daß kein Grund zur Sorge bestände.«

»Nur daß die Nachricht sie erst gestern erreichte«, sagte Holmes.

»Mein Gott! Was für eine Woche hat sie durchstehen müssen.«

»Die Polizei hat diesen Laskar überwacht«, bemerkte der Inspektor, »und ich kann mir vorstellen, daß es für ihn mit Schwierigkeiten verbunden war, den Brief unbemerkt aufzugeben. Höchstwahrscheinlich hat er ihn irgendeinem Matrosen, der bei ihm Kunde war, gegeben, und der vergaß ihn für einige Tage.«

»Das war es«, nickte Holmes zustimmend. »Ich bezweifle es nicht. Sind Sie nie für die Bettelei belangt worden?«

»Viele Male, aber eine Geldbuße spielte für mich keine Rolle.«

»Das muß aufhören«, sagte Bradstreet. »Wenn die Polizei diese Sache vertuschen soll, darf es keinen Hugh Boone mehr geben.«

»Ich schwöre bei allem, was mir heilig ist, nie wieder!«

»Ich denke, in diesem Fall brauchen keine weiteren Schritte unternommen zu werden. Aber wenn Sie noch einmal dabei erwischt werden, kommt alles ans Tageslicht. Mr. Holmes, wir sind Ihnen sehr zu Dank verpflichtet, daß Sie diesen Fall aufgeklärt haben. Ich möchte nur wissen, wie Sie auf Ihre Lösungen kommen.«

»Auf diese Lösung bin ich gekommen, indem ich auf fünf Kissen saß und ein Päckchen Tabak rauchte. Watson, ich glaube, wenn wir jetzt zur Baker Street zurückfahren, kommen wir gerade noch rechtzeitig zum Frühstück.«

Ein Skandal in Böhmen

I

Für Sherlock Holmes ist sie noch immer *die* Frau. Ich kann mich nicht daran erinnern, daß er sie jemals unter einem anderen Namen erwähnt hätte. In seinen Augen überflügelt und überragt sie ihr ganzes Geschlecht. Es war aber nicht so, daß er so etwas wie Liebe für Irene Adler empfunden hätte. Alle Gefühlsregungen und insbesondere die der Liebe verabscheute sein kalter, analytischer, aber bewundernswert ausgewogener Verstand. Ich halte ihn für die vollkommenste Denk- und Beobachtungs-Maschine, die die Welt je gesehen hat, aber als Liebhaber hätte er seine Rolle verfehlt. Von Liebe und Leidenschaft sprach er immer nur in abschätzigem, verächtlichem Ton. Sie waren ausgesprochen nützlich für den Beobachter – hervorragend geeignet, um Motive und Taten der Menschen ans Tageslicht zu bringen. Aber für einen geschulten Denker wie Holmes bedeutete das Eindringen von Gefühlen in sein eigenes kompliziertes, letztendlich hochempfindliches Wesen einen Störfaktor, der möglicherweise Zweifel an seinen logischen Schlüssen aufkommen lassen konnte. Für ihn wäre ein starkes Gefühl genauso irritierend wie Sand in einem empfindlichen Instrument oder ein Sprung in einem seiner eigenen scharfen Vergrößerungsgläser. Und doch gab es nur eine Frau für ihn, und das war die verstorbene Irene Adler, obwohl die Erinnerung an sie zwiespältiger Natur ist.

Ich hatte Holmes in der letzten Zeit wenig gesehen. Durch meine Heirat hatten wir uns ein wenig entfremdet. Mein vollkommenes Glück und die neuen häuslichen Rechte und Pflichten, die über einen Mann hereinbrechen, der sich zum ersten Mal als Herr eines Hauses sieht, reichten aus, um meine ganze Aufmerksamkeit in Anspruch zu nehmen. Holmes dagegen, der in seiner Bohemienseele jede Form von Gesellschaft verabscheute, bewohnte weiterhin unsere Räume in der Baker Street, vergraben unter seinen alten Büchern und von Woche zu Woche hin und her schwankend zwischen Opiumgenuß und Ehrgeiz, zwischen einschläfernder Droge und der sprühenden Energie seines Temperaments. Immer noch wurde er gefesselt vom Studium ungeklärter Verbrechen und verwandte seine ganzen Kräfte darauf, den Ablauf eines Falls zu klären und jene Rätsel zu lösen, die von der Polizei als hoffnungslos fallengelassen worden waren. Von Zeit zu Zeit hörte ich irgendetwas über sein Treiben: seine Berufung nach Odessa im Fall des Trepoff-Mordes, seine Aufklärung der einzigartigen Tragödie der Brüder Atkinson in Trincomalee und schließlich die Mission, die er für die holländische Königsfamilie so diskret und erfolgreich erfüllt hatte. Abgesehen von diesen Lebenszeichen, die ich auch bloß mit allen Lesern der Tagespresse teilte, wußte ich wenig über meinen ehemaligen Freund und Gefährten.

Eines Abends – am 20. März 1888 – kehrte ich von einem Krankenbesuch zurück (ich hatte meine Tätigkeit als praktischer Arzt wieder aufgenommen), und der Weg führte mich zufällig durch die Baker Street. Als ich an der mir wohlbekannten Tür vorbeiging, überfiel mich der heftige Wunsch, Holmes wiederzusehen und zu erfahren, wofür er gerade sein einmaliges Talent einsetzte. Seine Wohnung war hell erleuchtet, und als ich zu den Fenstern hinaufschaute, sah ich seine große, schlanke Gestalt zweimal als dunkle Silhouette hinter der Gardine vorbeiwandern. Er durchschritt den Raum schnell und unruhig, sein Kopf war auf die Brust gesenkt, die Hände auf dem Rücken gefaltet. Mir, der jede seiner Stimmungen und Gewohnheiten kannte, sagten seine Haltung und sein Benehmen genug. Er arbeitete wieder. Er hatte sich aus seinen Kokainträumen gerissen und war wieder auf der Spur eines neuen Problems. Ich klingelte und wurde in das Zimmer hinaufgeführt, das ich früher mit ihm geteilt hatte.

Seine Begrüßung fiel nicht sehr überschwenglich aus, aber das lag in seiner Natur. Trotzdem glaube ich, er freute sich, mich wiederzusehen. Er sagte kaum etwas, wies mich aber mit einem freundlichen Blick in den Lehnstuhl, warf mir seine Zigarrenschachtel zu, zeigte auf den Spirituosenschrank und auf die Siphonflasche in der Ecke. Dann stellte er sich vor den Kamin und musterte mich in seiner eigentümlichen und intensiven Art.

»Die Ehe bekommt Ihnen gut«, bemerkte er. »Ich glaube, Watson, Sie haben, seitdem ich Sie das letzte Mal gesehen habe, siebeneinhalb Pfund zugenommen.«

»Sieben«, korrigierte ich Holmes.

»Tatsächlich, ich dachte, es wäre ein bißchen mehr, Watson, und ich stelle fest, Sie arbeiten wieder als praktischer Arzt. Sie haben mir gar nicht erzählt, daß Sie vorgehabt haben, Ihre Arbeit wieder aufzunehmen.«

»Woher wissen Sie es denn?«

»Ich sehe es, ich leite es ab. Woher weiß ich wohl, daß Sie vor kurzem völlig durchnäßt gewesen sind und daß Sie eine sehr ungeschickte, liederliche Person als Hausmädchen beschäftigen.«

»Mein lieber Holmes«, antwortete ich, »das ist zuviel. Für diese Bemerkung wären Sie vor ein paar Jahrhunderten sicherlich verbrannt worden. Es ist wahr, am Donnerstag fuhr ich aufs Land und kehrte völlig durchnäßt und beschmutzt zurück. Aber ich habe inzwischen meine Kleider gewechselt, und so kann ich mir gar nicht vorstellen, wie Sie es herausgefunden haben können. Was Mary Jane betrifft: sie ist unverbesserlich, und meine Frau hat ihr auch schon gekündigt. Aber ich wiederhole, es entzieht sich meinem Vorstellungsvermögen, wie Sie so etwas herausfinden können.«

Holmes lachte in sich hinein und rieb sich seine langen, nervösen Hände.

»Nichts einfacher als das«, erklärte er. »Ich sehe an der Innenseite Ihres linken Schuhs, gerade dort, wo die Flammen des Kaminfeuers ihr Licht darauf werfen, daß das Leder durch sechs fast parallele Einschnitte beschädigt wurde. Offensichtlich wurden sie dadurch verursacht, daß jemand sehr unvorsichtig am Rand der Schuhsohle mit einem scharfen Utensil herumgekratzt hat, um verkrusteten Schmutz zu entfernen. Deshalb meine zweifache Schlußfolgerung, daß Sie bei abscheulichem Wetter draußen waren und daß Sie ein besonders bösartiges, schuhaufschlitzendes Exemplar der Londoner Hausmädchen beschäftigen. Und was Ihre Praxis betrifft: wenn ein Gentleman meine Räume betritt, der nach Jod riecht, einen schwarzen Silbernitratfleck auf dem rechten Zeigefinger hat und einen ausgebuchteten Zylinder trägt, der zeigt, wo er sein Stethoskop versteckt hält, dann müßte ich wirklich sehr dumm sein, wenn ich ihn nicht gleich als ein aktives Mitglied der Ärzteschaft bezeichnen würde.«

Ich konnte nicht umhin, über die Leichtigkeit, mit der er seine Schlußfolgerung erklärte, zu lachen. »Wenn ich so Ihren Begründungen zuhöre«, bemerkte ich, »erscheinen mir die Rätsel immer so lächerlich einfach zu sein, daß ich sie leicht selbst lösen könnte, aber bei jedem Schritt Ihres Denkprozesses bin ich jedesmal vollkommen ratlos, bis Sie mir erklärt haben, wie Sie darauf kommen. Und doch glaube ich, daß meine Augen genauso gut sind wie Ihre.«

»Richtig,« antwortete er, zündete sich eine Zigarette an und ließ sich in einen Lehnstuhl fallen. »Sie sehen, aber Sie beobachten nicht. Der Unterschied ist offensichtlich. Zum Beispiel: Sie haben schon häufig die Stufen gesehen, die vom Hauseingang zu diesem Zimmer heraufführen.«

»Ja, häufig.«

»Wie oft?«

»Nun, einige hundert Male.«

»Gut. Wie viele Stufen sind es?«

»Wie viele? Das weiß ich nicht.«

»Genau! Sie haben nicht beobachtet. Und doch haben Sie gesehen. Das ist der springende Punkt. Nun, ich weiß, daß es siebzehn Stufen sind, weil ich sehe und beobachte. Übrigens, da Sie sich für meine kleinen Probleme interessieren und als Chronist so freundlich waren, einige meiner unwichtigen Erlebnisse niederzuschreiben, sind Sie vielleicht auch an diesem Fall interessiert.« Er warf mir einen dicken, rosaroten Briefbogen zu, der auf dem Tisch gelegen hatte. »Er kam mit der letzten Post,« sagte er. »Lesen Sie bitte laut vor.«

Der Brief trug weder Datum noch Unterschrift noch eine Anrede. Er lautete:

Heute abend, um Viertel vor acht, wird Sie ein Herr besuchen, der Sie in einer sehr ernsten Angelegenheit sprechen möchte. Ihre kürzlich geleistete Arbeit für ein europäisches Königshaus hat gezeigt, daß Sie jemand sind, dem man getrost Fälle von allergrößter Wichtigkeit anvertrauen kann; dies wurde uns von allen Seiten bestätigt. Seien Sie zu der angegebenen Stunde in Ihrem Zimmer und seien Sie nicht verärgert, wenn Ihr Besucher eine Maske trägt.

»Das klingt mysteriös«, meinte ich. »Können Sie sich vorstellen, was es bedeutet?«

»Bis jetzt habe ich noch keine Daten. Es ist ein großer Fehler, eine Theorie aufzustellen, wenn man keine Daten hat. Dann beginnt man nämlich unmerklich, die Tatsachen zu verdrehen, um sie der Theorie anzupassen, anstatt die Theorie den Tatsachen anzupassen. Aber jetzt zu dem Brief. Was für Schlüsse ziehen Sie aus ihm?«

Ich untersuchte sorgfältig Handschrift und Papier.

»Derjenige, der die Zeilen geschrieben hat, ist höchstwahrscheinlich ein wohlsituierter Bürger«, begann ich und bemühte mich, nach den Arbeitsmethoden meines Freundes vorzugehen. »Solches Papier kann man nicht unter zweieinhalb Shilling das Paket kaufen. Das Papier ist absonderlich dick und steif.«

»Absonderlich – das ist das richtige Wort«, sagte Holmes. »Zudem ist es kein englisches Papier. Halten Sie es gegen das Licht.«

Ich tat, wie mir geheißen und entdeckte Wasserzeichen: ein großes E mit einem kleinen g, ein P und ein goßes G mit einem kleinen t.

»Was halten Sie davon?« fragte Holmes.

»Ohne Zweifel geben die Wasserzeichen den Namen des Absenders beziehungsweise seine Initialen an.«

»Keineswegs. Das große G mit dem kleinen t steht für ›Gesellschaft‹, das deutsche Wort für ›Company‹, eine dort übliche Abkürzung wie bei uns ›Co.‹. P steht natürlich für ›Papier‹. Nun die Abkürzung Eg. Lassen Sie uns einen Blick in das Ortsverzeichnis vom Kontinent werfen.« Er zog einen dicken, braunen Band aus dem Regal. »Eglow, Eglonitz, hier: Eger. Das ist eine Ortschaft in einem deutschsprachigen Land, nämlich in Böhmen, nicht weit von Karlsbad entfernt. ›Bekannt als Schauplatz von Wallensteins Tod und für seine zahlreichen Glasfabriken und Papiermühlen.‹« Seine Augen glänzten, und er blies triumphierend eine große, blaue Rauchwolke in die Luft.

»Das Papier wurde in Böhmen hergestellt«, stellte ich fest.

»Genau! Und die Person, die die Notiz geschrieben hat, ist deutscher Muttersprache. Haben Sie die seltsame Satzkonstruktion bemerkt? Ein Franzose oder Russe wäre niemals so unhöflich zu seinen Verben. Bleibt nur noch zu erfahren, was die deutsche Person von uns wünscht, die auf böhmischem Papier schreibt und eine Maske trägt, anstatt ihr Gesicht zu zeigen. Ah, ich glaube, wir werden gleich aller Zweifel enthoben werden.«

Während Holmes noch sprach, hörte man draußen Hufgeklapper und das Geräusch am Randstein schürfender Wagenräder, gefolgt vom hellen Klang der energisch gezogenen Klingel. Holmes stieß einen Pfiff aus.

»Ein Zweispänner, nach dem Geräusch zu urteilen«, sagte er. »Ja«, fuhr er fort und schaute aus dem Fenster, »ein netter, kleiner Brougham und zwei Prachtpferde, mindestens einhundertundfünfzig Guineas das Stück. In diesem Fall steckt zumindest Geld, Watson.«

»Ich gehe jetzt wohl lieber, Holmes.«

»O nein, Doktor. Sie bleiben sitzen. Ohne meinen Boswell bin ich doch verloren. Und es verspricht interessant zu werden. Es wäre bedauerlich, den Fall zu verpassen.«

»Aber Ihr Klient –«

»Kümmern Sie sich nicht um ihn. Ich wünsche Ihre Hilfe und er damit auch. So, er kommt. Setzen Sie sich wieder in Ihren Lehnstuhl, Doktor, und schenken Sie uns Ihre ganze Aufmerksamkeit.«

Draußen auf der Treppe und im Korridor hörte man einen langsamen, schweren Schritt, der plötzlich vor der Zimmertür stoppte. Dann ertönte ein lautes und herrisches Klopfen.

»Herein!« rief Holmes.

Ein gut zwei Meter großer Mann mit herkulischem Körperbau trat herein. Seine Kleidung war prächtig in der Art, die man in England mit schlechtem Geschmack gleichsetzt. Ärmel und Brust seines zweireihigen Rockes waren mit breiten Astrachanstreifen besetzt, während der dunkelblaue, über die Schulter geworfene, mit flammendroter Seide gefütterte Umhang am Hals mit einer Brosche, die aus einem einzigen funkelnden Beryll bestand, zusammengehalten wurde. Die bis zur Mitte der Waden reichenden Stiefel waren am Schaftende mit kostbarem braunen Pelz verbrämt und vervollständigten den Eindruck von unkultiviertem Überfluß, den man durch seine ganze Erscheinung gewinnen mußte. Er hielt einen breitrandigen Hut in der Hand, während seine obere Gesichtshälfte durch eine schwarze Maske verdeckt war. Er hatte die Maske wohl kurz vorher aufgesetzt und zurechtgerückt, denn er nestelte noch an ihr herum, als er eintrat. Von der unteren Gesichtshälfte her zu urteilen, schien er einen starken Charakter zu haben: die dicke, herunterhängende Unterlippe und das lange, vorgestreckte Kinn ließen auf einen Mann mit fester, bis zur Halsstarrigkeit gehender Entschlußkraft schließen.

»Haben Sie meinen Brief erhalten?« fragte er mit einer tiefen, rauhen Stimme und einem deutlichen deutschen Akzent. »Ich benachrichtigte Sie, daß ich Sie aufsuchen würde.« Dabei schaute er vom einen zum anderen, als ob er nicht sicher wäre, an wen er sich wenden sollte.

»Nehmen Sie doch bitte Platz«, bot Holmes an. »Dies ist mein Freund und Kollege, Dr. Watson, der gelegentlich so gütig ist, mir bei meinen Fällen zu helfen. Mit wem habe ich die Ehre?«

»Nennen Sie mich Graf von Kramm, einen böhmischen Aristokraten. Ich setze voraus, daß dieser Gentleman, Ihr Freund, ein Mann von Ehre und Diskretion ist, dem ich in einer höchst wichtigen Angelegenheit trauen kann. Wenn nicht, würde ich es vorziehen, diese Unterhaltung mit Ihnen allein zu führen.«

Ich stand auf, um mich zu entfernen, aber Holmes packte mich am Handgelenk und schob mich auf meinen Platz zurück. »Entweder wir beide oder keiner«, erwiderte er. »Sie können diesem Gentleman all das erzählen, was Sie mir auch erzählen würden.«

Der Graf zuckte mit seinen breiten Schultern. »Dann muß ich damit beginnen, Sie beide dazu zu verpflichten, über diese Sache zwei Jahre absolutes Stillschweigen zu bewahren, danach spielt es keine Rolle mehr. Momentan ist es nicht übertrieben zu behaupten, daß die Angelegenheit so weitreichende Folgen haben kann, daß sie sogar die europäische Geschichte beeinflussen könnte.«

»Ich gebe Ihnen mein Versprechen.«

»Ich auch.«

»Bitte entschuldigen Sie die Maske«, fuhr der seltsame Besucher fort. »Die erlauchte Person, in deren Diensten ich stehe, möchte, daß auch ich, ihr beauftragter Mittelsmann, Ihnen gegenüber unbekannt bleibe, und ich muß auch zugeben, daß der Titel, mit dem ich mich vorstellte, nur ein angenommener ist.«

»Dessen war ich mir bewußt«, äußerte Holmes trocken.

»Die Umstände dieses Falles sind sehr heikel, und es muß jede Vorsichtsmaßnahme getroffen werden, um eine Situation zu vermeiden, die zu einem immensen Skandal auswachsen und eine der europäischen Königsfamilien ernstlich kompromittieren könnte. Um deutlicher zu werden: in die Angelegenheit ist die Dynastie Ormstein involviert, Erbkönige von Böhmen.«

»Auch dessen war ich mir bewußt«, murmelte Holmes, während er sich in seinen Lehnstuhl zurücklehnte und die Augen schloß.

Unser Besucher starrte mit sichtbarem Erstaunen auf den nonchalant dasitzenden Mann, den man ihm zweifellos als den hervorragendsten logischen Denker und den energiegeladensten Privatdetektiv Europas geschildert hatte. Holmes öffnete langsam seine Augen und sah seinen riesenhaften Klienten ungeduldig an.

»Wenn Eure Majestät jetzt die Freundlichkeit hätten, Ihren Fall darzulegen«, forderte Holmes ihn auf. »Ich könnte Sie dann besser beraten.«

Der Mann sprang von seinem Stuhl auf und wanderte in höchster Aufregung im Raum auf und ab. Dann, mit einer verzweifelten Geste, riß er sich die Maske vom Gesicht und warf sie zu Boden.

»Sie haben recht!« schrie er, »ich selbst bin der König! Warum sollte ich versuchen, es zu verbergen?«

»Ja, wirklich, warum auch?« murmelte Holmes. »Ihre Majestät hatten noch nicht gesprochen, als mir schon bewußt war, daß ich es mit Wilhelm Gottsreich Sigismund von Ormstein, Großherzog von Cassel-Falstein und Erbkönig von Böhmen zu tun habe.«

»Aber Sie müssen das verstehen«, sagte unser merkwürdiger Besucher, indem er sich wieder setzte und sich mit seiner Hand über die hohe, weiße Stirn strich, »Sie müssen das verstehen. Ich bin es nicht gewohnt, derartige Dinge selbst zu erledigen. Dieser Fall jedoch ist so heikel, daß ich ihn keinem meiner Agenten hätte anvertrauen können, ohne mich dadurch in seine Hände zu geben. So bin ich inkognito von Prag hierher gereist, um Sie zu konsultieren.«

»Bitte, konsultieren Sie«, äußerte Holmes und schloß erneut seine Augen.

»Kurz die Fakten: vor fünf Jahren machte ich während eines längeren Besuchs in Warschau die Bekanntschaft der berühmten Abenteurerin Irene Adler. Der Name ist Ihnen zweifellos ein Begriff.«

»Doktor, seien Sie so freundlich und sehen Sie einmal in meiner Kartei nach«, murmelte Holmes, ohne dabei seine Augen zu öffnen. Seit Jahren führte er mit Hilfe von Zeitungsausschnitten eine Kartei über Menschen und Ereignisse, so daß es schwierig war, eine Sache oder Person zu nennen, über die er keine Auskunft geben konnte. In diesem Fall fand ich die Biographie dieser Dame zwischen einem hebräischen Rabbi und einem Stabsoffizier, der eine Abhandlung über Tiefseefische geschrieben hatte.

»Lassen Sie mich einmal einen Blick darauf werfen«, bat Holmes. »Hm! 1858 in New Jersey geboren. Tiefe Altstimme – hm! Mailänder Scala, hm! Primadonna der Königlichen Oper in Warschau – ja! Hat sich von der Bühne zurückgezogen – ha! Lebt in London – genau! Soviel ich verstehe, sind Eure Majestät von dieser Person umgarnt worden, haben ihr einige kompromittierende Briefe geschrieben und sind jetzt darauf erpicht, diese Briefe zurückzubekommen.«

»Richtig, genauso verhält es sich. Aber wie –.«

»Haben Sie sich heimlich vermählt?«

»Nein!«

»Existieren offizielle Papiere oder Dokumente?«

»Nein.«

»Dann kann ich Eurer Majestät nicht folgen. Wenn diese junge Person diese Briefe zu Erpressungs- oder anderen Zwecken benutzen sollte, wie sollte sie ihre Echtheit nachweisen?«

»Mit meiner Handschrift.«

»Pah! Gefälscht!«

»Mit meinem privaten Briefpapier.«

»Gestohlen.«

»Mit meinem Siegel.«

»Nachgemacht.«

»Mit meiner Photographie.«

»Gekauft.«

»Wir sind aber beide auf der Photographie zu sehen.«

»Oh, das ist sehr schlimm. Eure Majestät haben sich tatsächlich sehr unbesonnen verhalten.«

»Ich war verrückt – wahnsinnig.«

»Sie haben sich selbst ernsthaft kompromittiert.«

»Ich war damals Kronprinz, ich war sehr jung. Ich bin jetzt erst dreißig.«

»Die Photographie muß zurückgeholt werden.«

»Wir haben es erfolglos versucht.«

»Dann müssen Eure Majestät zahlen. Die Photographie muß gekauft werden.«

»Sie will sie nicht verkaufen.«

»Dann muß sie gestohlen werden.«

»Es sind schon fünf Versuche unternommen worden. Zweimal durchsuchten Einbrecher in meinem Auftrag ihr Haus. Einmal bemächtigten wir uns ihres Gepäcks, als sie auf Reisen war, und zweimal hat man ihr aufgelauert. Alles ohne Erfolg!«

»Und man hat nichts gefunden?«

»Absolut nichts!«

Holmes lachte. »Das ist wirklich ein amüsantes kleines Problem«, bemerkte er.

»Aber für mich ein äußerst ernsthaftes«, erwiderte der König etwas beleidigt.

»Allerdings. Und was beabsichtigt die Dame mit dieser Photographie zu tun?«

»Mich zu ruinieren.«

»Aber wie?«

»Ich will mich in Kürze vermählen.«

»Ich habe davon gehört.«

»Ich werde Clothilde Lothman von Saxe-Meningen heiraten, die zweite Tochter des Königs von Skandinavien. Ihnen sind vielleicht die strengen Grundsätze ihrer Familie bekannt. Meine Braut ist die seelische Zartheit in Person. Der geringste Zweifel an meiner Vergangenheit würde dieser Verbindung ein Ende setzen.«

»Und Irene Adler?«

»Sie droht, dieser Familie die Photographie zuzuschicken. Und sie wird es tun. Ich weiß, daß sie es tun wird. Sie kennen sie nicht, sie ist hart wie Stahl. Sie hat das Aussehen der schönsten Frau, verbunden mit dem Verstand des entschlossensten Mannes der Welt. Sie würde alles in ihrer Macht Stehende tun, um zu verhindern, daß ich eine andere Frau heirate. Alles!«

»Sind Sie sicher, daß sie die Photographie bis jetzt noch nicht weggeschickt hat?«

»Dessen bin ich mir ganz sicher.«

»Und warum?«

»Weil sie gesagt hat, daß sie die Photographie an dem Tag absenden würde, an dem die Verlobung öffentlich bekannt gegeben wird. Das geschieht am nächsten Montag.«

»Oh, dann bleiben uns noch drei Tage Zeit«, sagte Holmes mit einem Gähnen, »das fügt sich gut, denn ich habe im Moment ein, zwei andere wichtige Angelegenheiten zu regeln. Majestät, Sie werden doch die nächsten Tage in London bleiben?«

»Gewiß. Sie werden mich im *Langham Hotel* unter dem Namen Graf von Kramm erreichen können.«

»Ich werde Ihnen ein paar Zeilen zukommen lassen, um Sie auf dem laufenden zu halten.«

»Ich bitte Sie darum. Ich bin in größter Sorge.«

»Und wie wird die finanzielle Seite geregelt?«

»Sie haben Carte blanche.«

»Uneingeschränkt?«

»Ich versichere Ihnen, um in den Besitz dieser Photographie zu gelangen, würde ich eine Provinz meines Königreichs opfern.«

»Und für sofortige Auslagen?«

Der König griff nach einem schweren Chamoislederbeutel unter seinem Umhang und legte ihn auf den Tisch.

»Das sind dreihundert Pfund in Gold und siebenhundert Pfund in Banknoten«, antwortete er. Holmes stellte eine Quittung auf einem Blatt seines Notizblocks aus und gab sie ihm.

»Und die Adresse von Mademoiselle?« fragte Holmes.

»Briony Lodge, Serpentine Avenue, St. John's Wood.«

Holmes notierte die Adresse. »Noch eine Frage«, fuhr er fort, »hat die Photographie Normal- oder Großformat?«

»Sie hat Großformat.«

»Majestät, ich wünsche Ihnen eine angenehme Nacht, und ich bin davon überzeugt, daß wir Ihnen bald positiven Bericht erstatten können. – Gute Nacht, Watson«, fügte er hinzu, als die Räder der königlichen Kutsche auf der Straße davonrollten. »Wenn Sie so gut sein können, morgen nachmittag um drei Uhr bei mir hereinzuschauen, ich würde mich gerne mit Ihnen über diese Affäre unterhalten.«

2

Am darauffolgenden Nachmittag fand ich mich pünktlich um drei Uhr in der Baker Street ein, aber Holmes war noch nicht in seine Wohnung zurückgekehrt. Die Wirtin berichtete mir, er hätte morgens kurz nach acht das Haus verlassen. Ich setzte mich vor den Kamin, um auf ihn zu warten, wie lange es auch dauern möge. Ich war außerordentlich an diesem Fall interessiert, denn obwohl er keine der grauenerregenden und seltsamen Merkmale früherer Abenteuer aufwies, so gaben doch die Art des Falls und die Erlauchtheit des Klienten der Sache einen eigentümlichen Charakter. Dazu lag, unabhängig von der jeweiligen Lagerung des Falls, in dem mein Freund gerade ermittelte, immer etwas Bewundernswertes in seiner meisterhaften Beherrschung der Situation und in seinen scharfsinnigen, logischen Schlußfolgerungen, daß ich immer meine Freude daran hatte, seiner Arbeit zuzusehen und die schnellen, gewandten Methoden zu verfolgen, mit denen er die verwirrendsten Rätsel löste. Ich war schon so an seine beständigen Erfolge gewöhnt, daß ich die Möglichkeit eines Versagens gar nicht mehr in Erwägung zog.

Kurz vor vier wurde die Tür aufgerissen, und ein anscheinend betrunkener Reitknecht mit ungekämmtem Haar, Bakkenbart, gerötetem Gesicht und schäbigen Kleidern erschien im Eingang. Ich bin zwar mit den erstaunlichen Verkleidungskünsten meines Freundes vertraut, aber ich mußte dreimal hinsehen, um sicher zu sein, daß es tatsächlich Holmes war. Mit einem Kopfnicken verschwand er im Schlafzimmer, aus dem er nach fünf Minuten als der gewohnte Gentleman im Tweedanzug wieder auftauchte. Er steckte seine Hände in die Hosentaschen, streckte seine Beine vor dem Kaminfeuer aus und lachte minutenlang herzlich vor sich hin.

»So etwas, wirklich!« prustete er und erstickte fast vor

Lachen. Schließlich lehnte er sich erschöpft und hilflos in den Sessel zurück.

»Was ist denn passiert?«

»Es ist zu komisch. Ich wette, Sie werden niemals erraten können, wie ich den Morgen verbracht habe, oder wie meine Morgenbeschäftigung geendet hat.«

»Ich kann es mir nicht vorstellen. Ich nehme an, Sie haben die Gepflogenheiten und vielleicht auch das Haus von Miss Irene Adler ausgekundschaftet.«

»Richtig, aber die Folge davon war ziemlich ungewöhnlich. Ich verließ heute morgen als arbeitsloser Reitknecht das Haus, kurz vor acht. Wissen Sie, unter den Menschen, die mit Pferden zu tun haben, herrscht eine wundervolle Sympathie und Kameradschaft. Wenn man einer von ihnen ist, wird man über alles informiert. Briony Lodge hatte ich bald gefunden, eine schmucke Villa mit einem schönen Hintergarten. Das zweistöckige Haus liegt mit seiner Vorderfront direkt an der Straße. Im rechten Teil des Hauses befindet sich ein großes, schön möbliertes Wohnzimmer, dessen hohe, bis zum Boden reichende Fenster mit diesen unsinnigen englischen Riegeln versehen sind, die ein Kind öffnen könnte. Ansonsten war nichts weiter Bemerkenswertes zu entdecken, außer daß das Korridorfenster vom Dach der Wagenremise aus zu erreichen ist. Ich ging einmal um das Haus herum und prüfte es genauestens von allen Seiten, ohne aber sonst etwas Wichtiges zu entdecken.

Dann schlenderte ich die Straße hinunter und stieß, wie ich erwartet hatte, auf einen Pferdestall in einer an der Gartenmauer entlanglaufenden Gasse. Ich ging den Stallknechten beim Striegeln ein wenig zur Hand. Als Belohnung erhielt ich zwei Pence, ein Glas Bier, Tabak für zwei Pfeifen und soviel Information über Irene Adler, wie ich mir nur wünschen konnte, geschweige denn über alle ihre Nachbarn, an denen ich absolut nicht interessiert war, deren Biographien ich mir aber trotzdem anhören mußte.«

»Und was ist mit Irene Adler?« fragte ich.

»Oh, sie hat allen Männern in der Umgebung den Kopf verdreht. Die Serpentine-Stallknechte behaupten, sie sei das süßeste Geschöpf in Röcken auf unserem Planeten. Sie führt ein zurückgezogenes Leben, tritt manchmal in einem Konzert auf, fährt aber jeden Nachmittag um fünf Uhr aus und kehrt pünktlich um sieben Uhr zum Dinner zurück. Sie geht selten zu anderen Zeiten aus, eben nur mit der Ausnahme, wenn sie in einem Konzert singt. Sie empfängt nur einen männlichen Besucher, den aber dafür regelmäßig und oft. Es ist ein dunkler, gutaussehender und schneidiger Mann, der mindestens einmal, wenn nicht zweimal täglich vorspricht. Dieser Mann ist Mr. Godfrey Norton aus Inner Temple. Sie sehen nun den Vorteil, das Vertrauen eines Droschkenfahrers zu besitzen. Die Männer aus dem Serpentine-Stall haben diesen Herrn schon dutzendmal gefahren und wissen somit alles über ihn. Nachdem ich aufmerksam ihren Berichten zugehört hatte, begann ich, in der Nähe der Villa Briony Lodge auf und ab zu wandern und einen Schlachtplan zu entwickeln.

Dieser Godfrey Norton ist offensichtlich ein wesentlicher Punkt in diesem Fall. Er ist als Anwalt tätig. Das klingt unheilverkündend. Was für eine Beziehung besteht zwischen ihm und Irene Adler, und aus welchem Grund besucht er sie so oft? Ist sie seine Klientin, seine Freundin oder seine Geliebte? Trifft ersteres zu, hat sie ihm die Fotografie vermutlich zur Verwahrung übergeben. Trifft letzteres zu, ist das eher unwahrscheinlich. Von der Antwort auf diese Frage hängt es ab, ob ich meine Arbeit in Briony Lodge fortsetzen oder meine Aufmerksamkeit eher auf die Räume des Herrn in Inner Temple konzentrieren sollte. Eine heikle Frage, die mein Betätigungsfeld erweiterte. Ich fürchte, ich langweile Sie mit diesen Details, aber ich muß Ihnen diese kleinen Schwierigkeiten erläutern, wenn Sie die Lage verstehen sollen.«

»Ich kann Ihnen sehr gut folgen«, antwortete ich.

»Ich wog die Angelegenheit noch einmal im Geiste ab«, fuhr Holmes fort, »als eine Mietdroschke zur Villa Briony Lodge heranrollte und ihr ein Herr entstieg. Er sah bemerkenswert gut aus, dunkel, mit klaren Zügen und einem Schnurrbart – offenbar handelte es sich um den Mann, von dem ich schon gehört hatte. Er schien in großer Eile zu sein, denn er rief dem Kutscher zu, er solle warten, hastete die Treppen zur Haustür hinauf und ging an dem Hausmädchen, das ihm die Tür geöffnet hatte, in einer Art und Weise vorbei, als wäre er in dem Haus völlig heimisch.

Er hielt sich etwa eine halbe Stunde im Haus auf. Ich konnte ihn nur manchmal durch die Wohnzimmerfenster beobachten, weil er sich unruhig im Zimmer hin und her bewegte, mit den Armen heftig gestikulierte und erregt redete; von ihr war nichts zu sehen. Bald darauf kam er wieder zum Vorschein, noch aufgeregter als vorher. Er sprang in die Droschke, zog seine goldene Uhr aus der Tasche und schaute besorgt auf sie. ›Fahren Sie wie der Teufel!‹ rief er dem Kutscher zu. ›Zuerst zu *Gross & Hankey* in der Regent Street und dann zur Kirche St. Monica in der Edgware Road. Eine halbe Guinee für Sie, wenn Sie es in zwanzig Minuten schaffen!‹

Kaum waren die beiden verschwunden und ich überlegte, ob ich ihnen folgen sollte oder nicht, als aus der Gasse ein netter kleiner Landauer auftauchte, dessen Kutscher nur einen halbzugeknöpften Mantel und eine verrutschte Krawatte trug; am Geschirr der Pferde war kein einziger Riemen sauber zugeschnallt. Der Wagen war gerade zum Halten gekommen, als sie auch schon aus der Haustür stürmte und in den Landauer sprang. Ich konnte nur einen flüchtigen Blick auf sie werfen, aber sie ist wirklich eine reizvolle Frau, mit einem Gesicht, für das ein Mann sterben könnte.

›Zur Kirche St. Monica, John!‹ rief sie, ›und einen halben Sovereign, wenn Sie es in zwanzig Minuten schaffen!‹

Das war zu spannend, um es zu verpassen, Watson. Ich überlegte gerade, ob ich ihnen hinterherrennen oder hinten auf den Landauer springen sollte, als eine Mietdroschke die Straße entlang kam. Der Kutscher guckte verdutzt, als er seinen schäbigen Fahrgast sah, aber ich sprang in den Wagen, bevor er protestieren konnte. ›Zur Kirche St. Monica, und einen halben Sovereign, wenn Sie es in zwanzig Minuten schaffen!‹ Es war fünfundzwanzig Minuten vor zwölf, und es war offensichtlich, woher der Wind wehte.

Ich glaube, ich bin in meinem ganzen Leben nicht schneller gefahren worden, aber die beiden waren trotzdem vor mir da. Die Droschke und der Landauer standen mit dampfenden Pferden vor der Kirchentür, als ich dort ankam. Ich bezahlte den Kutscher und betrat die Kirche. Außer den beiden, denen ich gefolgt war, und einem Geistlichen in weißem Gewand, der ihnen anscheinend Vorhaltungen machte, war keine Menschenseele zu sehen. Die drei standen als Gruppe vor dem Altar. Ich ging leise durch das Kirchenschiff. Doch plötzlich, zu meiner Überraschung, drehten sich die drei am Altar nach mir um, und Godfrey Norton rannte, so schnell er konnte, mir entgegen.

›Gott sei Dank!‹ rief er. ›Sie genügen vollkommen. Kommen Sie! Kommen Sie!‹

›Was ist denn?‹

›Kommen Sie, Mann, kommen Sie nur für drei Minuten, das Gesetz verlangt es!‹

Ich wurde halb zum Altar gezerrt, und bevor mir bewußt wurde, wie mir geschah, hörte ich mich Worte nachmurmeln, die man mir ins Ohr flüsterte, Dinge bestätigen, von denen ich nichts wußte, kurz und gut, ich war dabei behilflich, die unverheiratete Irene Adler fest an den Junggesellen Godfrey Norton zu binden. Die Angelegenheit war schnell erledigt, worauf mir der Herr auf der einen Seite und die Dame auf der anderen dankte, während der Geistliche vor mir strahlte. Es war die absurdeste Situation, die ich jemals in meinem Leben erlebt habe, und allein der Gedanke daran ließ mich eben so herzlich lachen. Es scheint, als habe es einige Formalitätsprobleme gegeben, weshalb sich der Priester strikt weigerte, die beiden ohne jeglichen Zeugen zu trauen. Mein zufälliges Auftreten bewahrte den Bräutigam davor, die Straßen nach einem Brautführer absuchen zu müssen. Die Braut gab mir einen Sovereign, und ich habe mir vorgenommen, ihn als Erinnerung an diese Episode an meiner Uhrkette zu tragen.«

»Das ist ja eine sehr unerwartete Wendung der Affäre«, unterbrach ich ihn, »und dann?«

»Nun, ich empfand meine Pläne als ernsthaft bedroht. Es sah so aus, als ob das Paar sofort das Land verlassen wollte, und das erforderte prompte und energische Maßnahmen meinerseits. Vor der Kirchentür trennten sie sich jedoch, er fuhr nach Temple zurück und sie zu ihrem eigenen Haus. ›Ich werde wie üblich heute nachmittag um fünf in den Park fahren‹, sagte sie zu ihm, als sie sich von ihm verabschiedete. Mehr habe ich nicht gehört. Sie fuhren in verschiedenen Richtungen davon, und auch ich ging meiner Wege, um meine Vorbereitungen zu treffen.«

»Und die wären?«

»Etwas kaltes Roastbeef und ein Glas Bier«, antwortete er, während er klingelte. »Ich war zu beschäftigt, um ans Essen zu denken, und heute abend werde ich höchstwahrscheinlich noch beschäftigter sein. Übrigens, Doktor, dazu brauche ich Ihre Hilfe.«

»Mit dem größten Vergnügen!«

»Macht es Ihnen nichts aus, gegen das Gesetz zu verstoßen?«

»Nicht das geringste.«

»Macht es Ihnen nichts aus, eingesperrt zu werden?«

»Nicht, wenn es für einen guten Zweck ist.«

»Oh, der Zweck ist ausgezeichnet.«

»Dann bin ich Ihr Mann.«

»Ich war mir sicher, daß ich mit Ihnen rechnen könnte.«

»Wie soll denn meine Mitarbeit aussehen?«

»Wenn Mrs. Turner das Essen hereingebracht hat, werde ich es Ihnen erklären. Nun«, fuhr er fort, während er sich hungrig dem einfachen Mahl widmete, das unsere Wirtin hingestellt hatte, »ich muß es Ihnen erläutern, während ich esse, denn ich habe nicht viel Zeit. Jetzt ist es fast fünf. In zwei Stunden müssen wir am Schauplatz des Geschehens sein. Miss Irene, beziehungsweise Madam, kehrt nämlich um sieben Uhr von ihrer Ausfahrt zurück. Wir müssen dann in Briony Lodge sein, um sie zu treffen.«

»Und was passiert dann?«

»Das müssen Sie mir überlassen. Ich habe schon arrangiert, was zu geschehen hat. Es gibt nur noch einen Punkt, auf dem ich bestehen muß. Sie dürfen nicht eingreifen, komme was da mag. Haben Sie verstanden?«

»Ich verhalte mich neutral?«

»Sie tun absolut gar nichts. Höchstwahrscheinlich wird es zu einem geringfügigen Tumult kommen. Greifen Sie nicht ein. Er wird damit enden, daß ich ins Haus gebracht werde. Nach vier oder fünf Minuten wird das Wohnzimmerfenster geöffnet werden. Sie müssen sich in der Nähe des geöffneten Fensters bereithalten.«

»In Ordnung.«

»Sie müssen mich beobachten, ich werde für Sie sichtbar sein.«

»Ja.«

»Und wenn ich meine Hand erhebe – so – werden Sie den Gegenstand, den ich Ihnen noch geben werde, in den Raum werfen. Zur gleichen Zeit schreien Sie ›Feuer‹. Alles klar?«

»Durchaus.«

»Es ist nichts Furchtbares dabei«, sagte er und entnahm seiner Tasche eine kleine zigarrenförmige Rolle. »Sie werfen eine einfache Rauchrakete mit Selbstzündung. Damit ist Ihre Aufgabe beendet. Wenn Sie laut ›Feuer‹ geschrien haben, wird dieser Schrei von einer Anzahl Menschen aufgenommen werden. Sie können dann bis zur Straßenecke gehen, dort werde ich Sie nach zehn Minuten treffen. Ich hoffe, ich habe mich verständlich ausgedrückt.«

»Ich werde mich zuerst passiv verhalten, mich in die Nähe des Fensters begeben, Sie beobachten, bei Ihrem Zeichen diesen Gegenstand werfen, daraufhin ›Feuer‹ schreien und Sie an der Straßenecke erwarten.«

»Genau.«

»Dann können Sie hundertprozentig mit mir rechnen.«

»Das ist ausgezeichnet. Vielleicht ist es jetzt an der Zeit, daß ich mich auf meine nächste Rolle vorbereite.«

Er verschwand wieder in seinem Schlafzimmer und kehrte nach einigen Minuten als liebenswürdiger, einfältiger Nonkonformisten-Geistlicher zurück. Mit seinem breitrandigen, schwarzen Hut, seinen ausgebeulten Hosen, seiner weißen Krawatte, seinem mitfühlenden Lächeln und dem allgemeinem Gesichtsausdruck intensiver gütiger Neugier zeigte er eine Perfektion, die außer ihm nur John Hare hätte erreichen können, denn bei einer neuen Rolle wechselte Holmes nicht nur das Kostüm: Sein ganzes Wesen schien sich mit ihm zu verändern. Die Bühne hat mit ihm einen großartigen Schauspieler, die Wissenschaft einen hervorragenden Denker verloren, als er sich auf das Gebiet der Verbrechensaufklärung spezialisierte.

Um Viertel nach sechs verließen wir die Baker Street und trafen um zehn vor sieben in der Serpentine Avenue ein. Die Dämmerung hatte schon eingesetzt; als wir vor der Villa Briony Lodge auf und ab schritten und auf das Eintreffen der Besitzerin warteten, wurden gerade die Straßenlaternen angezündet. Das Haus entsprach genau dem, was ich mir nach der kurzen Beschreibung meines Freundes vorgestellt hatte, aber die Umgebung erschien mir nicht so ruhig wie eigentlich erwartet. Im Gegenteil, für eine schmale Seitenstraße in einer guten Wohngegend war sie bemerkenswert belebt. In einer Ecke rauchte und lachte eine schäbig gekleidete Gruppe Männer, ein Scherenschleifer stand an seinem Schleifstein, zwei Soldaten schäkerten mit einem hübschen Kindermädchen, und einige gutgekleidete junge Herren wanderten mit Zigarren im Mund auf und ab.

»Wie Sie sehen«, bemerkte Holmes, »vereinfacht die Heirat die Sache. Die Photographie wird dadurch zu einem zweischneidigen Schwert. Es besteht die Möglichkeit, daß sie genauso wenig davon angetan wäre, wenn Mr. Godfrey Norton die Photographie sähe, wie unser Klient, wenn sie seiner Prinzessin unter die Augen käme. Die Frage ist nur: wo finden wir die Photographie?«

»Ja, wo?«

»Es ist höchst unwahrscheinlich, daß sie die Photographie mit sich herumträgt, denn dadurch, daß sie Großformat hat, ist sie zu groß, um sie unter einem Kleid zu verstecken. Sie weiß, daß der König imstande ist, ihr aufzulauern und sie durchsuchen zu lassen. Zwei Versuche dieser Art sind schon unternommen worden. Wir können also annehmen, daß sie die Photographie nicht mit sich herumträgt.«

»Aber wo befindet sie sich dann?«

»Entweder in ihrer Bank oder bei ihrem Anwalt. Da wären einmal diese beiden Möglichkeiten. Aber ich bin geneigt anzunehmen, daß die Photographie weder von einem noch vom anderen verwahrt wird. Frauen sind von Natur aus Geheimniskrämer, und sie lieben es, allein die Kontrolle über ihre Geheimnisse zu behalten. Warum sollte sie die Photographie jemand anderem anvertrauen? Auf sich selbst kann sie sich verlassen, aber sie weiß nicht, welcher indirekte oder politische Einfluß auf einen Geschäftsmann ausgeübt werden könnte. Abgesehen davon, erinnern Sie sich, daß sie angekündigt hatte, diese Photographie innerhalb der nächsten Tage zu benutzen. Die Photographie muß also irgendwo sein, wo sie jederzeit an sie herankommen kann. Die Photographie muß in ihrem Haus sein.«

»Aber dort wurde schon zweimal eingebrochen.«

»Pah! Die Leute wußten nicht, wo sie zu suchen hatten.«

»Aber wo wollen Sie suchen?«

»Ich werde nicht suchen.«

»Sondern?«

»Ich werde Madam dazu bringen, sie mir zu zeigen.«

»Aber sie wird sich weigern.«

»Das wird sie nicht können. Jetzt höre ich aber das Geräusch von Wagenrädern. Es ist ihre Kutsche. Also, halten Sie sich genau an meine Anweisungen!«

Während er sprach, fiel der Lichtkegel der Seitenlaternen einer Kutsche um die Kurve. Es war ein kleiner, schmucker Landauer, der auf die Haustür der Villa Briony Lodge zurollte. Als der Wagen davor hielt, stürzte einer der an der Ecke herumlungernden Männer herbei, um den Wagenschlag zu öffnen. Er tat es wohl in der Hoffnung, sich damit ein Trinkgeld zu verdienen, aber er wurde von einem anderen Faulenzer zur Seite geschubst, der mit derselben Absicht herbeigeeilt war. Ein wilder Kampf brach aus, vergrößert durch die beiden Soldaten, die Partei für den ersten Müßiggänger ergriffen hatten, und durch den Scherenschleifer, der ebenso hitzig für den anderen mitkämpfte. Jemand schlug zu, und einen Augenblick später war die Dame, die ihrer Kutsche entstiegen war, von einer kleinen, wütenden, sich prügelnden Horde von Männern umringt, die mit Fäusten und Stöcken aufeinander einschlugen. Holmes durchbrach die Menge, um der Dame beizustehen. Aber gerade als er sie erreichte, stieß er einen Schrei aus und fiel mit blutüberströmtem Gesicht zu Boden. Sofort nahmen die Soldaten ihre Beine in die Hand und suchten das Weite. Die Faulenzer flohen in eine andere Richtung, während eine Anzahl besser gekleideter Menschen, die der Keilerei nur als Beobachter beigewohnt hatten, sich vordrängten, um der Dame und dem verletzten Mann behilflich zu sein. Irene Adler, wie ich sie weiterhin nennen will, war die Stufen zu ihrer Haustür hinaufgeeilt, wo sie stehenblieb. Das Licht aus dem Korridor beleuchtete ihre herrliche Gestalt, als sie auf die Straße zurückblickte.

»Ist der arme Gentleman verletzt?« erkundigte sie sich.

»Er ist tot!« schrien einige Stimmen.

»Nein, nein, er lebt noch«, rief eine andere.

»Aber er wird sterben, bevor man ihn ins Hospital gebracht hat.«

»So ein unerschrockener Mann«, hörte man eine Frauenstimme. »Wenn er nicht gewesen wäre, hätten sie das Portemonnaie und die Uhr der Dame gestohlen. Es war eine ganze Bande und obendrein eine besonders gefährliche. Ah, er atmet jetzt.«

»Er kann nicht auf der Straße liegenbleiben. Dürfen wir ihn in Ihr Haus bringen, Madam?«

»Selbstverständlich. Tragen Sie ihn ins Wohnzimmer, dort steht ein bequemes Sofa. Bitte, hier entlang!«

Mit ernsten Mienen wurde Holmes von einigen Menschen langsam ins Wohnzimmer von Briony Lodge getragen und dort auf das Sofa gebettet, während ich die Vorgänge von meinem Posten am Fenster aus weiter verfolgte. Die Lampen brannten, aber die Vorhänge waren nicht zugezogen, so daß ich Holmes ohne Schwierigkeit auf dem Sofa sehen konnte. Ich weiß nicht, ob ihn in dem Moment Gewissensbisse plagten wegen der Rolle, die er spielte, aber ich weiß, ich habe mich niemals zuvor in meinem Leben meiner so geschämt, wie als ich der schönen Frau zusah, die so aufmerksam den verwundeten Mann pflegte, der sich doch zusammen mit einem anderen gegen sie verschworen hatte. Es wäre aber der schwärzeste Verrat an Holmes gewesen, wenn ich jetzt meinen Auftrag nicht ausgeführt hätte. So nahm ich mir ein Herz und holte die Rauchrakete unter meinem Ulster hervor. Zudem tröstete ich mich damit, daß wir sie nicht verletzen würden. Wir hinderten sie nur daran, einen anderen Menschen zu verletzen. Holmes hatte sich auf dem Sofa aufgesetzt, und ich sah, wie er eine Bewegung machte, als ob er nach Luft ringe. Ein Hausmädchen eilte durchs Zimmer und riß das Fenster auf. In demselben Augenblick sah ich, daß Holmes die Hand hob, und auf das Zeichen hin warf ich meine Rakete mit dem Schrei ›Feuer‹ ins Zimmer. Das Wort war mir kaum entfahren, als die ganze Zuschauermenge, Gut- und Schlechtgekleidete, Herren, Stallknechte, Hausmädchen, gemeinsam ›Feuer‹ schrien. Dicke Rauchschwaden zogen durch den Raum und durch das geöffnete Fenster nach draußen. Ich bekam flüchtig herumhastende Gestalten zu sehen, und einen Augenblick später hörte ich Holmes Stimme aus dem Zimmer, die allen versicherte, es sei falscher Alarm. Ich schlüpfte durch die schreiende Menschenmenge und bahnte mir einen Weg zur Straßenecke. Zehn Minuten später freute ich mich, den Arm meines Freundes in dem meinigen eingehakt zu haben und dem Getümmel entfliehen zu können. Für einige Minuten ging er eilig und schweigend neben mir, bis wir in eine der ruhigen Straßen eingebogen waren, die zur Edgware Road führen.

»Sie haben sehr befriedigende Arbeit geleistet, Doktor«, lobte er mich. »Es hätte nicht besser klappen können.«

»Sie haben die Photographie?«

»Nein, aber ich weiß, wo sie ist.«

»Wie haben Sie das Versteck entdeckt?«

»Sie zeigte es mir, ich sagte ja, daß sie es mir zeigen würde.«

»Ich tappe noch im Dunkeln.«

»Ich möchte kein Mysterium daraus machen«, erwiderte er lachend. »Die Angelegenheit war äußerst einfach. Sie haben natürlich gemerkt, daß jeder auf der Straße ein Helfershelfer war. Sie waren alle für heute abend engagiert worden.«

»Ich vermutete so etwas.«

»Dann, als die Prügelei ausbrach, schmierte ich mir etwas feuchte, rote Schminke in den Handteller. Ich stürzte nach vorne, fiel hin, fuhr mir mit meiner präparierten Hand übers Gesicht, und wurde ein mitleiderregender Anblick. Ein alter Trick.«

»Soweit bin ich auch mitgekommen.«

»Daraufhin trug man mich ins Haus. Sie war moralisch verpflichtet, mich aufzunehmen. Was hätte sie sonst tun sollen? Und ich wurde auf das Sofa im Wohnzimmer gebettet, eben in dem Raum, in dem ich das Versteck vermutete. Die Photographie konnte sich nur in diesem oder im Schlafzimmer befinden, und ich war entschlossen, es herauszufinden. Man legte mich aufs Sofa, ich schnappte nach Luft, sie waren gezwungen, das Fenster zu öffnen, und Sie hatten Ihre Chance.«

»Aber inwiefern hat es ihnen geholfen?«

»Es war der allerwichtigste Teil. Wenn eine Frau glaubt, daß ihr Haus brennt, rennt sie instinktiv zu dem Gegenstand, der ihr am meisten am Herzen liegt. Aus diesem unwillkürlichen Impuls habe ich mehr als einmal Vorteil gezogen. Im Darlington-Skandal zum Beispiel, aber auch in der Arnsworth Castle Affäre. Eine Mutter greift nach ihrem Kind – eine unverheiratete Frau greift nach ihrer Schmuckschatulle. Nun wußte ich, daß unsere Dame nichts Wertvolleres im Haus hatte als das, nach dem wir suchen. Sie würde zu diesem Gegenstand stürzen, um ihn zu retten. Der Feueralarm wurde hervorragend ausgeführt. Der Rauch und das Geschrei hätten genügt, um selbst Nerven aus Drahtseilen zu erschüttern. Sie reagierte wundervoll. Die Photographie ist in einer Nische hinter einer verschiebbaren Holztafel über der rechten Klingelschnur versteckt. Sie war augenblicklich dort, und ich bekam flüchtig das zu sehen, was sie halb herausgezogen hatte. Als ich schrie, es wäre falscher Alarm, legte sie es zurück, starrte auf die Rakete, eilte aus dem Zimmer, und seitdem habe ich sie nicht wiedergesehen. Ich stand auf, entschuldigte mich und flüchtete aus dem Haus. Ich zögerte, die Photographie gleich an mich zu nehmen, weil der Kutscher das Zimmer betreten hatte, und da er mich so intensiv beobachtete, schien es mir sicherer zu sein, damit zu warten. Die geringste Überstürzung kann alles ruinieren.«

»Und nun?«

»Unsere Ermittlung ist praktisch beendet. Ich werde morgen mit Ihnen und dem König die Dame besuchen, vorausgesetzt, Sie haben Lust, uns zu begleiten. Wir werden in das Wohnzimmer geführt, um auf die Dame zu warten, aber höchstwahrscheinlich wird sie, wenn sie kommt, weder uns noch die Photographie vorfinden. Es mag für Ihre Majestät eine Genugtuung sein, die Photographie selbst an sich zu nehmen.«

»Und wann wollen Sie sie besuchen?«

»Morgen früh um acht. Sie wird noch nicht aufgestanden sein, deshalb werden wir nicht gestört werden. Übrigens, wir müssen prompt handeln, denn vielleicht hat sie durch diese Heirat ihre Gepflogenheiten geändert. Ich muß den König ohne weitere Verzögerung informieren.«

Wir hatten die Baker Street erreicht und standen vor der Haustür. Holmes suchte in seinen Taschen nach dem Schlüssel, als ein Passant zu ihm sagte:

»Gute Nacht, Mister Sherlock Holmes.«

In dem Moment hielten sich mehrere Fußgänger auf dem Bürgersteig auf, aber der Gruß schien von dem schlanken jungen Mann zu kommen, der gerade an uns vorbeigeeilt war.

»Die Stimme habe ich schon einmal gehört«, bemerkte Holmes, während er die schwach beleuchtete Straße hinunterstarrte. »Wer zum Teufel mag das gewesen sein?«

3

In jener Nacht übernachtete ich in der Baker Street. Als wir gemeinsam am nächsten Morgen bei Toast und Kaffee saßen, stürzte der König von Böhmen in unser Zimmer.

»Haben Sie wirklich die Photographie?« fragte er aufgeregt, packte Sherlock Holmes an den Schultern und schaute ihn begierig an.

»Bis jetzt noch nicht!«

»Aber Sie hegen doch Hoffnungen?«

»Ja, ich hege Hoffnungen.«

»Kommen Sie! Ich vergehe beinahe vor Ungeduld.«

»Wir müssen uns eine Droschke bestellen.«

»Nein, mein Brougham wartet draußen.«

»Das vereinfacht die Sache.«

Wir brachen auf und begaben uns noch einmal zur Villa Briony Lodge.

»Übrigens, Irene Adler ist verheiratet«, ließ Holmes sich vernehmen.

»Verheiratet? Seit wann?«

»Seit gestern.«

»Mit wem?«

»Mit einem englischen Anwalt namens Norton.«

»Aber sie kann ihn nicht lieben.«

»Ich hoffe, daß sie ihn liebt.«

»Und warum hoffen Sie das?«

»Es würde Eurer Majestät alle Furcht vor zukünftigen Belästigungen ersparen. Wenn die Dame ihren Ehemann liebt, liebt sie nicht mehr Eure Majestät. Wenn sie aber Eure Majestät nicht mehr liebt, liegt kein Grund mehr vor, warum sie sich in die Angelegenheiten Eurer Majestät einmischen sollte.«

»Das ist wahr. Und doch – gut! Ich wünschte, sie käme aus meinen Kreisen. Was für eine Königin wäre sie geworden!«

Er fiel in eine schwermütige Stimmung, die bis zur Ankunft in der Serpentine Avenue anhielt.

Die Haustür von Briony Lodge stand offen, und eine ältere Frau wartete auf den Treppenstufen. Sie beobachtete uns mit einem sardonischen Gesichtsausdruck, als wir aus dem Brougham stiegen.

»Ich glaube, Sie sind Mr. Sherlock Holmes?« sprach sie uns an.

»Ich bin Mr. Holmes«, erwiderte mein Gefährte und sah sie fragend und ziemlich überrascht an.

»Wunderbar! Meine Herrin sagte mir, Sie würden ihr höchstwahrscheinlich einen Besuch abstatten. Sie selbst verließ heute morgen England mit dem 5.15 Uhr Zug ab Charing Cross. Sie ist mit ihrem Mann auf den Kontinent gereist.«

»Was!« Sherlock Holmes schwankte, bleich vor Verdruß und Erstaunen.

»Sie meinen, Ihre Herrin hat England verlassen?«

»Für immer.«

»Und die Briefe und Photographie?« erkundigte sich der König heiser. »Ich bin verloren.«

»Das werden wir sehen.« Holmes schob die Frau zur Seite und eilte ins Wohnzimmer. Der König und ich folgten ihm. Die Möbel standen unordentlich in alle Richtungen verstreut herum, die Regale waren leer und die Schubladen in einer Art und Weise aufgerissen, als hätte die Dame sie vor ihrer Abreise hastig geplündert. Holmes stürzte zum Klingelstrang, rückte eine kleine bewegliche Holztafel beiseite, steckte seine Hand in das Geheimfach und zog eine Photographie und einen Brief heraus. Die Photographie stellte Irene Adler im Abendkleid dar, der Brief war adressiert an ›Sherlock Holmes. Wird persönlich abgeholt.‹ Mein Freund öffnete den Briefumschlag, dann lasen wir alle drei gemeinsam den Brief. Er trug das Datum der vergangenen Nacht und lautete:

Mein lieber Sherlock Holmes, Sie haben wirklich gute Arbeit geleistet. Ich bin auf Ihre Täuschung hereingefallen. Bis zu dem Feueralarm schöpfte ich keinen Verdacht. Aber dann, als ich gewahr wurde, wie sehr ich mich selbst verraten hatte, begann ich nachzudenken. Schon vor einigen Monaten war ich vor Ihnen gewarnt worden. Mir wurde gesagt, wenn der König einen Privatdetektiv beauftragen würde, dann mit Sicherheit nur Sie. Ihre Anschrift wurde mir auch gegeben. Und trotzdem erreichten Sie es, daß ich Ihnen das Geheimnis enthüllte, das Sie zu erfahren wünschten. Sogar als ich schon Verdacht geschöpft hatte, fiel es mir schwer, schlecht von einem so lieben, freundlichen, alten Geistlichen zu denken. Aber wie Sie wissen, bin auch ich als Schauspielerin ausgebildet worden. Männerkleidung zu tragen bedeutet für mich nichts Neues. Ich benutze sie oft, weil sie einer Frau mehr Freiheit verleiht. Ich schickte John, den Kutscher, um Sie zu beobachten, rannte in mein Zimmer hinauf, zog meine Ausgehkleidung, wie ich sie nenne, an und kam wieder die Treppe hinunter, kurz nachdem Sie das Haus verlassen hatten.

Nun, ich folgte Ihnen bis zu Ihrer Haustür, um mich zu überzeugen, daß ich wirklich das Opfer des gefeierten Mr. Sherlock Holmes war. Unbedachtsam wie ich war, wünschte ich Ihnen eine gute Nacht und begab mich nach Temple, um meinen Mann zu treffen. Wir beide dachten uns, der beste Ausweg bei einem so gewaltigen Gegner wäre die Flucht. Deshalb werden Sie das Nest leer vorfinden, wenn Sie morgen vorsprechen. Was die Photographie betrifft, so kann Ihr Klient beruhigt sein. Ich liebe und werde von einem besseren Mann geliebt, als es der König ist. Der König mag tun, was ihm beliebt. Er wird von mir, die er grausam und schlecht behandelt hat, daran nicht gehindert werden. Aber aus Sicherheitsgründen behalte ich die Photographie, als Waffe, um mich vor möglichen zukünftigen Schritten des Königs zu schützen. Ich lege diesem Brief eine andere Photographie von mir bei, über die sich der König vielleicht auch freut. Lieber Sherlock Holmes, mit besten Grüßen bleibe ich

Ihre Irene Norton geb. Adler

»Was für eine Frau – oh, was für eine Frau!« rief der König von Böhmen aus, nachdem wir alle drei den Brief durchgelesen hatten. »Sagte ich Ihnen nicht, wie intelligent und resolut sie ist? Wäre sie nicht eine bewundernswerte Königin geworden? Ist es nicht ein Jammer, daß sie nicht aus meiner Klasse stammt?«

»Tatsächlich, nach all dem, was ich von der Dame gesehen habe, scheint sie wirklich eine ganz andere Klasse zu haben als Eure Majestät«, antwortete Holmes kalt. »Es tut mir leid, daß ich nicht imstande war, den Fall erfolgreich abzuschließen.«

»Im Gegenteil, mein lieber Holmes«, rief der König, »ich weiß, daß sie ihr Wort hält. Jetzt bin ich vor der Photographie so sicher, wie wenn sie verbrannt worden wäre.«

»Majestät, ich freue mich, das zu hören.«

»Ich stehe tief in Ihrer Schuld. Bitte sagen Sie mir, auf welche Art und Weise ich Sie belohnen kann. Dieser Ring –« er ließ einen schlangenförmigen, smaragdbesetzten Ring von seinem Finger gleiten und bot ihn Holmes an.

»Eure Majestät besitzen etwas, das mir noch wertvoller erscheint«, sagte Holmes.

»Sie brauchen es nur zu nennen.«

»Diese Photographie!«

Der König starrte ihn erstaunt an.

»Irenes Photographie! Aber gewiß – wenn Sie es wünschen.«

»Ich danke Ihnen, Majestät. Damit ist diese Angelegenheit geregelt. Guten Morgen!«

Holmes verbeugte sich und wandte sich zum Gehen, ohne die vom König ausgestreckte Hand zu beachten, und begab sich in meiner Begleitung auf den Rückweg in die Baker Street.

So endet die Geschichte des großen Skandals, der dem böhmischen Königshaus gedroht hätte, als Holmes' hervorragendste Pläne von der Klugheit einer Frau durchkreuzt wurden. Früher machte er sich über den Verstand der Frauen lustig, aber seit diesem Abenteuer habe ich nichts dergleichen mehr von ihm gehört. Und wenn von Irene Adler oder ihrer Photographie die Rede ist, so verleiht er ihr immer den Ehrentitel: *die* Frau.

Der Bund der Rothaarigen

An einem Herbsttag vergangenen Jahres sprach ich bei meinem Freund Sherlock Holmes vor. Ich traf ihn in einer äußerst angeregten Unterredung mit einem älteren, untersetzten Herrn mit frischer Gesichtsfarbe und feuerrotem Haar. Ich entschuldigte mich für die Störung und war im Begriff, wieder zu gehen, als mich Holmes rasch ins Zimmer zog und die Tür hinter mir schloß.

»Mein lieber Watson, Sie hätten zu keinem geeigneteren Zeitpunkt erscheinen können«, sagte er herzlich.

»Ich fürchtete schon, Sie wären beschäftigt.«

»Ja, das bin ich. Sehr sogar.«

»Dann warte ich im anliegenden Zimmer auf Sie.«

»Überhaupt nicht. Mr. Wilson, dieser Gentleman war mein Partner und Gehilfe in vielen meiner erfolgreichsten Fälle, und ich bezweifle nicht, daß er mir auch in Ihrem Fall von größtem Nutzen sein wird.«

Der untersetzte Herr erhob sich halb von seinem Stuhl. Er grüßte mit einer hastigen Verbeugung und einem kurzen, fragenden Blick aus seinen kleinen, von Fettwülsten umrandeten Augen.

»Nehmen Sie auf dem Sofa Platz«, bot Holmes mir an und ließ sich in seinen Lehnstuhl zurückfallen. Er preßte die Fingerspitzen gegeneinander, eine Angewohnheit von ihm, wenn er sich in einer nachdenklichen Stimmung befand.

»Ich weiß, mein lieber Watson, Sie teilen meine Vorliebe für alles Bizarre und Unkonventionelle, für alles, was außerhalb der Eintönigkeit des alltäglichen Lebens liegt. Sie haben es mit dem Enthusiasmus bewiesen, mit dem Sie meine kleinen Abenteuer aufzeichneten und – verzeihen Sie, wenn ich das sage – auch ein bißchen ausschmückten.«

»Ihre Fälle haben mich tatsächlich immer sehr interessiert«, pflichtete ich ihm bei.

»Sie werden sich erinnern, daß ich einmal, kurz bevor wir den sehr einfachen Fall von Miss Mary Sutherland übernahmen, äußerte, daß das Leben weit mehr merkwürdige Ereignisse und außergewöhnliche Verbindungen bietet als die blühendste Phantasie.«

»Eine Theorie, die ich zu bezweifeln wagte.«

»Ja, das taten Sie, aber nichtsdestotrotz müssen Sie mir zustimmen, sonst werde ich Sie solange mit Tatsachen überschütten, bis Ihre Behauptung unter ihnen zusammenbricht und Sie mir recht geben. Nun, Mr. Jabez Wilson hier war so freundlich, mich heute morgen aufzusuchen. Er begann eine Geschichte zu erzählen, die verspricht, eine der merkwürdigsten zu werden, die ich seit längerem gehört habe. Sie wissen um meine These, daß die seltsamsten und einzigartigsten Dinge oft im Zusammenhang mit kleineren, und nicht mit großen Verbrechen geschehen, manchmal sogar in Fällen, wo man nicht mit Sicherheit sagen kann, ob tatsächlich ein Verbrechen begangen wurde. Nach dem, was ich bisher von dem vorliegenden Fall gehört habe, bin ich nicht in der Lage zu beurteilen, ob wir es mit einer kriminellen Handlung zu tun haben oder nicht. Aber die Folge von Ereignissen gehört zu den merkwürdigsten, die ich jemals vernommen habe. Mr. Wilson, vielleicht hätten Sie die große Güte, Ihren Bericht noch einmal vorzutragen. Ich bitte Sie nicht nur deswegen darum, weil mein Freund Watson den Anfang nicht gehört hat, sondern auch, weil die Eigenartigkeit des Falles mich begierig macht, jedes mögliche Detail aus Ihrem Munde zu hören. In der Regel verhält es sich so, daß ich, wenn ich die leiseste Andeutung über eine Folge von Ereignissen gehört habe, in der Lage bin, mich mit Hilfe von tausend ähnlichen Fällen, die mir im Gedächtnis geblieben sind, zurechtzufinden. Im vorliegenden Fall bin ich gezwungen zuzugeben, daß die Tatsachen meines Erachtens einmalig sind.«

Der wohlbeleibte Klient blähte ein wenig stolz seinen Brustkorb auf und zog eine schmutzige zusammengefaltete Zeitung aus der Innentasche seines Überziehers. Er breitete die Zeitung auf seinen Knien aus und beugte seinen Kopf darüber. Während er auf die Anzeigenseite schaute, warf ich einen prüfenden Blick auf den Mann und bemühte mich nach der Methode meines Freundes, die Indizien zu deuten, die seine Kleidung oder Erscheinung eventuell lieferten. Viel erfuhr ich durch meine Beobachtungen jedoch nicht. Unser Besucher besaß alle Anzeichen dafür, ein durchschnittlicher britischer Geschäftsmann zu sein, feist, wichtigtuerisch und träge. Er trug eine ziemlich ausgebeulte graukarierte Hose, einen nicht sehr sauberen schwarzen Gehrock, der nicht zugeknöpft war, und eine mausgraue Weste mit einer schweren Albert-Kette aus Messing, von der ein viereckiges durchbrochenes Metallstück als Schmuck herunterhing. Ein abgewetzter Zylinder und ein verblichener, brauner Überzieher mit einem schäbigen Samtkragen lagen auf dem Stuhl neben ihm. Ich hatte insgesamt den Eindruck, daß an dem Mann nichts Bemerkenswertes war bis auf sein feuerrotes Haar und seinen äußerst verärgerten und unzufriedenen Gesichtsausdruck.

Sherlock Holmes' waches Auge bemerkte meinen Versuch; er schüttelte mit einem Lächeln den Kopf, als er meinen fragenden Blick sah.

»Abgesehen von den offensichtlichen Fakten, nämlich daß er einige Zeit mit seinen Händen gearbeitet hat, Schnupftabak nimmt, Freimaurer ist, in China war und kürzlich ausgesprochen viel Schreibarbeit geleistet hat, kann ich nichts folgern.«

Mr. Jabez Wilson richtete sich in seinem Stuhl auf, den Zeigefinger auf der Zeitung, aber die Augen auf meinem Freund.

»Woher in Gottes Namen wissen Sie das alles, Mr. Holmes?« fragte er.

»Woher wissen Sie zum Beispiel, daß ich mit den Händen gearbeitet habe? Es ist nämlich wahr, ich begann als Schiffszimmermann.«

»Ihre Hände, werter Herr. Ihre rechte Hand ist einiges kräftiger und breiter als Ihre linke. Sie haben mit dieser Hand gearbeitet, und dadurch haben sich ihre Muskeln stärker entwickelt.«

»Gut, aber der Schnupftabak und das Freimaurertum?«

»Ich möchte Ihre Intelligenz nicht beleidigen, indem ich Ihnen verrate, woran ich das erkannt habe, insbesondere da Sie entgegen der strengen Regel Ihrer Vereinigung eine Krawattennadel in Form eines Winkelmaßes tragen.«

»Oh, natürlich, das habe ich vergessen. Aber die Schreibarbeit?«

»Wovon sonst wurde Ihr rechter Ärmel fünf Zoll hoch so glänzend und der linke an einer Stelle blankgescheuert, nahe am Ellbogen, dort, wo Sie Ihren Arm aufstützen?«

»Gut, aber China?«

»Der tätowierte Fisch unmittelbar über Ihrem rechten Handgelenk kann nur in China entstanden sein. Ich habe mich einmal ein wenig mit Tätowierungen befaßt und sogar eine Abhandlung über dieses Thema geschrieben. Diese Technik der zartrosa Schuppenfärbung ist eine Besonderheit Chinas. Zudem sehe ich eine chinesische Münze an Ihrer Uhrkette herunterhängen, was die Sache noch einfacher macht.«

Mr. Jabez Wilson lachte schwerfällig.

»Nein, so etwas ist mir noch nie passiert«, meinte er. »Zuerst dachte ich, Sie hätten irgendeinen raffinierten Trick benutzt, aber jetzt sehe ich, daß gar nichts dahintersteckt.«

»Watson, ich glaube fast«, bemerkte Holmes, »daß ich einen Fehler mache, wenn ich meine Methoden erläutere. Wissen Sie, *omne ignotum pro magnifico*; ich verliere noch meinen kümmerlichen Ruf, wenn ich weiterhin so offen bin. Können Sie die Anzeige nicht finden, Mr. Wilson?«

»Doch, jetzt habe ich sie«, antwortete er und zeigte mit seinem dicken, roten Finger auf die untere Hälfte der Spalte. »Hier ist sie. Mit ihr hat alles begonnen. Lesen Sie sie selbst, Sir.«

Ich nahm die Zeitung von ihm entgegen und las folgendes:

AN DEN BUND DER ROTHAARIGEN:

Auf Grund des Vermächtnisses des verstorbenen Ezekiah Hopkins aus Lebanon, Penn., USA, ist eine weitere Stelle frei geworden, die ein Mitglied des Bundes zu einem Gehalt von vier Pfund die Woche für eine rein nominelle Arbeit berechtigt. Alle rothaarigen Männer, die geistig und körperlich gesund und über 21 Jahre alt sind, kommen in Frage. Stellen Sie sich am Montag um elf Uhr bei Duncan Ross im Büro des Bundes, Pope's Court 7, Fleet Street, persönlich vor.

»Was um Himmels willen bedeutet das!« rief ich aus, nachdem ich die außergewöhnliche Anzeige zweimal gelesen hatte.

Holmes lachte in sich hinein und rutschte in seinem Lehnstuhl hin und her, wie er es immer tat, wenn er gut aufgelegt war.

»Ein bißchen außerhalb der ausgetretenen Pfade, nicht?« sagte er.

»Und nun, Mr. Wilson, schießen Sie los und erzählen Sie uns alles von Anfang an, über sich, Ihren Haushalt und was die Anzeige in Ihrem Leben bewirkt hat. Doktor, Sie machen sich vorerst eine Notiz bezüglich der Zeitung und des Datums.«

»Es ist *The Morning Chronicle* vom 27. April 1890. Sie ist also genau vor zwei Monaten erschienen.«

»Sehr gut. Nun, Mr. Wilson?«

Jabez Wilson fuhr sich mit seinem Taschentuch über die

Stirn und begann, folgende Geschichte zu erzählen: »Ja, wie ich Ihnen schon sagte, Mr. Sherlock Holmes, ich besitze ein kleines Pfandleihhaus am Coburg Square, in der Nähe der City. Es ist kein großes Geschäft, und es hat mir in den vergangenen Jahren gerade eben meinen Lebensunterhalt eingebracht. Früher war es mir möglich, zwei Angestellte zu beschäftigen, aber jetzt habe ich nur noch einen. Ich könnte ihn kaum bezahlen, aber er arbeitet für den halben Lohn, weil er das Gewerbe erlernen will.«

»Wie heißt der entgegenkommende junge Mann?« fragte Sherlock Holmes.

»Sein Name ist Vincent Spaulding, und so jung ist er gar nicht mehr. Sein Alter ist schwer zu schätzen. Ich könnte mir keinen gescheiteren Angestellten wünschen. Ich weiß genau, daß er sich verbessern und das Doppelte von dem, was ich ihm gebe, verdienen könnte. Aber wenn er damit zufrieden ist, warum sollte ich ihm Rosinen in den Kopf setzen?«

»Ja, warum auch? Sie scheinen das Glück zu haben, einen Angestellten zu beschäftigen, der für den halben Lohn ganze Arbeit leistet. Das ist heutzutage für Arbeitgeber keine alltägliche Erfahrung. Ich weiß nicht, ob Ihr Angestellter nicht genauso bemerkenswert ist wie diese Anzeige.«

»Oh, er hat auch seine Fehler«, meinte Mr. Wilson und fuhr fort:

»Ich habe niemals vorher einen Menschen erlebt, der so versessen aufs Photographieren war. Dauernd ist er am knipsen, wenn er doch eigentlich etwas lernen sollte, und dann verschwindet er unten in den Keller wie ein Kaninchen in seinen Bau, um seine Photos zu entwickeln. Das ist sein größter Fehler, aber im ganzen gesehen ist er eine ausgezeichnete Kraft. Laster hat er keine.«

»Ich nehme an, daß er noch bei Ihnen beschäftigt ist?«

»Ja, Sir. Er und ein 14jähriges Mädchen, das ein bißchen kocht und putzt. Das ist alles, denn ich bin Witwer und habe keine Kinder. Wir drei leben sehr zurückgezogen, Sir. Wir haben ein Dach über dem Kopf, zahlen unsere Schulden, und damit hat es sich auch. Und dann passierte die Sache mit der Anzeige. Spaulding kam genau vor acht Wochen mit dieser Zeitung in der Hand in den Laden und sagte:

›Mr. Wilson, bei Gott, ich wünschte, ich hätte rotes Haar.‹

›Warum denn?‹ fragte ich.

›Weil wieder eine Stelle im Bund der Rothaarigen angeboten wird‹, antwortete er. ›Man kann dort ein kleines Vermögen verdienen, und soweit ich weiß, gibt es mehr freie Stellen als Bewerber, so daß die Treuhänder nicht wissen, wohin mit dem Geld. Wenn nur meine Haare die Farbe wechseln würden! Dann bräuchte ich mich nur noch ins gemachte Nest hineinzulegen!‹

›Worum handelt es sich denn?‹ fragte ich. ›Wissen Sie, Mr. Holmes, ich bin ein sehr häuslicher Mensch, und weil mein Geschäft zu mir kommt und ich nicht zu ihm muß, verstrichen oft Wochen, ohne daß ich meinen Fuß über die Türschwelle setzte. Deshalb wußte ich nicht viel von dem, was draußen in der Welt vorging, und freute mich immer über Neuigkeiten.‹

›Haben Sie denn noch nie vom Bund der Rothaarigen gehört?‹ fragte er mit aufgerissenen Augen.

›Nie!‹

›Das wundert mich, denn Sie kämen doch für eine der Stellen in Frage.‹

›Und wie hoch liegt der Verdienst?‹ fragte ich.

›Oh, bloß einige hundert Pfund im Jahr, aber der Arbeitsaufwand ist gering und läßt sich leicht nebenher erledigen. Sie können sich bestimmt denken, daß ich meine Ohren gespitzt habe, denn das Geschäft florierte seit Jahren nicht mehr besonders, und ein paar hundert Pfund zusätzlich wären mir sehr gelegen gekommen.‹

›Erzählen Sie mir alles‹, sagte ich.

Spaulding zeigte mir die Anzeige und meinte:

›Sie können sich selbst davon überzeugen, daß der Bund eine Stelle anbietet. Es wird eine Adresse angegeben, an die man sich für nähere Einzelheiten wenden kann. Soweit ich informiert bin, wurde der Bund von einem amerikanischen Millionär gegründet, der etwas merkwürdig war. Er hatte selbst rotes Haar und war deshalb voller Sympathie für alle rothaarigen Männer. Nachdem er gestorben war, stellte man fest, daß er ein enormes Vermögen Treuhändern überlassen hatte, mit der Anweisung, mit diesem Geld und den Zinsen rothaarigen Männern leichte Arbeit zu verschaffen. Nach dem, was ich gehört habe, wird man phantastisch für eine geringe Tätigkeit bezahlt.‹

›Aber‹, erwiderte ich, ›Millionen Rothaarige werden sich dort bewerben.‹

›Nicht so viele, wie Sie denken‹, antwortete er. ›Wissen Sie, es beschränkt sich auf Erwachsene, die in London leben. Dieser Amerikaner begann als junger Mann seine Karriere in London und wollte dieser Stadt etwas Gutes tun. Außerdem habe ich gehört, daß es sinnlos ist, sich zu bewerben, wenn man keine richtig leuchtenden, flammenden, feuerroten Haare hat, sondern nur irgendeinen anderen Rotton. Ja, wenn Sie sich bewerben würden, Mr. Wilson, bekämen Sie den Posten bestimmt. Aber vielleicht lohnt es sich für Sie kaum, für einige hundert Pfund den Fuß vor die Tür zu setzen.‹

Nun meine Herren, wie Sie selbst sehen, haben meine Haare wirklich einen vollen und kräftigen Farbton. So überlegte ich mir, daß ich gegen jeden Konkurrenten eine wirklich gute Chance hätte. Vincent Spaulding schien so gut über alles informiert zu sein, daß er mir vielleicht von Nutzen sein konnte, weshalb ich ihm befahl, den Laden für diesen Tag zu schließen und mitzukommen. Er war sehr erfreut, einen Tag nicht arbeiten zu müssen. Wir schlossen ab und begaben uns zu der in der Anzeige angegebenen Adresse.

Mr. Holmes, ich hoffe, nie wieder eine Menschenmasse

wie diese zu erleben. Aus Norden, Süden, Osten und Westen waren Männer, die auch nur andeutungsweise rotes Haar hatten, in die City geströmt, um sich auf die Anzeige hin vorzustellen. Die Fleet Street war überlaufen von rothaarigen Menschen, und Pope's Court ähnelte einer Marktkarre voller Orangen. Ich hätte nie gedacht, daß es so viele Rothaarige im ganzen Land gibt, wie durch diese eine Anzeige zusammengebracht wurden. Jede Schattierung war zu sehen: Stroh, Zitronengelb, Orange, Ziegel, Irish-Setter, Leber, Lehm. Aber wie Spaulding behauptete, gab es nur wenige mit der wirklich leuchtenden, feuerroten Haarfarbe. Als ich die vielen wartenden Menschen sah, wollte ich schon voller Verzweiflung aufgeben, aber Spaulding wollte davon nichts hören. Wie er es geschafft hat, mich mit Puffen und Drängeln durch die Menschenmasse auf die Treppe, die direkt ins Büro führte, zu lotsen, ist mir ein Rätsel. Zwei Menschenströme befanden sich auf der Treppe, der eine bewegte sich hoffnungsvoll nach oben, und der andere kam enttäuscht nach unten. Aber wir kämpften uns so gut wir konnten durch, und bald darauf standen wir im Büro.«

»Ihr Erlebnis muß sehr ergötzlich gewesen sein«, bemerkte Holmes, als sein Klient den Bericht unterbrach und sein Gedächtnis mit einer großen Prise Schnupftabak auffrischte. »Bitte fahren Sie mit Ihrer interessanten Erzählung fort.«

»Das Büro war nur mit ein paar Holzstühlen und einem einfachen Holztisch möbliert. Hinter dem Tisch saß ein kleiner Mann mit einem noch röteren Haarschopf als meinem. Er wechselte mit jedem hereintretenden Kandidaten ein paar Worte und richtete es dann immer so ein, daß er etwas fand, das den Bewerber ausschloß. Demnach schien es gar nicht so leicht zu sein, diese Stelle zu bekommen. Endlich, als die Reihe an uns war, verhielt sich der kleine Mann viel wohlwollender mir gegenüber als zu den anderen. Er schloß die Tür, damit er ungestört mit uns reden konnte.

›Das ist Mr. Jabez Wilson‹, sagte mein Angestellter, ›und

er bewirbt sich um die ausgeschriebene Stelle im Bund.‹ ›Er ist dafür wunderbar geeignet‹, antwortete der andere. ›Er erfüllt jede Voraussetzung. Ich kann mich nicht entsinnen, jemals etwas so Prachtvolles gesehen zu haben.‹ Er trat einen Schritt zurück, legte seinen Kopf schief und starrte auf meine Haare, bis ich ziemlich verlegen wurde. Plötzlich sprang er nach vorn, schüttelte meine Hand und gratulierte mir herzlich zu meinem Erfolg.

›Es wäre unrecht, länger zu zögern‹, sagte er. ›Sie werden mir aber sicher diese offensichtliche Vorsichtsmaßnahme verzeihen.‹ Damit griff er mit beiden Händen in meinen Haarschopf und zog daran, bis ich vor Schmerz aufheulte. ›Der Schmerz trieb Ihnen das Wasser in die Augen‹, stellte er fest, als er mich losließ. ›Ich merke schon, es ist alles so, wie es sein sollte. Wir müssen aber vorsichtig sein. Wir sind schon zweimal mit einer Perücke und einmal mit gefärbtem Haar hinters Licht geführt worden. Ich könnte Ihnen Schauergeschichten erzählen, Sie würden den Glauben an die Menschheit verlieren.‹ Er ging zum Fenster und schrie mit lauter Stimme der Menge zu, die Stelle sei besetzt. Ein enttäuschtes Stöhnen drang von unten herauf, und die Menge ging in verschiedene Richtungen auseinander. Schließlich war kein roter Haarschopf mehr zu sehen bis auf meinen eigenen und den des Prüfers. ›Mein Name ist Duncan Ross‹, sagte er. ›Ich bin selbst einer der Menschen, die vom Fond unseres hochherzigen Wohltäters unterstützt werden. Sind Sie verheiratet, Mr. Wilson? Haben Sie Familie?‹

Ich antwortete mit Nein. Sofort verfinsterte sich seine Miene.

›Du liebe Güte!‹ rief er ernst. ›Das ist wirklich bedenklich. Bedauerlich, das zu hören! Der Fond ist nämlich nicht nur für den Unterhalt der Rothaarigen gedacht, sondern auch für ihre Verbreitung und Vermehrung. Deshalb ist es außerordentlich unglücklich, daß Sie Junggeselle sind.‹

Ich zog ein langes Gesicht, Mr. Holmes, denn ich befürchtete, die Stelle doch nicht zu erhalten. Aber nachdem er ein paar Minuten überlegt hatte, meinte er, es würde sich noch alles einrenken.

›In einem anderen Fall wäre dieser Einwand fatal, aber wir müssen in Anbetracht eines Mannes mit so roten Haaren wie den Ihren flexibel sein. Wann ist es Ihnen möglich, Ihre neue Arbeit aufzunehmen?‹

›Nun, das wird ein bißchen schwierig, denn ich habe schon ein Geschäft‹, erwiderte ich.

›Oh, das macht doch nichts, Mr. Wilson‹, entgegnete Vincent Spaulding. ›Ich würde so lange darauf achtgeben.‹

›Um welche Zeitspanne würde es sich denn handeln?‹ fragte ich.

›Von zehn Uhr morgens bis nachmittags zwei Uhr.‹

Da das Geschäft eines Pfandleihers sich meistens abends abspielt, Mr. Holmes, besonders donnerstag- und freitagabends vor dem Zahltag, war es mir sehr recht, morgens noch etwas hinzuzuverdienen. Außerdem wußte ich, daß mein Angestellter ein tüchtiger Mann war und sich um alle anfallenden Dinge kümmern würde.

›Das kommt mir sehr gelegen‹, sagte ich, ›und wie steht es mit der Bezahlung?‹

›Vier Pfund die Woche.‹

›Und die Arbeit?‹

›Kaum der Rede wert, sie ist rein nominell.‹

›Was verstehen Sie unter rein nominell?‹

›Sie müssen sich die ganze Zeit im Büro oder zumindest im Haus aufhalten. Wenn Sie es verlassen, haben Sie Ihre Tätigkeit für immer verloren. In diesem Punkt ist das Testament ganz eindeutig. Wenn Sie sich in diesen Stunden aus dem Büro entfernen, halten Sie sich nicht an die Bedingungen.‹

›Es sind ja nur vier Stunden am Tag, und ich habe nicht vor, das Büro zu verlassen‹, antwortete ich.

›Es gilt keine Entschuldigung‹, erwiderte Mr. Duncan

Ross, ›weder Krankheit noch das Geschäft noch andere Gründe. Sie müssen im Büro bleiben, oder Sie haben Ihre Chance verspielt.‹

›Und die Arbeit?‹

›Die Encyclopaedia Britannica abschreiben. Der erste Band steht dort im Bücherschrank. Tinte, Federn und Schreibpapier müssen Sie sich selbst besorgen, aber diesen Tisch und Stuhl stellen wir Ihnen zur Verfügung. Können Sie morgen anfangen?‹

›Ja, gewiß‹, antwortete ich.

›Dann auf Wiedersehen, Mr. Jabez Wilson, und ich gratuliere Ihnen noch einmal zu dem großartigen Posten, den Sie durch einen Glücksfall erhalten haben.‹ Er komplimentierte mich aus dem Raum, und ich ging mit meinem Angestellten nach Hause. Ich wußte nicht, was ich dazu sagen sollte, so freute ich mich über mein Glück.

Ich dachte den ganzen Tag über die Angelegenheit nach. Am Abend war ich recht niedergeschlagen, denn ich war ziemlich davon überzeugt, daß die ganze Sache ein großer Schwindel sein mußte, obwohl ich mir nicht vorstellen konnte, welcher Zweck damit verfolgt wurde. Es war alles so unwahrscheinlich, das Testament, oder daß jemand eine derartige Summe für eine so simple Beschäftigung zahlt wie die Encyclopaedia Britannica abzuschreiben. Vincent Spaulding tat alles, um mich aufzumuntern, aber als ich zu Bett ging, hatte ich mir die ganze Sache ausgeredet. Am nächsten Morgen beschloß ich, es mir wenigstens anzuschauen. Ich kaufte ein Tintenfaß, und mit einem Federkiel und sieben Bogen Schreibpapier begab ich mich zum Pope's Court. Zu meiner Überraschung und Freude fand ich alles ordnungsgemäß vor. Der Tisch stand für mich bereit, und Mr. Duncan Ross war dort, um dafür zu sorgen, daß ich mich wirklich an die Arbeit machte. Er ließ mich mit dem Buchstaben A beginnen und verschwand, aber von Zeit zu Zeit erschien er wieder, um nachzusehen, ob alles seine Ordnung hatte. Um zwei Uhr nachmittags wünschte er mir noch einen schönen Tag, lobte mich, weil ich soviel geschrieben hatte, und schloß die Bürotür hinter mir ab. So ging das Tag für Tag. Am Samstag kam er und zahlte mir die vier Gold-Sovereigns für meine geleistete Wochenarbeit aus. Das wiederholte sich von Woche zu Woche. Jeden Morgen bin ich um zehn erschienen und jeden Nachmittag um zwei nach Hause gegangen. Mit der Zeit schaute Mr. Duncan Ross bloß morgens noch mal herein, und nach einer Weile kam er überhaupt nicht mehr. Trotzdem wagte ich es natürlich nicht, den Raum auch nur für einen Augenblick zu verlassen, weil ich mir nicht sicher war, ob er nicht doch einmal kommen würde. Die Stelle war so gut und für mich so angenehm, daß ich sie nicht aufs Spiel setzen wollte.

So verstrichen acht Wochen. Ich hatte über Abbots, Archery, Armour, Architecture und Attica geschrieben und hoffte, daß ich mit Fleiß bald den Buchstaben B erreichen würde. Es kostete mich ziemlich viel Schreibpapier, und ich hatte beinahe schon ein Regal mit meiner Arbeit gefüllt. Doch plötzlich war die ganze Sache beendet.«

»Beendet?«

»Ja, Sir, und zwar heute morgen. Wie gewohnt bin ich um zehn zur Arbeit gegangen, aber die Tür war zu und verschlossen. Ein rechteckiges Stück Karton war mit einer Reißzwecke am Türblatt befestigt. Hier ist es, Sie können den Text selbst lesen.«

Er hob ein Stück weiße Pappe in der Größe eines Briefbogens hoch. Darauf stand:

DER BUND DER ROTHAARIGEN WURDE AUFGELÖST.
9. Oktober 1890

Sherlock Holmes und ich prüften diese kurze Notiz und das dahinter so bekümmerte Gesicht, bis das komische Moment dieser Angelegenheit jede andere Betrachtungsweise ausschaltete und wir in schallendes Gelächter ausbrachen.

»Ich sehe keinen Grund zum Lachen«, schrie unser Klient und wurde bis zu seinen flammenden Haarwurzeln knallrot. »Wenn Sie nichts besseres tun können, als über mich lachen, kann ich ja wieder gehen.«

»Nein, nein!« rief Holmes und schob ihn auf den Stuhl zurück, von dem er sich halb erhoben hatte. »Um nichts in der Welt möchte ich Ihren Fall missen. Er ist so erfrischend ungewöhnlich. Aber bitte entschuldigen Sie, er entbehrt nicht einer gewissen Komik. Bitte, was für Schritte unternahmen Sie, als Sie den Karton an der Tür gefunden hatten?«

»Ich war verblüfft, Sir. Ich wußte nicht, was ich tun sollte. Dann sprach ich in den umliegenden Büros vor, um etwas über den Bund und deren Angehörige in Erfahrung zu bringen, aber ohne Erfolg. Schließlich ging ich zum Hauswirt, einem Buchhalter, der im Erdgeschoß wohnt, und fragte ihn, ob er mir nicht sagen könnte, was aus dem Bund der Rothaarigen geworden sei. Er erklärte mir, daß er noch nie von einer solchen Vereinigung gehört habe. Auf die Frage, wer Mr. Duncan Ross sei, antwortete er mir, der Name sei ihm unbekannt.

›Nun gut‹, sagte ich, ›der Herr von Nummer vier.‹

›Was, der rothaarige Mann?‹

›Ja.‹

›Oh‹, sagte er, ›der heißt William Morris. Er ist Anwalt und benutzte mein Zimmer als Übergangslösung, bis seine Räume fertiggestellt waren. Er zog gestern aus.‹

›Wo könnte ich ihn finden?‹

›Oh, in seinem neuen Büro. Er gab mir die Adresse, King Edward Street 17, in der Nähe der St. Paul's Cathedral.‹

Mr. Holmes, ich ging zu der angegebenen Adresse, aber als ich dort ankam, fand ich nur eine Fabrik, die künstliche Kniescheiben herstellt. Niemand hatte jemals von Mr. William Morris oder Mr. Duncan Ross gehört.«

»Und was haben Sie dann unternommen?« fragte Holmes.

»Ich ging nach Hause zum Saxe-Coburg Square und wollte den Rat meines Angestellten einholen, aber der konnte mir in keiner Weise helfen. Er meinte nur, ich sollte warten, vielleicht würde ich mit der Post eine Nachricht erhalten. Aber das genügte mir nicht, Mr. Holmes. Ich wollte diesen angenehmen Arbeitsplatz nicht kampflos verlieren. Da ich gehört habe, daß Sie auch armen Leuten, die Hilfe brauchen, einen guten Rat erteilen, bin ich sofort zu Ihnen gekommen.«

»Sie taten gut daran«, sagte Holmes. »Ihr Fall ist äußerst interessant, und ich freue mich, in ihm ermitteln zu dürfen. Nach dem, was Sie mir erzählt haben, glaube ich, daß damit eine größere Sache verbunden ist, als es zuerst den Anschein hat.«

»Schlimm genug!« bemerkte Mr. Jabez Wilson. »Ich verliere damit vier Pfund die Woche.«

»Soweit Sie persönlich davon betroffen sind«, erwiderte Holmes, »sehe ich keinen Grund, weshalb Sie gegen diesen ungewöhnlichen Bund einen Groll hegen sollten – im Gegenteil, Sie sind jetzt um etwa 30 Pfund reicher geworden, nicht zu vergessen das Wissen, das Sie über all die Dinge erlangt haben, die mit A beginnen. Sie haben durch den Bund nichts verloren.«

»Nein, Sir. Aber ich möchte herausfinden, wer diese Leute sind, und aus welchem Grund sie mir diesen Streich – wenn es einer war – gespielt haben. Zumindest war es für sie ein ziemlich teurer Spaß, denn es hat sie 32 Pfund gekostet.«

»Wir werden uns bemühen, diese Punkte für Sie zu klären. Doch vorerst noch ein, zwei Fragen, Mr. Wilson. Ihr Angestellter, der Ihre Aufmerksamkeit auf die Anzeige gelenkt hat – wie lange ist er schon bei Ihnen tätig?«

»Damals etwa seit einem Monat.«

»Wie kam er zu Ihnen?«

»Durch eine Anzeige.«

»War er der einzige Bewerber?«

»Nein, es kam ein Dutzend.«

»Warum wählten Sie gerade ihn?«

»Weil er geschickt und zudem billig war.«

»Um genau zu sein, zum halben Lohn.«

»Ja.«

»Wie sieht er aus, dieser Vincent Spaulding?«

»Klein, untersetzt, sehr schnell in seinen Bewegungen, keinerlei Haarwuchs im Gesicht, obwohl er Ende Zwanzig ist. Auf seiner Stirn hat er einen weißen Fleck, höchstwahrscheinlich verursacht durch Säure.«

In merklicher Aufregung setzte sich Holmes in seinem Sessel auf.

»Ich dachte mir so etwas«, sagte er, »haben Sie jemals bemerkt, ob seine Ohrläppchen für Ohrringe durchstochen sind?«

»Ja, Sir. Er erzählte mir, daß es ihm eine Zigeunerin gemacht habe, als er noch ein Junge war.«

»Hm!« brummte Holmes und versank in tiefe Nachdenklichkeit.

»Arbeitet er noch bei Ihnen?«

»O ja, Sir. Ich habe ihn gerade eben verlassen.«

»Und er hat sich wirklich in Ihrer Abwesenheit immer um das Geschäft gekümmert?«

»Ich kann mich nicht beklagen, Sir. Und am Morgen gibt es sowieso nie viel zu tun.«

»Das genügt, Mr. Wilson. Ich würde mich freuen, Ihnen in ein, zwei Tagen meine Stellungnahme zu den Ereignissen geben zu können. Heute ist Samstag, und ich hoffe, daß wir bis Montag zu einer Schlußfolgerung gekommen sind.«

»So, Watson«, sagte Holmes, als unser Besucher uns verlassen hatte, »was halten Sie davon?«

»Ich weiß es nicht«, gab ich offen zu. »Ein höchst rätselhafter Fall.«

»In der Regel«, sagte Holmes, »erweist sich die bizarrste Sache später als am wenigsten rätselhaft. Gerade die gewöhnlichen Verbrechen ohne besondere Kennzeichen bereiten einem am meisten Kopfzerbrechen, genauso wie ein alltägliches Gesicht am schwierigsten zu identifizieren ist. Aber ich muß mich jetzt um diesen Fall kümmern.«

»Was haben Sie vor?« fragte ich.

»Rauchen«, antwortete er, »das ist ein Drei-Pfeifen-Problem. Ich bitte Sie, mich in den nächsten 50 Minuten nicht zu stören.« Holmes rollte sich in seinem Sessel zusammen, zog die mageren Knie bis zu seiner Adlernase heran und saß mit geschlossenen Augen da. Seine schwarze Tonpfeife ragte wie der Schnabel eines fremdartigen Vogels hervor. Ich hatte den Eindruck, er sei eingeschlafen, und nickte selbst ein, als er plötzlich von seinem Stuhl aufsprang wie ein Mann, der seine Entscheidung getroffen hat, und seine Pfeife auf den Kaminsims legte.

»Heute nachmittag spielt Sarasate in der St. James' Hall«, bemerkte er. »Was meinen Sie, Watson? Können Sie Ihre Patienten für ein paar Stunden entbehren?«

»Ich habe heute nichts zu tun. Meine Praxis ist nie sehr besucht.«

»Dann setzen Sie Ihren Hut auf und begleiten Sie mich. Zuerst aber will ich in die City. Auf dem Weg dorthin können wir zu Mittag essen. Es steht viel deutsche Musik auf dem Programm, die eher meinem Geschmack entspricht als italienische oder französische. Sie blickt nach innen, und genau das möchte ich auch tun. Kommen Sie!«

Wir fuhren mit der Untergrundbahn bis Aldersgate, von dort aus gingen wir noch ein Stück zu Fuß bis zum Saxe-Coburg Square, dem Schauplatz der heute morgen vorgetragenen Geschichte. Es war ein kleiner, langweiliger, ehemals vornehmer, nun heruntergekommener Platz. Vier Reihen schäbiger zweistöckiger Ziegelhäuser umschlossen eine winzige, eingezäunte Grünfläche, die aus einem Rasen voll Unkraut und einer dürftigen Gruppe verwelkter Lorbeerbüsche bestand, die gegen die verrauchte, unfreundliche Atmosphäre ankämpften. Drei vergoldete Kugeln und ein braunes

Schild mit JABEZ WILSON in weißen Buchstaben an einem Eckhaus verkündeten uns, wo unser rothaariger Kunde sein Geschäft betrieb. Sherlock Holmes blieb vor dem Haus stehen, legte den Kopf schief und musterte alles ganz genau, mit funkelnden Augen unter gerunzelten Brauen. Dann ging er langsam die Straße hinauf und wieder zur Ecke hinunter, wobei er die Häuser sehr aufmerksam musterte. Schließlich kehrte er zum Pfandleihhaus zurück. Nachdem er heftig zwei-, dreimal mit seinem Stock auf den Bürgersteig geschlagen hatte, ging er zur Tür und klopfte. Einen Augenblick später wurde ihm von einem gescheit aussehenden, glattrasierten jungen Mann geöffnet, der ihn hereinbat.

»Danke«, sagte Holmes. »Ich möchte mich nur gern erkundigen, wie man von hier aus zu der Station Strand kommt.«

»Die dritte rechts, und dann die vierte links«, antwortete der Angestellte prompt und schloß die Tür.

»Schlauer Bursche«, äußerte Holmes, als wir weggingen. »Meiner Meinung nach ist er der viert-schlaueste Mann in London, und was Risikofreudigkeit angeht, liegt er wahrscheinlich sogar an dritter Stelle. Ich habe schon von ihm gehört.«

»Offensichtlich«, bemerkte ich, »spielt Mr. Wilsons Angestellter eine große Rolle in diesem mysteriösen Fall des Bunds der Rothaarigen. Sicher haben Sie sich auch nur nach dem Weg erkundigt, um ihn zu sehen.«

»Nicht ihn.«

»Was denn?«

»Die Knie seiner Hosenbeine.«

»Und was haben Sie gesehen?«

»Das, was ich erwartet hatte.«

»Warum haben Sie mit dem Stock auf den Bürgersteig geschlagen?«

»Mein lieber Doktor, wir sind hier, um Beobachtungen anzustellen, und nicht, um Konversation zu betreiben. Wir sind Spione in feindlichem Gebiet. Wir wissen etwas über den Saxe-Coburg Square. Lassen Sie uns jetzt auskundschaften, was dahinter liegt.«

Die Straße, in der wir uns wiederfanden, nachdem wir vom ruhigen Saxe-Coburg Square abgebogen waren, stand in ebenso großem Kontrast zu ihm wie die Vorderseite eines Bildes zu seiner Rückseite. Es war eine der großen Hauptverkehrsadern, die die Stadt mit dem Norden und dem Westen verbinden. Auf der Straße strömte der Geschäftsverkehr in einer gewaltigen doppelten Flut hinein und hinaus, während die Bürgersteige schwarz vor gehetzten Fußgängern waren. Als wir auf die feinen Läden und stattlichen Geschäftshäuser schauten, konnten wir uns kaum noch vorstellen, daß hinter diesen Gebäuden ein verkommener und öder Platz lag, obwohl wir ihn gerade erst verlassen hatten.

»Einen Augenblick«, sagte Holmes, blieb an der Ecke stehen und warf einen Blick auf die Häuserfront. »Ich will mir die Anordnung der Häuser merken. Es ist eine Marotte von mir, eine genaue Vorstellung von London zu haben. Da ist *Mortimer's,* der Tabakladen, der Zeitungskiosk, die Coburg Filiale der *City and Suburban Bank,* das vegetarische Restaurant und McFarlanes Wagendepot. Dann der nächste Häuserblock, Und jetzt, Doktor, haben wir unsere Arbeit getan und können uns dem Vergnügen widmen. Ein Sandwich, eine Tasse Kaffee, und dann auf ins Land der Violinen, wo Lieblichkeit, Takt und Harmonie herrschen und es keine rothaarigen Klienten gibt, die einen mit ihren Problemen belästigen.«

Mein Freund war ein leidenschaftlicher Musikliebhaber. Er spielte selbst sehr gut und komponierte hervorragende Stücke. Den ganzen Nachmittag saß er in völliger Glückseligkeit im Parkett, seine langen dünnen Finger bewegten sich sanft im Takt der Musik, während sein freundlich lächelndes Gesicht und seine mildgestimmten, verträumten Augen denen des Spürhundes Holmes, des unerbittlichen, scharfsinnigen, im richtigen Moment zupackenden Verbrecherjägers Holmes so unähnlich waren wie nur irgend möglich. In seinem einzigartigen Charakter manifestierten sich abwechselnd beide Seiten. Meiner Meinung nach waren seine extreme Genauigkeit und sein Scharfsinn die Reaktion auf die poetische, beschauliche Stimmung, die bei ihm gelegentlich vorherrschte. Sein Naturell schwankte zwischen ausgeprägter Trägheit und alles verzehrender Energie. Er war nie so formidabel, wie wenn er tagelang in seinem Lehnstuhl zwischen seinen Folianten gelegen oder auf der Geige gespielt hatte. Dann geschah es, daß ihn plötzlich die Jagdlust überfiel und sein brillant logisch denkender Verstand sich in den Bereich der Intuition steigerte, bis er denjenigen, die mit seinen Methoden nicht vertraut waren, unheimlich wurde, weil er mehr zu wissen schien, als einem Sterblichen zukam. Als ich ihn an jenem Nachmittag so entrückt durch die Musik in der St. James' Hall sah, spürte ich, daß denen nichts Gutes bevorstand, die er zu jagen sich vorgenommen hatte.

»Zweifelsohne, Doktor, Sie wünschen nach Hause zu gehen«, sagte er, als wir nach dem Konzert den Saal verließen.

»Ja, das wäre mir recht.«

»Und ich habe noch etwas zu erledigen, das mich für einige Stunden in Anspruch nehmen wird. Diese Angelegenheit am Coburg Square ist ernst zu nehmen.«

»Warum?«

»Ein schwerwiegendes Verbrechen wird geplant. Ich habe genügend Grund zur Annahme, daß wir noch rechtzeitig da sein werden, um es zu verhindern. Aber heute ist Samstag, und das erschwert die Angelegenheit. Ich werde heute nacht Ihre Hilfe brauchen.«

»Um welche Uhrzeit?«

»Zehn Uhr wäre früh genug.«

»Ich werde um zehn in der Baker Street sein.«

»Sehr gut. Und, Doktor, es könnte ein wenig gefährlich

werden, stecken Sie freundlicherweise Ihren Armeerevolver ein.«

Er winkte mir zu, drehte sich auf dem Absatz um und verschwand augenblicklich in der Menschenmenge.

Ich glaube nicht, daß ich beschränkter bin als der Durchschnitt, aber ich kam mir immer betrüblich dumm vor, wenn ich mit Sherlock Holmes zusammen war. Ich hatte gehört, was er gehört hatte, ich hatte gesehen, was er gesehen hatte, und dennoch war aus seinen Worten zu erkennen, daß er nicht nur genau gesehen hatte, was geschehen war, sondern auch, was geschehen würde, während mir die ganze Sache immer noch verwirrend und grotesk erschien. Als ich nach Hause nach Kensington fuhr, dachte ich über alles nach, angefangen bei der ungewöhnlichen Geschichte des rothaarigen Kopierers der Encyclopaedia Britannica bis zum Besuch des Saxe-Coburg-Square und den unheilverkündenden Worten, mit denen Holmes sich von mir verabschiedet hatte. Was war das für eine nächtliche Unternehmung, und warum sollte ich ihn bewaffnet begleiten? Wohin gingen wir, und was hatten wir vor? Holmes hatte mir gegenüber angedeutet, daß der Angestellte des Pfandleihers mit der weichen Gesichtshaut ein ernstzunehmender Gegner war – ein Gegner, der möglicherweise ein gefährliches Spiel spielte. Ich versuchte, des Rätsels Lösung zu finden, aber ich gab verzweifelt auf und legte den Fall beiseite, bis die Nacht ihn klären würde.

Es war Viertel nach neun, als ich von Zuhause aufbrach und durch den Park und die Oxford Street in die Baker Street gelangte. Zwei Droschken standen vor der Tür. Als ich den Hauseingang betrat, hörte ich von oben Stimmengewirr. Ich ging die Treppe zu Holmes' Zimmer hinauf, wo ich ihn in angeregter Unterhaltung mit zwei Männern antraf. Den einen erkannte ich als Peter Jones wieder, einen Polizeioffizier, während der andere ein langer, dünner, traurig dreinblickender Mann war, mit einem glänzenden Hut und einem betont korrekten Gehrock bekleidet. »So, unsere Gesellschaft ist vollständig«, bemerkte Holmes, knöpfte seine Jacke zu und nahm seine schwere Jagdpeitsche vom Haken. »Watson, ich glaube, Sie kennen Mr. Jones von Scotland Yard? Darf ich Ihnen Mr. Merryweather vorstellen, der uns bei unserem Abenteuer heute nacht begleiten wird.«

»Wir jagen heute wieder paarweise, wissen Sie, Doktor«, sagte Jones in seiner eingebildeten Art.

»Unser Freund hier ist hervorragend geeignet, um eine Jagd zu beginnen. Alles, was er dazu braucht, ist ein alter Hund, der ihm hilft, die Beute zur Strecke zu bringen.«

»Ich hoffe nur, daß wir nicht einem Hirngespinst nachjagen«, meinte Mr. Merryweather düster.

»Sie können größtes Vertrauen zu Mr. Holmes haben, Sir«, sagte der Polizeioffizier herablassend. »Er hat so seine eigenen Methoden, die, ich hoffe, er verzeiht mir diese Bemerkung, ein bißchen zu theoretisch und phantastisch sind, aber er zeigt Ansätze zu einem guten Detektiv. Es wäre nicht übertrieben zu behaupten, daß er ein-, zweimal, nämlich im Fall des Sholto-Mordes und des Agra-Schatzes, der Lösung näher war als die Polizei.«

»Oh, wenn Sie das sagen, Mr. Jones, wird es stimmen«, antwortete der Unbekannte unterwürfig. »Doch ich muß gestehen, daß ich meinen Robber vermiße. Seit 27 Jahren ist das der erste Samstagabend, an dem ich nicht Bridge spiele.«

»Ich glaube«, sagte Sherlock Holmes, »Sie spielen heute abend um einen höheren Einsatz als jemals zuvor. Zudem werden Sie dieses Spiel aufregender finden. Für Sie, Mr. Merryweather, beläuft sich der Spieleinsatz auf etwa 30 000 Pfund. Und für Sie, Jones, ist es der Mann, dem Sie schon lange das Handwerk legen wollen.«

»John Clay, Mörder, Dieb, Falschmünzer und Betrüger. Er ist ein junger Mensch, Mr. Merryweather, aber auf seinem Gebiet eine Kapazität. Ich würde ihm zu gerne meine Armbänder anlegen, mehr als jedem anderen Kriminellen in

London. Ein erstaunlicher junger Mann, dieser John Clay. Sein Großvater war ein Herzog, und er selbst wurde in Eton und Oxford erzogen. Sein Verstand ist genauso beweglich wie seine Finger, und obwohl wir immer wieder Spuren von ihm finden, wissen wir nie, wo wir ihn fassen sollen. Diese Woche bricht er in Schottland ein, und in der nächsten sammelt er in Cornwall Geld für ein Waisenhaus. Ich bin ihm seit Jahren auf der Spur, aber bis jetzt habe ich ihn noch nie zu Gesicht bekommen.«

»Ich hoffe, ich werde das Vergnügen haben, Ihnen den Herrn heute nacht vorzustellen. Ich hatte auch ein, zwei kleinere Zusammentreffen mit Mr. John Clay, und ich stimme Ihnen zu, daß er auf seinem Gebiet eine Kapazität ist. Aber es ist nach zehn: Zeit zu handeln. Wenn Sie beide die erste Droschke nehmen, werden Watson und ich in der zweiten folgen.«

Sherlock Holmes war während der langen Fahrt nicht sehr gesprächig. Er saß zurückgelehnt im Wagen und summte die Melodien vor sich hin, die er am Nachmittag gehört hatte. Wir ratterten durch ein endloses Labyrinth von gasbeleuchteten Straßen, bis wir in die Farrington Street einbogen.

»Wir stehen jetzt kurz vor des Rätsels Lösung«, stellte mein Freund fest. »Dieser Merryweather ist von Beruf Bankdirektor und persönlich an der Sache interessiert. Ich dachte auch, es sei gut, Jones bei uns zu haben. In seinem Beruf ist er nicht zu gebrauchen, aber ansonsten kein schlechter Kerl. Er hat auch seine Vorzüge, er ist furchtlos wie eine Bulldogge, und wie ein Hummer läßt er nichts mehr los, was er einmal gepackt hat. So, wir sind da. Man wartet bereits auf uns.«

Wir befanden uns in derselben belebten Durchgangsstraße, die wir heute morgen schon passiert hatten. Unsere Wagen wurden weggeschickt. Darauf folgten wir Mr. Merryweather eine enge Gasse entlang und durch eine Seitentür, die er für uns öffnete. Dahinter lag ein schmaler Flur, der in einer schweren, massiven Eisentür endete. Auch diese wurde aufgeschlossen, wonach uns eine steinerne Wendeltreppe zu einem eindrucksvollen Tor führte. Mr. Merryweather hielt inne, um eine Laterne anzuzünden, und geleitete uns dann durch einen dunklen, nach Erde riechenden Gang. Nachdem die dritte Tür geöffnet worden war, tat sich vor uns ein gewaltiges Gewölbe oder ein Keller auf, in dem rundherum Holzkisten und feste Behälter gestapelt waren.

»Von oben sind Sie nicht sehr verwundbar«, bemerkte Holmes, als er die Laterne hob und sich umschaute.

»Auch nicht von unten«, erwiderte Mr. Merryweather und schlug mit seinem Stock auf die Steinplatten, mit denen der Fußboden ausgelegt war. »Du meine Güte, das klingt ja ganz hohl!« stellte er überrascht fest.

»Ich muß wirklich um mehr Ruhe bitten«, sagte Holmes streng. »Sie haben schon den Erfolg unserer Unternehmung gefährdet. Würden Sie bitte die Güte haben, sich auf eine der Kisten zu setzen und sich ruhig zu verhalten.«

Der würdevolle Mr. Merryweather ließ sich mit einem sehr gekränkten Gesichtsausdruck auf einer der Kisten nieder, während Holmes auf den Knien begann, jede einzelne Fuge zwischen den Steinfliesen mit Laterne und Lupe zu untersuchen. Einige Sekunden reichten aus, um ihn zufriedenzustellen, denn er sprang wieder auf seine Füße und steckte sein Vergrößerungsglas in die Tasche.

»Wir müssen noch mindestens eine Stunde warten«, erklärte er. »Sie können kaum etwas unternehmen, bevor der gute Pfandleiher sich zu Bett begeben hat. Dann aber werden sie keine Minute mehr verlieren, denn je schneller sie ihre Arbeit beendet haben, desto mehr Zeit bleibt ihnen für die Flucht. Momentan halten wir uns, Doktor – wie Sie zweifellos schon erraten haben – im Keller der City-Filiale einer der größten Banken Londons auf. Mr. Merryweather ist Vorsitzender des Vorstands, und er wird Ihnen die Gründe erläutern, warum die verwegensten Verbrecher

Londons ein beträchtliches Interesse an diesem Keller haben.«

»Es ist unser französisches Gold«, flüsterte der Direktor. »Wir sind verschiedentlich gewarnt worden, daß ein Überfall geplant wird.«

»Ihr französisches Gold?«

»Ja, vor einigen Monaten bot sich uns die Möglichkeit, unsere Reserven zu verstärken. Zu diesem Zweck liehen wir 30000 Napoléons von der Bank von Frankreich. Leider wurde bekannt, daß wir bisher nicht die Gelegenheit hatten, das Geld auszupacken, so daß es immer noch in unserem Keller liegt. Die Holzkiste, auf der ich sitze, enthält 2000 Napoléons, die zwischen Bleiplatten liegen. Unsere Goldreserve ist augenblicklich größer als für eine einzelne Filiale üblich, weshalb die anderen Direktoren sehr besorgt sind.«

»Ihre Befürchtungen sind durchaus berechtigt«, meinte Holmes.

»Aber jetzt ist es an der Zeit, daß wir unsere Vorbereitungen treffen. Ich nehme an, daß es in einer Stunde zur Entscheidung kommt. In der Zwischenzeit, Mr. Merryweather, müssen wir die Laterne löschen.«

»Und im Dunkeln sitzen?«

»Ja, bedauerlicherweise. Ich hatte ein Kartenspiel mitgebracht. Ich dachte, da wir eine *partie carrée* sind, daß Sie doch noch zu Ihrem Robber kommen würden. Aber ich stelle fest, daß die Vorbereitungen des Feindes so weit fortgeschritten sind, daß wir das Risiko einer brennenden Laterne nicht eingehen dürfen. Zuerst müssen wir unsere Posten beziehen. Unsere Gegner sind unerschrockene Männer, und obwohl wir ihnen gegenüber im Vorteil sind, können sie uns doch Schaden zufügen, wenn wir nicht vorsichtig sind. Ich werde mich hinter dieser Kiste verbergen, und Sie können sich hinter jenen verstecken. Dann, wenn ich das Licht anzünde und es auf unsere Gegner richte, stürzen wir uns sofort auf sie. Sollten sie das Feuer eröffnen, Watson, haben Sie keine Gewissensbisse, sie niederzuschießen!«

Ich legte meinen Revolver mit gespanntem Hahn auf die Holzkiste, hinter der ich mich niedergeduckt hatte. Holmes schloß die Schiebevorrichtung seiner Laterne und ließ uns in pechschwarzer Dunkelheit – eine derartige Dunkelheit hatte ich noch nie zuvor erlebt. Der Geruch heißen Metalls lag in der Luft und versicherte uns, daß das Licht noch vorhanden war, um im richtigen Moment aufzuleuchten. Da meine Nerven vor Erwartung bis zum Zerreißen gespannt waren, hatten die plötzliche Dunkelheit und die kalte, feuchte Luft in dem Gewölbe für mich etwas Bedrückkendes und Beklemmendes an sich.

»Sie haben nur einen Fluchtweg«, flüsterte Holmes. »Und zwar zurück ins Haus am Saxe-Coburg Square. Hoffentlich haben Sie das getan, worum ich Sie gebeten habe, Jones?«

»Ein Inspektor und zwei Polizisten warten vor der Haustür.«

»Dann haben wir alle Löcher gestopft. Aber jetzt müssen wir ruhig sein und warten.«

Es dauerte eine Ewigkeit! Als ich später meine Notizen durchlas, entdeckte ich, daß es nur fünf Viertelstunden gedauert hatte, aber damals schien es mir, als ob die Nacht fast schon vergangen wäre und die Morgendämmerung über uns hereinbreche. Meine Glieder waren müde und steif, denn ich wagte nicht, mich zu bewegen. Außerdem war ich sehr nervös. Mein Gehör war so fein, daß ich nicht nur das leichte Atmen meiner Begleiter hörte, sondern ich konnte sogar das tiefe, schwere Einatmen des dicken Jones vom dünnen, seufzenden Geräusch des Bankdirektors unterscheiden. Aus meinem Versteck konnte ich über die Kiste auf den Boden schauen. Plötzlich erhaschte mein Auge einen Lichtschimmer. Zuerst war es nur ein schwacher Funke auf den Steinfliesen, doch dieser verlängerte sich, bis er zu einer gelben Linie wurde, und dann, ohne jegliche Vorwarnung oder ein Geräusch, klaffte ein Spalt auf, eine weiße, beinah weiblich geformte Hand erschien und tastete in der Mitte des Lichtscheins herum. Für eine Minute oder länger ragte die Hand, mit sich krümmenden Fingern, aus dem Boden. Dann wurde sie genauso plötzlich zurückgezogen, wie sie herausgeschoben worden war, und alles war wieder in Dunkelheit gehüllt, mit Ausnahme des schwachen Schimmers, der eine Ritze zwischen den Steinen markierte.

Das Verschwinden der Hand war jedoch nicht von langer Dauer. Mit einem nervenzerfetzenden, knirschenden Geräusch wurde eine der großen weißen Steinplatten auf die Seite geschoben. Ein viereckiges Loch gähnte uns entgegen, durch das das Licht einer Laterne flutete. Über den Rand hinweg blickte verstohlen ein scharf geschnittenes, knabenhaftes Gesicht, das sich eifrig umschaute. Dann stützte sich der junge Mann mit den Händen auf beiden Seiten der Öffnung ab und stemmte sich hoch, bis seine Knie den Rand erreichten. Im nächsten Moment stand er neben dem Loch und zog seinen Komplizen nach, der wie er selbst geschmeidig und klein war, aber mit einem blaßen Gesicht und einem knallroten Haarschopf.

»Keine Gefahr«, flüsterte er. »Hast du das Stemmeisen und die Beutel? Heiliger Strohsack! Spring, Archie, spring! Ich komme dir nach!«

Sherlock Holmes war aus seinem Versteck gestürzt und faßte den Eindringling beim Kragen. Der andere verschwand in der Öffnung. Ich hörte das Geräusch reißenden Stoffes, als Jones nach seinen Rockschößen griff. Das Licht fiel auf den Lauf eines Revolvers, aber Holmes' Jagdpeitsche sauste auf das Handgelenkt des Mannes nieder, und die Pistole schepperte auf die Steinfliesen.

»Es hat keinen Zweck, John Clay«, sagte Holmes milde, »Sie haben keine Chance mehr.«

»Ich weiß«, antwortete der andere mit größter Kaltblütigkeit. »Ich denke, mein Gefährte ist entkommen, obwohl ich feststellen muß, daß Sie seine Rockschöße haben.«

»Drei Männer warten an der Tür auf ihn«, erwiderte Holmes.

»Oh, wirklich? Sie scheinen nichts ausgelassen zu haben. Ich muß Ihnen ein Kompliment machen.«

»Und ich Ihnen«, antwortete Holmes. »Ihre Idee mit dem Bund der Rothaarigen war neu und sehr wirkungsvoll.«

»Sie werden Ihren Spießgesellen bald wiedersehen«, sagte Jones.

»Er ist flinker im Löcher-Hinabsteigen, als ich es bin. So, halt still, solange ich dir die Handschellen anlege.«

»Ich bitte Sie, mich nicht mit Ihren schmutzigen Fingern zu berühren«, äußerte unser Gefangener, als sich die Handschellen um seine Handgelenke schlossen. »Sie sind sich vielleicht nicht bewußt, daß königliches Blut in meinen Adern fließt. Hätten Sie bitte die Güte, wenn Sie mit mir sprechen, immer die Worte ›Sir‹ und ›bitte‹ zu gebrauchen.«

»Gewiß«, sagte Jones, starrte ihn an und grinste hämisch. »So, Sir, würden Sie bitte die Treppe hinaufmarschieren. Oben nehmen wir eine Droschke, damit Eure Hoheit zur Polizeistation geschafft werden können.«

»So ist es besser«, erwiderte John Clay gelassen. Er verbeugte sich schwungvoll vor uns dreien und ging unter der Bewachung des Polizeioffiziers ruhig nach oben.

»Wirklich, Mr. Holmes«, sagte Mr. Merryweather, als wir ihnen durch den Keller folgten. »Ich weiß nicht, wie Ihnen die Bank danken oder Sie entschädigen kann. Zweifellos haben Sie in einem der entschlossensten und durchdachtesten Versuche des Bankraubs erfolgreich ermittelt und ihn vereitelt. So etwas habe ich noch nie erlebt.«

»Ich hatte selbst ein, zwei kleine Rechnungen mit Mr. John Clay zu begleichen«, bemerkte Holmes. »Ich habe geringe Auslagen bezüglich dieser Angelegenheit gehabt, und ich nehme an, daß die Bank sie mir erstatten wird. Aber abgesehen davon, bin ich durch die gewonnene Erfahrung, die in vielerlei Hinsicht einzigartig war, und durch die äußerst bemerkenswerte Erzählung vom Bund der Rothaarigen reichlich entlohnt worden.«

»Sie sehen, Watson«, erklärte Sherlock Holmes in den frühen Morgenstunden, als wir bei einem Glas Whisky-Soda in der Baker Street saßen, »es war von Anfang an unverkennbar, daß der einzige mögliche Zweck dieser ziemlich phantastischen Anzeigengeschichte und des Abschreibens der Encyclopaedia Britannica darin bestand, den nicht sehr hellen Pfandleiher täglich für einige Stunden aus dem Weg zu schaffen. Zugegeben, eine ziemlich merkwürdige Methode, aber es wäre schwierig, eine bessere zu finden. Zweifellos kam Clays erfinderischer Verstand durch die Haarfarbe seines Komplizen auf die Idee. Die vier Pfund waren ein Köder, der ihn anlocken mußte, und was für eine Rolle spielten für sie vier Pfund die Woche, wenn es um Tausende ging? Sie setzen die Anzeige auf, ein Spitzbube mietet für einen bestimmten Zeitraum das Büro, der andere bringt den Mann dazu, sich zu bewerben, und zusammen sorgen sie für seine allmorgendliche Abwesenheit. Von dem Augenblick an, als ich erfuhr, daß der Angestellte für den halben Lohn arbeitete, war mir klar, er mußte ein sehr starkes Motiv haben, um die Stelle anzunehmen.«

»Aber wie konnten Sie das Motiv erraten?«

»Wären Frauen im Haus gewesen, ich hätte ein vulgäres Ränkespiel vermutet. Jedoch das kam nicht in Frage. Das Geschäft des Mannes war klein, und in seinem Haus existierte nichts, das eine derart sorgfältige Vorbereitung und die damit verbundenen Ausgaben wert gewesen wäre. Es mußte etwas außerhalb des Hauses sein. Was konnte es sein? Ich dachte über die Begeisterung des Angestellten für Photographie nach und seine Angewohnheit, im Keller zu verschwinden. Der Keller! Der war des Rätsels Lösung! Dann stellte ich meine Nachforschungen über diesen mysteriösen Ange-

stellten an und entdeckte, daß ich es mit einem der kaltblü-
tigsten und verwegensten Verbrecher Londons zu tun hatte.
Er machte irgendetwas in dem Keller – etwas, das mo-
natelang viele Stunden pro Tag in Anspruch nahm. Was
konnte es sein? Aus irgendeinem Grund konnte ich mir nur
vorstellen, daß er einen Tunnel zu einem anderen Gebäude
grub. So weit waren meine Überlegungen gediehen, als wir
dem Schauplatz des Geschehens einen Besuch abstatteten.
Ich überraschte sie, weil ich mit meinem Stock auf den Bürgersteig schlug. Ich untersuchte, ob der Keller nach vorne
oder nach hinten hinausging. Er ging nicht nach vorne hinaus. Dann klingelte ich an der Haustür, und wie erhofft
öffnete der Angestellte. Wir waren zwar früher schon anein-
andergeraten, hatten uns aber noch nie zuvor gesehen. Ich
schaute kaum auf sein Gesicht. Die Knie seiner Hosenbeine
wollte ich sehen. Sie müssen selbst bemerkt haben, wie
durchgescheuert und dreckig sie waren. Sie sprachen für
stundenlanges Graben. Als einzig fraglicher Punkt blieb nur
noch, wohin sie gruben. Ich ging um die Ecke, sah die *City
and Suburban Bank*, die an das Grundstück unseres Freundes anstieß. Ich hatte das Problem gelöst. Als Sie nach dem
Konzert nach Hause fuhren, rief ich Scotland Yard und den
Bankdirektor an. Alles weitere haben Sie gesehen.«

»Aber wie konnten Sie voraussagen, daß sie ihren Überfall
heute abend verüben wollten?« fragte ich.

»Nun, als sie das Büro des Bundes schlossen, bedeutete
das, daß die Anwesenheit von Mr. Jabez Wilson sie nicht
mehr störte. Mit anderen Worten, sie hatten ihren Tunnel-
bau beendet. Aber es war unbedingt notwendig, daß sie ihn
benutzten, bevor er entdeckt wurde oder das Gold fortge-
schafft worden war. Der Samstag eignete sich für sie am
besten, denn so hatten sie zwei Tage Zeit für ihre Flucht.«

»Ihre Schlußfolgerung war brillant«, rief ich voll aufrichti-
ger Bewunderung. »Es ist eine so lange Kette, und doch
klingt jedes Glied plausibel.«

»Der Fall rettete mich vor der Langenweile«, antwortete er und gähnte.

»O Himmel, ich fühle sie schon wieder über mich kommen. Mein Leben ist ein einziger, langer Versuch, den Gewöhnlichkeiten des Alltags zu entfliehen. Diese kleinen Probleme helfen mir dabei.«

»Und Sie sind ein Wohltäter der Menschheit«, sagte ich.

Er zuckte die Schultern »Nun, vielleicht ist mein Handeln ein bißchen von Nutzen«, bemerkte er. »›L'homme c'est rien – l'œuvre c'est tout‹, wie Gustave Flaubert an George Sand schrieb.«

Der blaue Karfunkel

Am zweiten Weihnachtstag besuchte ich morgens meinen Freund Sherlock Holmes, um ihm fröhliche Weihnachten zu wünschen. Er lag in einem purpurfarbenen Schlafrock auf der Couch; zu seiner Rechten stand leicht erreichbar ein Pfeifenständer, daneben lag ein Stoß zerfledderter Morgenzeitungen, die offenbar gerade gelesen worden waren. Neben der Couch stand ein Holzstuhl, an dessen Lehne ein sehr schäbiger, unansehnlicher, steifer Filzhut hing, der aufgrund seines hohen Alters an einigen Stellen gebrochen war. Vergrößerungsglas und Pinzette auf dem Stuhlsitz ließen vermuten, daß der Hut zu Untersuchungszwecken dorthin gehängt wurde.

»Sie sind beschäftigt«, sagte ich, »hoffentlich störe ich Sie nicht.«

»Überhaupt nicht. Ich bin froh, einen Freund zu haben, mit dem ich meine Resultate durchsprechen kann. Die Angelegenheit ist ganz alltäglich«, und er deutete mit dem Daumen in Richtung des alten Hutes, »aber in dem Zusammenhang gibt es ein paar Punkte, die nicht uninteressant sind.«

Ich setzte mich in einen Lehnstuhl und wärmte meine Hände über dem prasselnden Feuer. Ein heftiger Frost hatte eingesetzt, und die Fensterscheiben waren mit Eisblumen übersät. »Ich nehme an«, bemerkte ich, »so gewöhnlich der Hut auch aussieht, so ist er wohl doch mit einer todbringenden Geschichte verbunden – er ist der Faden, der Sie zur Lösung eines Rätsels und zur Bestrafung eines Verbrechens führen wird.«

»Nein, nein! Kein Verbrechen«, lachte Sherlock Holmes. »Nur eine dieser absonderlichen Nebensächlichkeiten, die zuweilen vorkommen, wenn vier Millionen Menschen auf einem auf einige Quadratmeilen beschränkten Raum zusammenleben müssen. Bei der Interaktion einer so dichten Menschenmasse kann man jede nur denkbare Kombination von Ereignissen erwarten; viele kleine Probleme tauchen auf, die zwar verblüffend und bizarr, aber nicht kriminell sind. Wir haben diesbezüglich schon einige Erfahrungen gemacht.«

»Ja, sogar so viele«, erwiderte ich, »daß von den letzten sechs Fällen, die ich in meine Notizensammlung aufgenommen habe, drei in keiner Weise ein Verbrechen darstellen.«

»Genau. Sie spielen auf meinen Versuch an, die Photographie der Irene Adler zu bekommen, auf den einzigartigen Fall der Miss Mary Sutherland oder auf das Abenteuer mit dem Mann mit der Narbe. Nun, ich hege keinerlei Zweifel, daß diese kleine Angelegenheit in dieselbe harmlose Kategorie fallen wird. Sie kennen Peterson, den Hotelportier?«

»Ja.«

»Ihm gehört diese Trophäe.«

»Es ist also sein Hut.«

»Nein, nein, er hat ihn nur gefunden. Der Besitzer des Hutes ist nicht bekannt. Ich bitte Sie, einen Blick auf ihn zu werfen, ihn aber nicht als einen abgetragenen Filzhut, sondern als intellektuelles Problem zu sehen. Doch lassen Sie sich zuerst berichten, wie der Hut überhaupt hierherkam. Er tauchte zusammen mit einer prachtvollen, fetten Gans am Weihnachtsmorgen hier auf; die Gans brutzelt in diesem Augenblick ohne Zweifel bei Peterson daheim in der Röhre. Die Fakten lauten folgendermaßen: Am Weihnachtsmorgen gegen vier Uhr in der Frühe kehrte Peterson, der, wie Sie wissen, ein sehr ehrenwerter Mann ist, von einer kleinen Feier über die Tottenham Court Road nach Hause zurück. Im Lichtschein der Gaslaternen sah er einen ziemlich großen Mann, der etwas schwankte und eine weiße, tote Gans über seiner Schulter hängen hatte, vor sich hergehen. Als der Mann um die Ecke zur Goodge Street bog, brach ein Tumult zwischen diesem Fremden und einem kleinen Haufen Raufbolde aus. Einer dieser Raufbolde schlug dem Mann den Hut vom Kopf, worauf der zu seiner Verteidigung mit seinem Stock ausholte. Dabei zertrümmerte er eine hinter ihm gelegene Schaufensterscheibe. Peterson stürmte auf den Fremden zu, um ihn vor seinen Angreifern zu schützen, aber als der Mann, schon entsetzt über die zerbrochene Fensterscheibe, eine offiziellaussehende Person in Uniform auf sich zurennen sah, ließ er seine Gans fallen, ergriff die Flucht und verschwand im Labyrinth der kleinen Straßen, die von der Tottenham Court Road abgehen. Die Raufbolde machten sich beim Anblick Petersons auch davon, so daß er allein auf dem Schlachtfeld zurückblieb und die Kriegsbeute in Form eines zerbeulten Hutes und einer prachtvollen Weihnachtsgans an ihn fiel.«

»Er hat sie doch dem Eigentümer wieder zurückgegeben?«

»Mein Lieber, darin liegt das Problem. Es stimmt, daß eine kleine Karte mit ›Für Mrs. Henry Baker‹ in Druckbuchstaben ans linke Gänsebein gebunden war, und es stimmt auch, daß die Initialen ›H. B‹ deutlich im Hutfutter zu erkennen sind; aber da es in unserer Stadt einige Tausend Bakers und einige Hundert Henry Bakers gibt, wird es nicht einfach sein, das verlorene Eigentum dem Besitzer zurückzuerstatten.«

»Was tat Peterson also?«

»Er brachte beides, Hut und Gans, noch am selben Weihnachtsmorgen zu mir, weil er weiß, daß mich selbst die kleinsten Probleme interessieren. Die Gans haben wir bis heute morgen aufbewahrt, aber dann waren trotz des Frostes die ersten Anzeichen dafür zu erkennen, daß man gut daran täte, sie ohne weitere Verzögerung zu essen. Ihr Finder hat sie somit nach Hause genommen, damit das Tier seine eigentliche Aufgabe als Weihnachtsgans erfüllen kann. Ich aber bleibe weiterhin im Besitz des Hutes dieses unbekannten Gentleman, der so um sein Weihnachtsessen gekommen ist.«

»Hat er keine Anzeige aufgegeben?«

»Nein.«

»Haben Sie irgendwelche Hinweise auf seine Person?«

»Nur die, die wir logisch herleiten können.«

»Etwa aus seinem Hut?«

»Genau.«

»Sie machen Witze. Was können Sie diesem alten, abgetragenen Hut entnehmen?«

»Hier haben Sie mein Vergrößerungsglas. Sie kennen meine Methoden. Welche Schlüsse können Sie in bezug auf die Persönlichkeit des Mannes ziehen, der dieses Kleidungsstück getragen hat?«

Ich nahm den abgetragenen Gegenstand in die Hand und drehte ihn etwas hilflos zwischen den Fingern herum. Es war ein ganz gewöhnlicher, runder, schwarzer Hut, eine sogenannte Melone, allerdings recht mitgenommen. Der Hut war mit roter Seide gefüttert, die aber mittlerweile ziemlich verblichen war. Der Hutmachername fehlte, aber wie Holmes schon bemerkt hatte, waren die Initialen ›H. B.‹ auf der Innenseite eingezeichnet. Die Krempe war für ein zur Sicherung des Hutes dienendes Gummiband durchstochen worden, aber das Gummiband fehlte. Außerdem war der Hut voller Risse, Staub und Flecken, auch wenn der Besitzer den Versuch unternommen zu haben schien, die verblichenen Stellen mit Tinte zu überdecken.

»Ich kann nichts sehen«, sagte ich und gab den Hut meinem Freund zurück.

»Im Gegenteil, Watson, Sie können alles sehen, aber Sie können das Gesehene nicht auswerten. Sie sind zu ängstlich bei Ihren Schlußfolgerungen.«

»Bitte, dann sagen Sie, was Sie aus diesem Hut schließen können.«

Er nahm den Hut und betrachtete ihn in der seltsam konzentrierten Art, die so typisch für ihn war. »Vielleicht ist der Hut weniger informativ, als er sein könnte«, bemerkte er, »und doch gibt es einige Hinweise, die teils eindeutige, teils zumindest sehr wahrscheinliche Schlüsse zulassen. Es fällt natürlich sofort ins Auge, daß der Mann intelligent ist. Es muß ihm in den letzten drei Jahren materiell gut gegangen sein, doch jetzt ist er in eine Notlage geraten. Er war wohl früher vorsorglich, aber diese Vorsorglichkeit hat nachgelassen. Das deutet auf moralische Zerrüttung hin, die, zusammen mit der Verschlechterung seiner finanziellen Situation betrachtet, darauf schließen läßt, daß er einem Laster verfallen ist: vermutlich trinkt er. Das dürfte auch der Grund dafür sein, daß ihn seine Frau nicht mehr liebt.«

»Aber, mein lieber Holmes!«

»Er hat sich aber eine gewisse Selbstachtung erhalten«, fuhr Holmes fort, ohne meinen Einwand zu beachten. »Er ist ein Mann, der ein beschauliches Leben führt, selten ausgeht, körperlich nicht durchtrainiert und mittleren Alters ist, ergraute Haare hat, die er innerhalb der letzten Tage hat schneiden lassen und mit Brillantine eincremt. Das sind die mehr offensichtlichen Tatsachen, die man von dem Hut herleiten kann. Außerdem, nebenbei gesagt, ist es höchst unwahrscheinlich, daß er Gasbeleuchtung in seinem Haus hat.«

»Jetzt scherzen Sie sicherlich, Holmes.«

»Nicht im mindesten. Ist es möglich, daß Sie sogar jetzt, nachdem ich Ihnen meine Ergebnisse mitgeteilt habe, noch nicht fähig sind zu erkennen, wie ich sie gewann?«

»Ich bezweifle nicht, daß ich sehr dumm bin, aber ich muß gestehen, daß ich Ihnen nicht folgen kann. Zum Beispiel: Wie kamen Sie zu der Schlußfolgerung, daß der Mann intelligent ist?«

Statt einer Antwort setzte sich Holmes den Hut auf. Der Hut rutschte ihm über die Stirn und lag auf dem Nasenbein auf. »Es ist ein Frage des Volumens«, erklärte er, »ein Mann mit so einem großen Kopf muß darin auch etwas Verstand haben.«

»Und die finanziellen Schwierigkeiten?«

»Dieser Hut ist drei Jahre alt. Diese flachen, am Rand nach oben gebogenen Hutkrempen waren damals in Mode.

Es ist ein Hut von bester Qualität. Schauen Sie sich das Ripsband und das exzellente seidene Innenfutter an. Wenn dieser Mann es sich vor drei Jahren leisten konnte, einen derart teuren Hut zu kaufen, es aber seitdem nicht mehr schaffte, diesen zu ersetzen, dann ist sein Glücksstern bestimmt gesunken.«

»Nun, das ist verständlich genug. Aber wie steht es mit der Vorsorglichkeit und der moralischen Zerrüttung?«

Sherlock Holmes lachte. »Hieran ist die Vorsorglichkeit zu erkennen«, erwiderte er und legte seinen Zeigefinger auf eine Öse, eine Haltevorrichtung für ein durchzuziehendes Gummiband zur Sicherung des Huts. »Hüte werden niemals mit einer solchen Vorrichtung verkauft. Wenn dieser Mann dafür Sorge trug, daß sich eine derartige Sicherheitsvorrichtung gegen Windstöße an seinem Hut befand, dann deutet das auf ein gewisses Maß an Vorsorglichkeit hin. Aber, wie wir sehen, seitdem das Gummiband gerissen ist, hat er sich nicht mehr die Mühe genommen, es zu ersetzen; offensichtlich ist er weniger vorsorglich als früher, das heißt, er hat an Charakter verloren. Auf der anderen Seite hat er sich bemüht, diese Flecken auf dem Hut zu verdecken, indem er sie mit Tinte überschmierte. Das ist wiederum ein Zeichen dafür, daß er seine Selbstachtung nicht völlig verloren hat.«

»Ihre Beweisführung klingt plausibel.«

»Die anderen Punkte, nämlich daß er mittleren Alters ist, ergraute Haare hat, die vor kurzem geschnitten worden sind, und daß er Brillantine benutzt, ergeben sich alle aus einer gründlichen Untersuchung des Hutfutters. Das Vergrößerungsglas offenbarte eine stattliche Anzahl durch die Schere eines Friseurs sauber abgeschnittene Haarspitzen. Sie blieben alle aneinander hängen, und es haftete ihnen ein deutlicher Geruch von Brillantine an. Wie Sie sehen, ist dieser Staub hier nicht grau und grobkörnig wie Straßenstaub, sondern braun und flaumig wie Hausstaub; also hängt dieser Hut die meiste Zeit im Haus. Die Feuchtigkeitsflecken auf dem Innenfutter beweisen, daß der Träger stark transpiriert und darum kaum in bester körperlicher Verfassung sein kann.«

»Aber seine Frau – Sie behaupten, daß sie aufgehört hat, ihn zu lieben.«

»Dieser Hut ist seit Wochen nicht mehr gebürstet worden. Wenn ich Sie so sehen würde, mein lieber Watson, mit einer einwöchigen Staubladung auf Ihrem Hut, und wenn Ihre Frau es Ihnen erlauben würde, so auszugehen, müßte ich befürchten, Sie hätten das Unglück gehabt, die Zuneigung Ihrer Frau zu verlieren.«

»Aber er könnte ja Junggeselle sein?«

»Nein, er brachte die Gans seiner Frau als Friedensangebot mit nach Hause. Erinnern Sie sich an die Karte am linken Gänsebein.«

»Sie haben auf alles eine Antwort. Aber woraus, um Himmels willen, schließen Sie, daß sich in seinem Haus keine Gasbeleuchtung befindet?«

»Ein oder zwei Talgflecken könnten zufällig auf dem Hut sein, aber ich habe nicht weniger als fünf entdeckt. Ich denke, es besteht kein Zweifel, daß der Mann häufig mit brennendem Talg in Kontakt kommt – höchstwahrscheinlich steigt er abends mit dem Hut in der einen Hand und einer tropfenden Kerze in der anderen die Treppe hinauf. Wie dem auch sei, er kann niemals Talgflecken von einer Gasflamme bekommen. Sind Sie nun zufriedengestellt?«

»Es hört sich sehr ausgeklügelt an«, sagte ich und lachte. »Aber da kein Verbrechen verübt worden ist, wie Sie gerade selbst sagten, und außer dem Verlust einer Gans kein Unrecht geschehen ist, scheint mir, daß Ihre Überlegungen reine Energieverschwendung sind.«

Sherlock Holmes öffnete den Mund, um mir zu antworten. In diesem Moment flog die Tür auf, und Peterson, der Hotelportier, stürzte mit geröteten Wangen und einem fassungslosen Gesichtsausdruck ins Zimmer.

»Die Gans, Mr. Holmes! Die Gans, Sir!« keuchte er.

»Hm? Was ist mit ihr? Ist sie von den Toten auferstanden und aus dem Küchenfenster davongeflogen?« Holmes drehte sich ein wenig auf der Couch um, um den aufgeregten Mann besser sehen zu können.

»Sehen Sie, Sir! Schauen Sie, was meine Frau im Kropf der Gans gefunden hat!« Er streckte seine Hand aus: In der Mitte seines Handtellers lag ein irisierender, blauer Stein, etwas kleiner als eine Bohne, aber von solcher Reinheit und solchem Glanz, daß er wie ein elektrischer Funke in der dunklen Höhlung der Hand aufblitzte.

Sherlock Holmes setzte sich mit einem Pfiff auf.

»Du lieber Gott, Peterson!« rief er. »Da haben Sie wirklich einen Schatz gehoben! Ich nehme an, Sie wissen, um was es sich handelt.«

»Um einen Diamanten, Sir? Einen Edelstein. Er durchschneidet Glas, wie wenn es Kitt wäre.«

»Ist das nicht der blaue Karfunkel der Gräfin Morcar?« stieß ich hervor.

»Genau! Ich sollte über seine Größe und seine Form informiert sein, denn ich habe die Verlustanzeige in den letzten Tagen in jeder Ausgabe der *Times* gelesen. Der Stein ist absolut einmalig, sein Wert kann nur geschätzt werden. Die ausgesetzte Belohnung von tausend Pfund entspricht sicherlich nicht einmal dem Zwanzigstel seines Marktpreises.«

»Tausend Pfund! Grundgütiger Gott!« Der Portier ließ sich in den Stuhl fallen und starrte uns einen um den anderen an.

»Das ist der Finderlohn. Ich weiß, daß die Gräfin aus sehr persönlichen Gründen bereit wäre, ihr halbes Vermögen zu opfern, um wieder in den Besitz dieses Steins zu gelangen.«

»Wenn ich mich recht erinnere, ist er im *Hotel Cosmopolitan* abhanden gekommen«, bemerkte ich.

»So ist es, am 22. Dezember, also vor fünf Tagen. John Horner, ein Klempner, wurde beschuldigt, ihn aus dem

Schmuckkasten der Dame entwendet zu haben. Das Beweismaterial gegen ihn war so belastend, daß er bereits unter Anklage gestellt wurde. Ich glaube, hier habe ich einen Zeitungsartikel über diesen Vorfall.« Er wühlte in seinen Zeitungen, überflog flüchtig die Ausgabedaten, bis er zu guter Letzt die gewünschte fand. Er strich die Zeitung glatt, faltete sie auseinander und las folgenden Absatz vor:

»›Juwelen-Raub im *Hotel Cosmopolitan.* John Horner, 26 Jahre alt, Klempner, wird beschuldigt, am 22. diesen Monats einen wertvollen Edelstein, bekannt unter dem Namen ›Der blaue Karfunkel‹, aus dem Schmuckkasten der Gräfin Morcar gestohlen zu haben. James Ryder, Hotelangestellter, gab zu Protokoll, daß er Horner am Tag des Raubes in das Ankleidezimmer der Gräfin Morcar geführt habe, wo er eine locker gewordene Eisenstange des Kamingitters reparieren sollte. Er blieb eine Zeitlang mit Horner dort, wurde aber dann weggerufen. Als er zurückkehrte, sah er, daß Horner verschwunden und der Schreibtisch gewaltsam geöffnet worden war. Ein kleines marokkanisches Schmuckkästchen, in dem, wie später verlautbar wurde, die Gräfin gewöhnlich ihren Stein aufbewahrte, lag leer auf dem Frisiertisch. Ryder alarmierte sofort die Polizei, und noch am selben Abend wurde Horner verhaftet. Aber der Stein konnte weder bei ihm noch in seiner Wohnung gefunden werden. Catherine Cusack, die Zofe der Gräfin, sagte aus, sie habe den entsetzten Schrei Ryders gehört, als dieser den Raub entdeckte, und sei sofort ins Zimmer geeilt, wo sie alles so vorfand, wie es der Zeuge Ryder beschrieben habe. Inspektor Bradstreet gab zu Protokoll, daß Horner sich bei seiner Verhaftung heftig zur Wehr gesetzt und seine Unschuld aufs energischste beteuert habe. Da der Verhaftete bereits wegen Raubes vorbestraft war, weigerte sich der Polizeirichter, sich näher mit dem Delikt zu beschäftigen, und leitete den Fall sofort ans Geschworenengericht weiter. Horner war während der Gerichtsverhandlung sehr erregt und wurde bei der Urteilsver kündung ohnmächtig, so daß man ihn aus dem Gerichtssaal tragen mußte.‹

Hm! So weit der Polizeibericht«, meinte Holmes gedankenverloren und warf die Zeitung zur Seite. »Es stellt sich jetzt für uns das Problem, den Ablauf der Ereignisse zu rekonstruieren, die von einem ausgeraubten Schmuckkästchen am einen Ende zum Kropf einer Gans in der Tottenham Court Road am anderen Ende führen. Sie sehen, Watson, unsere kleinen Schlußfolgerungen haben plötzlich einen viel gewichtigeren und weniger harmlosen Aspekt bekommen. Hier ist der Stein: der Stein tauchte aus der Gans auf, die Gans kam von Mr. Henry Baker, dem Herrn mit dem zerbeulten Hut und all den anderen Besonderheiten, mit denen ich Sie gelangweilt habe. Wir müssen uns jetzt ernsthaft darum bemühen, diesen Gentleman ausfindig zu machen und in Erfahrung zu bringen, was für eine Rolle er in diesem kleinen Rätsel spielt. Um das zu ermitteln, sollten wir zuerst den einfachsten Weg einschlagen: eine Anzeige in allen Abendzeitungen. Sollte das zu nichts führen, werde ich auf andere Methoden zurückgreifen müssen.«

»Wie lautet der Text der Anzeige?«

»Bitte geben Sie mir einen Bleistift und ein Blatt Papier. Also:

›Ecke Goodge Street eine Gans und einen schwarzen Filzhut gefunden. Der Besitzer, Mr. Henry Baker, wird gebeten, heute abend um 18.30 Uhr in die Baker Street, Nr. 221 B, zu kommen.‹

Das ist klar und deutlich.«

»Ja, aber wird er die Anzeige lesen?«

»Nun, er wird einen Blick auf die Zeitungen werfen, denn für einen armen Mann ist das ein schwerer Verlust. Durch sein Pech mit der zerbrochenen Schaufensterscheibe und das Auftauchen Petersons war er so verstört, daß er nur noch an Flucht dachte. Aber seitdem hat er es sicherlich bitter bereut, seinen Vogel fallengelassen zu haben. Die Erwähnung seines

Namens macht es außerdem noch wahrscheinlicher, daß er die Anzeige sieht, denn jeder, der ihn kennt, wird ihn darauf aufmerksam machen. Peterson, hier ist der Text der Anzeige, bitte gehen Sie damit zur Anzeigen-Agentur und sorgen Sie dafür, daß die Anzeige in den Abendzeitungen erscheint.«

»In welchen, Sir?«

»Oh, im *Globe, Star, Pall Mall, St. James's Gazette, Evening News, Standard, Echo* und allen anderen, die Ihnen noch einfallen.«

»Gern, Sir. Und was passiert mit dem Stein?«

»Ach ja, den werde ich verwahren. Vielen Dank! Und Peterson, ich meine, Sie sollten auf Ihrem Rückweg eine Gans kaufen und sie bei mir deponieren. Wir müssen doch dem Herrn die Gans ersetzen, die Sie jetzt mit Ihrer Familie verzehren.«

Als der Hotelportier gegangen war, nahm Holmes den Stein in die Hand und hielt ihn gegen das Licht. »Ein schönes Stück«, sagte er. »Schauen Sie nur, wie der Stein glitzert und funkelt. Natürlich ist er ein Quell des Verbrechens, das ist jeder schöne Edelstein. Juwelen sind die Lieblingsköder des Teufels. Bei größeren, älteren Steinen könnte jede Facette für eine Bluttat stehen. Dieser hier ist nicht älter als zwanzig Jahre. Er wurde am Ufer des Amoy-Flusses in Südchina gefunden und ist insofern bemerkenswert, als er jede der typischen Eigenschaften eines Karfunkels aufweist außer der Farbe: blau statt rubinrot. Obwohl er noch nicht sehr alt ist, besitzt er schon eine bewegte Lebensgeschichte. Zweieinhalb Gramm kristallisierter Kohlenstoff gaben Anlaß zu zwei Morden, einer Vitriolverätzung, einem Selbstmord und verschiedenen Raubüberfällen. Wer kann sich vorstellen, daß ein so schönes Spielzeug ein Lieferant für Galgen und Gefängnisse ist? Ich schließe ihn jetzt in meinem Geldschrank ein und benachrichtige die Gräfin, daß wir den Stein haben.«

»Glauben Sie, daß dieser Horner unschuldig ist?«

»Ich weiß es nicht.«

»Oder meinen Sie eher, daß dieser andere Mann, Henry Baker, etwas mit der Sache zu tun hat?«

»Höchstwahrscheinlich ist Henry Baker ein absolut unschuldiger Mann, der nicht die leiseste Ahnung gehabt hat, daß die Gans, die er mit sich trug, beträchtlich wertvoller war, als wenn sie aus purem Gold bestanden hätte. Das werde ich allerdings mit Hilfe eines ganz einfachen Tests feststellen können, sobald wir eine Antwort auf unsere Anzeige haben.«

»Und bis dahin können Sie nichts unternehmen?«

»Nichts.«

»In diesem Fall werde ich jetzt meinen beruflichen Verpflichtungen nachgehen und meine Krankenbesuche machen. Aber ich werde abends zu der von Ihnen angegebenen Zeit zurückkehren, denn ich möchte doch die Lösung dieser ausgesprochen verwickelten Angelegenheit erfahren.«

»Ich freue mich, wenn Sie kommen. Ich esse um sieben zu Abend. Es stehen Waldschnepfen auf dem Speiseplan. In Anbetracht der letzten Ereignisse sollte ich Mrs. Hudson vielleicht bitten, vorher den Kropf zu überprüfen.«

Durch einen Krankheitsfall verspätete ich mich etwas und gelangte erst nach halb sieben in die Baker Street. Als ich mich dem Haus näherte, sah ich im hellen Schein der Lünette einen großen Mann davor stehen, der eine Schottenmütze und einen bis zum Kinn zugeknöpften Mantel trug. Just in dem Moment, da ich dort eintraf, öffnete sich die Tür, und wir wurden beide in Holmes' Zimmer geführt.

»Ich nehme an, Sie sind Mr. Henry Baker.« Holmes erhob sich aus einem Lehnsessel und begrüßte seinen Besucher mit jener lockeren, jovialen Art, die er so leicht annehmen konnte. »Bitte nehmen Sie doch am Feuer Platz, Mr. Baker. Es ist ein kalter Abend, und ich stelle fest, daß Ihr Kreislauf eher dem Sommer als dem Winter angepaßt ist. Ah, Watson, Sie

178

kommen gerade zur rechten Zeit. Mr. Baker, ist das Ihr Hut?«

»Ja, Sir, das ist zweifellos mein Hut.«

Er war ein großer Mann mit runden Schultern, einem voluminösen Kopf und einem breiten intelligenten Gesicht, das von einem grau-braunen Spitzbart abgeschlossen wurde. Die leicht geröteten Nase und Wangen, das leichte Zittern der ausgestreckten Hand riefen in mir Holmes' Vermutungen in bezug auf seine Gewohnheiten ins Gedächtnis zurück. Sein verschossener, schwarzer Gehrock war bis oben hin zugeknöpft, der Kragen hochgeschlagen, und seine mageren Handgelenke ragten ohne Anzeichen für Manschetten oder Hemd aus den Ärmeln hervor. Er sprach mit einer leisen, stakkato-artigen Stimme, wählte seine Worte sorgfältig und machte insgesamt den Eindruck eines gebildeten und belesenen Mannes, dem das Schicksal übel mitgespielt hat.

»Wir haben diese Dinge ein paar Tage für Sie aufbewahrt«, sagte Holmes, »weil wir erwarteten, eine Annonce mit Adressenangabe von Ihnen in der Zeitung zu finden. Ich verstehe eigentlich nicht, warum Sie keine Verlustanzeige aufgegeben haben?«

Unser Besucher lachte etwas beschämt. »Geld ist bei mir nicht mehr in dem Maße vorhanden wie früher einmal«, erwiderte er. »Ich bezweifelte nicht, daß die Bande Raufbolde, die mich angriffen, beides, Gans und Hut, mitgenommen hatten. Ich wollte nicht noch gutes Geld in einen hoffnungslosen Versuch stecken, Hut und Vogel wiederzuerhalten.«

»Sehr verständlich. Übrigens, was die Gans betrifft: Wir waren gezwungen, sie zu verspeisen.«

»Zu verspeisen!« Aufgeregt sprang unser Besucher von seinem Stuhl auf.

»Ja, es wäre niemandem damit gedient gewesen, wenn wir sie hätten verderben lassen. Aber ich vermute, daß diese

Gans dort auf der Anrichte etwa dem Gewicht der anderen entspricht; sie ist ganz frisch und wird hoffentlich ebenso nützlich für Sie sein.«

»Oh, gewiß, gewiß«, antwortete Mr. Baker mit einem Seufzer der Erleichterung.

»Wir haben natürlich noch die Federn, Beine und den Kropf Ihres Vogels, wenn Sie wünschen –«

Der Mann brach in aufrichtiges Gelächter aus. »Sie könnten mir höchstens als Erinnerungsstücke dienen«, sagte er, »aber abgesehen davon fällt mir wirklich kein sinnvoller Verwendungszweck für die *disjecta membra* meiner verstorbenen Bekannten ein. Nein, Sir, ich werde mit Ihrer Erlaubnis mein Interesse auf den prachtvollen Vogel beschränken, den ich auf der Anrichte erspähe.«

Sherlock Holmes warf mir einen bedeutsamen Blick zu und zuckte leicht mit den Schultern.

»Hier haben Sie Ihren Hut und Ihre Gans«, sagte er. »Übrigens, würde es Ihnen etwas ausmachen, mir zu verraten, wo Sie die andere Gans gekauft haben? Ich interessiere mich für Geflügelzucht, und ich meine, selten eine so gut gemästete Gans gesehen zu haben.«

»Selbstverständlich, Sir«, antwortete Baker. Er war aufgestanden und klemmte sich sein neu erworbenes Eigentum unter den Arm. »Einige von uns sind regelmäßig im *Alpha Inn* zu Gast, einem Pub in der Nähe des Museums – wir arbeiten im Museum, wissen Sie. Nun hat dieses Jahr unser Wirt, ein Mann namens Windigate, einen Gänseklub gegründet: Durch Einzahlung von ein paar Pence pro Woche in die Klubkasse sollten wir zu Weihnachten eine Gans erhalten. Ich habe meinen Anteil brav bezahlt; der Rest ist Ihnen bekannt. Sir, ich bin Ihnen sehr zu Dank verpflichtet, denn diese Schottenmütze entspricht weder meinem Alter noch meinem Status.« Er verbeugte sich mit komischer Würde vor uns und ging seines Wegs.

»Soweit Mr. Henry Baker«, meinte Holmes, als der Besucher die Tür hinter sich geschlossen hatte. »Es ist ziemlich sicher, daß er nichts von dieser Sache weiß. Sind Sie hungrig, Watson?«

»Nicht sehr.«

»Dann schlage ich vor, daß wir zu späterer Stunde essen und diese heiße Spur jetzt weiter verfolgen.«

»Auf alle Fälle!«

Es herrschte klirrende Kälte, so daß wir unsere Ulster überzogen und uns unsere Schals um den Hals schlangen. Draußen funkelten die Sterne kalt vom wolkenlosen Himmel herab, und der Atem der Passanten stieg auf wie Rauchwölkchen aus Pistolenmündungen. Unsere Schritte hallten laut und deutlich auf dem Pflaster wider; über meine Wohngegend, über die Wimpole Street, Harley Street und die Wigmore Street gelangten wir schließlich in die Oxford Street. Eine Viertelstunde später waren wir in Bloomsbury im *Alpha Inn,* einem kleinen Pub an der Ecke einer der Straßen, die nach Holborn führen. Holmes stieß die Eingangstür auf. Wir setzten uns an einen Tisch, und mein Freund bestellte zwei Gläser Bier beim rotgesichtigen Wirt, der eine weiße Schürze trug.

»Ihr Bier muß hervorragend sein, wenn es so gut ist wie Ihre Gänse«, bemerkte Holmes.

»Meine Gänse!« Der Mann schien überrascht.

»Ja. Ich habe etwa vor einer halben Stunde mit Henry Baker gesprochen, der ein Mitglied Ihres Gänseklubs ist.«

»Ach so, ich verstehe. Aber wissen Sie, Sir, das sind nicht *unsere* Gänse.«

»Tatsächlich? Woher kommen sie denn?«

»Nun, ich erhielt zwei Dutzend Gänse von einem Händler in Covent Garden.«

»Wirklich! Ich kenne einige von ihnen. Welcher war es?«

»Er heißt Breckinridge.«

»Oh, der ist mir kein Begriff. So, auf Ihre Gesundheit, Herr Wirt, und viel Glück für Ihr Geschäft. Gute Nacht!«

»Auf zu Mr. Breckinridge«, sagte Holmes und knöpfte seinen Mantel zu, als wir wieder in die frostige Nacht hinaustraten. »Vergessen Sie nicht, Watson, daß zwar so ein harmloses Ding wie eine Gans am einen Ende der Kette hängt, aber am anderen Ende ein Mann, der sicherlich zu sieben Jahren Zuchthaus verurteilt wird, wenn wir seine Unschuld nicht beweisen können. Es ist natürlich auch möglich, daß unsere Ermittlungen seine Schuld bestätigen. Aber auf jeden Fall befinden wir uns auf einer Fährte, die der Polizei unbekannt ist und uns nur durch einen einzigartigen Zufall in die Hände gespielt wurde. Lassen Sie sie uns bis zum bitteren Ende verfolgen. Also, Richtung Süden und vorwärts marsch!«

Wir gingen durch Holborn, die Endell Street entlang und dann durch ein Gewirr von schmutzigen Hintergassen zum Markt von Covent Garden. Auf einem der größten Verkaufsstände stand der Name BRECKINRIDGE. Der Inhaber, dem Aussehen nach ein Pferdenarr, mit scharfen Gesichtszügen und einem gepflegten Backenbart, war gerade dabei, einem Jungen beim Schließen der Rolläden zu helfen.

»Guten Abend. Kalt heute«, begann Holmes.

Der Händler nickte und sah meinen Freund fragend an.

»Ich stelle fest, daß die Gänse ausverkauft sind«, fuhr Holmes fort und zeigte auf die leere Marmorplatte.

»Morgen früh können Sie fünfhundert Stück haben.«

»Das hilft mir nicht weiter.«

»Nun, es gibt noch welche dort an dem Stand mit der Gasbeleuchtung.«

»Oh, Sie sind mir aber empfohlen worden.«

»Wer hat mich empfohlen?«

»Der Wirt des *Alpha Inn.*«

»O ja, ich schickte ihm zwei Dutzend zu.«

»Wirklich prächtige Vögel. Von wem beziehen Sie sie denn?«

Zu meinem Erstaunen löste diese Frage einen Wutausbruch des Händlers aus.

»So, Mister«, schnaubte er, legte den Kopf schräg und stemmte die Arme in die Seiten, »worauf wollen Sie hinaus? Kommen Sie zur Sache, sofort.«

»Ganz einfach: ich möchte gerne wissen, wer Ihnen die Gänse verkauft hat, die Sie ans *Alpha Inn* geliefert haben.«

»So, aber das verrate ich Ihnen nicht. Punktum.«

»Nun gut, es nichts von Bedeutung. Aber ich verstehe nicht, warum Sie sich über eine so belanglose Frage so aufregen können.«

»Aufregen! Sie würden sich auch aufregen, wenn Sie so belästigt würden wie ich. Wenn ich für gute Ware gutes Geld bezahle, sollte damit das Geschäft beendet sein. Aber nein, andauernd die Fragen ›Wo sind die Gänse?‹ und ›An wen haben Sie die Gänse verkauft?‹ und ›Was wollen Sie für die Gänse?‹. Man könnte glauben, es gäbe nur diese Gänse auf der Welt, wenn man sieht, was für ein Aufhebens um diese Gänse gemacht wird.«

»Ich stehe in keinerlei Verbindung zu den anderen Leuten, die Ihnen diese Fragen gestellt haben«, erwiderte Holmes unbekümmert. »Wenn Sie es uns nicht verraten wollen, gilt die Wette eben nicht, das ist alles. Aber ich verstehe etwas von Geflügel, und deshalb habe ich einen Fünfer gewettet, daß die Gans, die ich gegessen habe, auf dem Land gezüchtet worden ist.«

»Nun, dann haben Sie Ihren Fünfer verloren, die Gans stammt aus einer Zucht in der Stadt«, schnauzte der Händler.

»Das kann nicht sein.«

»Wenn ich es aber sage.«

»Ich glaube Ihnen nicht.«

»Bilden Sie sich etwa ein, mehr von Geflügel zu verstehen als ich, der seit seiner frühesten Jugend damit handelt? Ich sage Ihnen, alle Gänse, die ans *Alpha Inn* geliefert wurden, kamen aus einer Zucht in der Stadt.«

»Sie werden mich nicht überzeugen. Ich glaube es nicht.«

»Wollen wir wetten?«

»Damit würde ich Ihnen nur das Geld aus der Tasche ziehen, denn ich weiß, daß ich recht habe. Aber ich werde einen Sovereign setzen, um Ihnen zu zeigen, daß man nicht so halsstarrig sein soll.«

Der Händler lachte grimmig. »Bill, bring mir die Bücher!« rief er.

Der Bursche brachte ein kleines, dünnes Heft und ein großes Buch voller Fettflecke und legte beides unter die Lampe.

»So, Sie Besserwisser«, begann der Händler, »ich dachte, ich hätte alle Gänse verkauft, aber es scheint noch eine im Laden zu sein. Sehen Sie dieses kleine Heft?«

»Ja?«

»Das ist das Verzeichnis meiner Lieferanten. Sehen Sie? Hier, auf dieser Seite, stehen die Züchter auf dem Land, und die Zahlen hinter ihren Namen geben an, wo sich ihre Konten in dem Kassabuch finden lassen. Gut. Sehen Sie diese andere Seite, mit der roten Tinte? Das ist die Liste der Züchter in der Stadt. Jetzt achten Sie auf den dritten Namen von oben. Lesen Sie ihn mir vor.«

»Mrs. Oakshott, 117 Brixton Road - 249«, las Holmes vor.

»Richtig! Jetzt schlagen Sie das im Kassabuch auf.«

Holmes schlug die angegebene Seite auf. »Hier, Mrs. Oakshott, 117 Brixton Road, Eier- und Geflügellieferantin.«

»Wann war die letzte Eintragung?«

»Am 22. Dezember. 24 Gänse zu sieben Shilling und sechs Pence das Stück.«

»Richtig. Und was steht darunter?«

»Verkauft an Mr. Windigate, Wirt vom *Alpha Inn*, zu je zwölf Shilling.«

»Und was sagen Sie jetzt?«

Sherlock Holmes schaute äußerst zerknirscht drein. Er zog einen Sovereign aus seiner Tasche, warf ihn auf die Marmorplatte und wandte sich mit dem Gesicht eines Mannes ab, dessen tiefer Widerwillen sich nicht in Worte fassen läßt. Nach ein paar Schritten blieb er lautlos in sich hineinlachend unter einer Laterne stehen.

»Wenn Sie einen Mann mit einem so geschnittenen Backenbart sehen, dem ein Rennprogramm aus der Tasche ragt, können Sie ihn immer mit seiner Wettlust erwischen«, sagte er. »Wenn ich hundert Pfund vor diesen Mann hingelegt hätte, hätte ich keine so umfassende Information von ihm erhalten, wie dadurch, daß ich ihn glauben ließ, er könne gegen mich eine Wette gewinnen. Nun, Watson, ich glaube wir nähern uns dem Ende unserer Ermittlungen; im Moment müssen wir uns nur entscheiden, ob wir noch heute abend zu Mrs. Oakshott gehen oder ob wir es uns bis morgen aufsparen sollen. Nach dem, was dieser mürrische Herr sagte, sind offenbar noch andere außer uns an der Sache interessiert, und ich möchte –«

Seine Überlegungen wurden plötzlich von lautem Geschrei unterbrochen, das aus dem Verkaufsstand ertönte, den wir gerade verlassen hatten. Wir drehten uns um und sahen im Lichtkegel der schaukelnden Lampe einen kleinen Mann mit einem Rattengesicht; vor ihm stand Breckinridge, der Händler, und schüttelte wütend seine Fäuste gegen die sich duckende Gestalt.

»Jetzt habe ich aber genug von Ihnen und Ihren Gänsen«, brüllte er. »Ich wünsche euch alle zusammen zum Teufel! Wenn Sie mich noch einmal mit Ihrem dummen Gerede belästigen, hetze ich den Hund auf Sie. Bringen Sie mir Mrs. Oakshott hierher, und ich werde ihr Rede und Antwort stehen. Aber was haben Sie damit zu tun? Habe ich die Gänse etwa von Ihnen gekauft?«

»Nein, aber eine von ihnen gehörte mir«, jammerte der kleine Mann.

»Dann fragen Sie Mrs. Oakshott nach der Gans.«

»Sie sagte mir, ich solle Sie fragen.«

»Sie können meinetwegen den Kaiser von China fragen.

Ich habe genug von Ihnen. Scheren Sie sich zum Teufel!«
Er machte wütend einen Schritt nach vorn, und der Mann
floh in die Dunkelheit.

»Ha, das könnte uns den Besuch in der Brixton Road
ersparen«, flüsterte Holmes. »Kommen Sie mit, wir wollen
einmal nachsehen, was es mit diesem Burschen auf sich hat.«
Mit großen Schritten bahnte er sich einen Weg durch die
verschiedenen Menschengrüppchen, die noch vor den be-
leuchteten Verkaufsständen herumlungerten, holte den kleinen Mann rasch ein und klopfte ihm auf die Schulter. Der
drehte sich erschrocken um, und im Gaslicht sah ich, daß er
kreidebleich wurde.

»Wer sind Sie? Was wollen Sie?« fragte er mit zitternder
Stimme.

»Entschuldigen Sie bitte«, antwortete Holmes freundlich,
»ich konnte nicht umhin, Ihre Fragen an den Händler mit
anzuhören. Ich glaube, ich könnte Ihnen behilflich sein.«

»Sie? Wer sind Sie? Was können Sie von der Angelegenheit wissen?«

»Mein Name ist Sherlock Holmes. Es ist mein Beruf zu
wissen, was andere Leute nicht wissen.«

»Aber von dieser Angelegenheit wissen Sie doch nichts?«

»Entschuldigen Sie, aber ich weiß alles darüber. Sie bemühen sich, einige Gänse aufzuspüren, die von Mrs. Oakshott
in der Brixton Road an einen Händler namens Breckinridge
verkauft worden sind, der sie wiederum an Mr. Windigate,
dem Wirt vom *Alpha Inn,* lieferte. Mr. Windigate schließlich
händigte sie seinem Gänseklub aus, dessen Mitglied Henry
Baker ist.«

»Oh, Sir, Sie sind genau der Mann, nach dem ich gesucht
habe«, rief der kleine Mann mit ausgestreckten Händen und
zitternden Fingern. »Ich kann Ihnen gar nicht sagen, wie
interessiert ich an der Sache bin.«

Sherlock Holmes winkte eine an uns vorüberfahrende
Droschke heran. »In diesem Fall sollten wir uns besser in

einem gemütlichen Raum als auf einem windigen Markt-platz unterhalten. Aber bitte, bevor wir gehen, wem habe ich das Vergnügen helfen zu können?«

Der Mann zögerte einen Augenblick. »Mein Name ist John Robinson«, antwortete er mit einem Seitenblick.

»Nein, nein, bitte Ihren richtigen Namen«, sagte Holmes betont freundlich. »Es ist immer so unangenehm, mit einem Alias Geschäfte zu tätigen.«

Die aschfahlen Wangen des Fremden röteten sich leicht. »Mein richtiger Name ist James Ryder.«

»Richtig, der Angestellte aus dem *Hotel Cosmopolitan*. Steigen Sie doch bitte in die Droschke ein. Ich werde Ihnen bald alles erzählen können, was Sie wissen möchten.«

Der kleine Mann blickte vom einen zum anderen mit einem halb erschrockenen, halb hoffnungsvollen Blick, wie jemand, der nicht weiß, ob er sich am Rand eines unerwarteten Glücksfalls oder am Rand einer Katastrophe befindet. Er stieg in den Wagen, und eine halbe Stunde später saßen wir im Wohnzimmer in der Baker Street. Während der Fahrt wurde nicht gesprochen, aber die schnelle, flache Atmung unseres neuen Gefährten und die unruhigen Hände sprachen für seine Nervosität.

»So, da wären wir!« erklärte Holmes fröhlich, als wir den Raum betraten. »Ein Kaminfeuer ist in dieser Jahreszeit wirklich sehr angebracht. Mr. Ryder, Sie sehen so verfroren aus. Nehmen Sie doch bitte im Korbstuhl Platz. Ich ziehe mir nur noch meine Hausschuhe an, bevor wir zu Ihrem kleinen Anliegen kommen. So! Sie möchten gerne wissen, was aus den Gänsen geworden ist?«

»Ja, Sir.«

»Oder vielleicht aus der einen Gans. Ich glaube, es ist nur ein Vogel, an dem Sie besonders interessiert sind – weiß, mit einem schwarzen Streifen auf dem Schwanz.«

Ryder zitterte vor Erregung. »Oh, Sir«, rief er, »wissen Sie etwa, wohin sie gelangte?«

»Ja, hierher.«

»Hierher?«

»Ja, und es zeigte sich, daß sie eine äußerst beachtliche Gans war. Ich wundere mich nicht, daß Sie an ihr interessiert sind. Sie legte noch ein Ei, nachdem sie schon tot war – das schönste, leuchtendste kleine blaue Ei, das ich je gesehen habe. Ich habe es hier in meine Sammlung aufgenommen.«

Unser Besucher erhob sich schwankend und ergriff mit seiner rechten Hand den Kaminsims. Holmes schloß seinen Safe auf und hielt den blauen Karfunkel in die Höhe, der sein kaltes, funkelndes Licht wie ein Stern rundum erstrahlen ließ. Ryder stierte ihn mit einem verzerrten Gesichtsausdruck an, unsicher, ob er seinen Anspruch darauf geltend machen sollte oder nicht.

»Das Spiel ist aus, Ryder«, sagte Holmes ruhig. »Halten Sie sich fest oder Sie werden ins Feuer fallen. Watson, helfen Sie ihm in seinen Stuhl zurück. Er ist nicht kaltblütig genug, um ein schweres Kapitalverbrechen straffrei verüben zu können. Geben Sie ihm einen Schluck Brandy! So, nun sieht er schon etwas menschlicher aus. Was für ein Schwächling, wirklich!«

Einen Moment lang taumelte Ryder und wäre beinahe hingefallen, aber der Brandy brachte wieder etwas Farbe in seine Wangen, und er saß mit starrem und erschrockenem Blick seinem Ankläger gegenüber.

»Ich habe fast den lückenlosen Ablauf der Ereignisse beisammen, und alle Beweise, die ich benötige. Es gibt also nur wenig, was Sie mir noch erzählen müssen. Aber dieses Wenige könnten wir auch noch klären, um den Fall abzurunden. Sie hatten vom blauen Stein der Gräfin Morcar gehört, Ryder?«

»Catherine Cusack hatte mir davon erzählt«, antwortete er mit gebrochener Stimme.

»Aha, die Zofe der Gräfin? Nun, der Versuchung, so leicht in einen plötzlichen Wohlstand zu gelangen, konnten

Sie nicht widerstehen; schon bessere Männer als Sie sind dieser Versuchung erlegen. Aber Sie waren nicht skrupellos genug. Trotzdem scheint es mir, Ryder, daß in Ihnen ein großer Schuft steckt. Sie wußten, daß dieser Mann Horner, der Klempner, schon einmal in eine ähnliche Angelegenheit verwickelt war und daß der Verdacht sofort auf ihn fallen würde. Was taten Sie? Sie verursachten einen kleinen Schaden im Ankleidezimmer der Gräfin – Sie und Ihre Komplizin Cusack – und arrangierten es so, daß ausgerechnet Horner zum Reparieren geholt wurde. Dann, nachdem Horner gegangen war, plünderten Sie den Schmuckkasten, schlugen Alarm, und dieser unglückselige Mann wurde festgenommen. Sie haben dann –«

Ryder warf sich plötzlich auf den Teppich nieder und umfaßte die Beine meines Freundes. »Um Himmels willen, lassen Sie Gnade walten!« stieß er schrill hervor. »Denken Sie an meinen Vater! An meine Mutter! Es würde ihnen das Herz brechen. Ich habe bisher noch nie in meinem Leben etwas Unrechtes getan! Ich will es nicht wieder tun. Ich schwöre es. Ich schwöre es bei Gott. Oh, bringen Sie den Fall nicht vor Gericht! Um Gottes willen, bitte nicht!«

»Setzen Sie sich wieder auf Ihren Stuhl!« befahl Holmes streng. »Es ist sehr einfach, jetzt zu flehen und auf dem Boden zu kriechen, aber Sie haben kaum einen Gedanken an diesen armen Horner verschwendet, der für ein Verbrechen auf der Anklagebank sitzt, von dem er nichts weiß.«

»Ich werde fliehen, Mr. Holmes. Ich werde das Land verlassen, Sir. Damit würde der Verdacht von ihm genommen.«

»Hm! Wir werden noch darauf zurückkommen. Und jetzt lassen Sie uns den wahren Sachverhalt im nächsten Akt des Dramas wissen. Wie gelangte der Stein in den Schlund der Gans? Und wie kam es dazu, daß die Gans zum Verkauf feilgeboten wurde? Sagen Sie uns die Wahrheit, darin liegt Ihre einzige Chance.«

Ryder befeuchtete seine trockenen Lippen. »Ich werde

Ihnen genau berichten, wie es geschehen ist, Sir«, sagte er. »Als Horner verhaftet wurde, dachte ich, daß es das Beste wäre, den Stein verschwinden zu lassen. Denn ich wußte ja nicht, in welchem Moment es der Polizei nicht doch einfallen könnte, mich und mein Zimmer zu durchsuchen. Im Hotel existierte kein sicheres Versteck. So verließ ich das Hotel, als ob ich etwas Berufliches zu erledigen hätte, und begab mich direkt zu meiner Schwester. Sie hat einen Mann namens Oakshott geheiratet und lebt in der Brixton Road, wo sie Geflügel für den Verkauf mästet. Auf dem Weg dorthin meinte ich, daß jeder, dem ich begegnete, ein Polizist oder ein Detektiv wäre. Obwohl es ein kalter Abend war, brach mir der Schweiß aus, bevor ich noch in die Brixton Road kam. Meine Schwester fragte mich, warum ich so blaß wäre. Ich erzählte ihr, daß ich so aufgeregt wäre wegen eines Juwelenraubs im Hotel. Dann betrat ich den Hinterhof, rauchte eine Pfeife und überlegte, was am besten zu tun wäre.

Ich hatte einmal einen Freund namens Maudsley, der auf die schiefe Bahn geraten war und seine Zeit im Gefängnis von Pentonville gerade abgesessen hatte. Eines Tages war ich ihm zufällig begegnet, und wir kamen auf die Methoden von Dieben zu sprechen, wie sie ihr Diebesgut loswerden können. Ich wußte, daß ich mich auf ihn verlassen konnte, weil ich ein, zwei Geheimnisse von ihm kannte. So entschloß ich mich, sofort zu ihm nach Kilburn zu fahren und ihn ins Vertrauen zu ziehen. Er würde mir den Weg zeigen, wie man diesen Stein zu Geld macht. Aber wie konnte ich den Stein sicher zu ihm nach Kilburn bringen? Ich erinnerte mich an die Ängste, die ich durchgestanden hatte, als ich vom Hotel zu meiner Schwester lief. Jeden Moment könnte ich gefaßt und durchsucht werden, und dann wäre der Stein in meiner Westentasche! Ich lehnte mich gegen die Mauer und schaute auf die vor mir herumwatschelnden Gänse. Plötzlich schoß mir eine Idee durch den Kopf, mit der ich den besten Detektiv der Welt überlisten konnte.

Meine Schwester hatte mir vor einigen Wochen angeboten, daß ich mir als Weihnachtsgeschenk eine ihrer Gänse auswählen dürfte. Ich wußte, daß sie Wort halten würde. Ich beschloß, die Gans jetzt zu nehmen und den Stein in ihr nach Kilburn zu transportieren. Auf dem Hof stand ein kleiner Schuppen. Hinter diesen trieb ich eine der Gänse, ein prachtvolles, großes, weißes Tier mit einem schwarzen Streifen auf dem Schwanz. Ich schnappte sie mir, zwängte ihren Schnabel auf und steckte ihr den Stein so weit in den Hals hinunter, wie ich nur mit den Fingern reichen konnte. Der Vogel schluckte den Stein, und ich fühlte ihn die Speiseröhre bis zum Kropf hinabrutschen. Aber das Tier wehrte sich und schlug mit den Flügeln, so daß meine Schwester herauskam, um sich nach dem Anlaß der Unruhe zu erkundigen. Als ich mich umdrehte, um mit ihr zu reden, befreite sich das Vieh und flatterte eiligst zu den anderen zurück.

›Was hast du mit dem Vogel gemacht, Jem?‹ fragte sie.

›Nun‹, antwortete ich, ›du hast mir eine Gans zu Weihnachten versprochen, und ich fühlte jetzt, welches die fetteste sei.‹

›Oh‹, erwiderte sie, ›wir haben dir schon eine reserviert. Wir nennen sie immer Jems Vogel. Es ist die große, weiße Gans dort drüben. Wir haben sechsundzwanzig Stück; eine für dich, eine für uns und zwei Dutzend für den Markt.‹

›Vielen Dank, Maggi‹, sagte ich, ›aber wenn es dir recht ist, würde ich gern die haben, die ich grade in der Hand hatte.‹

›Die andere ist aber um gut drei Pfund schwerer‹, meinte sie, ›und wir haben sie extra für dich gemästet.‹

›Macht nichts! Ich möchte die andere haben und sie jetzt mitnehmen.‹

›Wie du meinst‹, sagte sie etwas beleidigt. ›Welche willst du denn?‹

›Die weiße mit dem schwarzen Streifen auf dem Schwanz, da rechts mitten in der Schar.‹

›In Ordnung! Schlachte sie und nimm sie mit.‹

Nun, ich tat, wie mir geheißen wurde, Mr. Holmes, und trug den Vogel nach Kilburn. Ich erzählte meinem Freund, was ich getan hatte, denn ihm gegenüber brauchte ich mich nicht zu genieren. Er lachte sich halbtot. Wir griffen nach einem Messer und nahmen die Gans aus. Mein Herz blieb stehen, als wir keinen Stein fanden und mir klar wurde, daß mir ein schrecklicher Fehler unterlaufen war. Ich ließ die Gans Gans sein, rannte eiligst zu meiner Schwester zurück und stürzte auf den Hinterhof. Dort war keine Gans mehr zu sehen.

›Wo sind denn die Gänse, Maggi?‹ schrie ich.

›Beim Händler.‹

›Bei welchem Händler,‹

›Breckinridge, in Covent Garden.‹

›Gab es noch eine andere Gans mit einem schwarzen Streifen auf dem Schwanz?‹ fragte ich. ›Das heißt, eine ähnliche wie die, die ich ausgewählt habe?‹

›Ja, Jem, es gab zwei Gänse mit gestreiften Schwänzen, und ich konnte sie auch nie auseinanderhalten.‹

Natürlich erklärte diese Auskunft alles, und ich rannte, so schnell ich konnte, zu diesem Händler Breckinridge. Aber er hatte die ganze Lieferung auf einmal verkauft, und mit keinem einzigen Wort wollte er mir verraten, wo sie hingewandert waren. Sie haben ihn heute abend selbst gehört. In dieser Art hat er mir jedesmal geantwortet. Meine Schwester glaubt, daß ich langsam verrückt werde. Manchmal glaube ich das selbst. Und jetzt – jetzt bin ich als Dieb gezeichnet, ohne je etwas von dem Reichtum gehabt zu haben, für den ich meinen Charakter verkauft habe. Gott, hilf mir! Gott, hilf mir!« Er brach in heftiges Schluchzen aus und schlug die Hände vors Gesicht.

Es folgte eine lange Pause, in der nur sein schwerer Atem und das Trommeln von Sherlock Holmes' Fingerspitzen auf der Tischplatte zu hören waren. Dann erhob sich mein Freund und riß die Tür auf.

»Hinaus!« sagte er.

»Was, Sir! Der Himmel segne Sie!«

»Kein Wort mehr! Raus!«

Es waren keine Worte mehr nötig. Er eilte hinaus, polterte die Treppe hinunter, schlug die Tür hinter sich zu und rannte schnellen Fußes auf der Straße davon.

»Schließlich, Watson«, meinte Holmes, während er nach seiner Tonpfeife griff, »bin ich nicht verpflichtet, die Fehler der Polizei auszubügeln. Wenn Horner Gefahr gedroht hätte, wäre es eine andere Sache, aber dieser Bursche wird nicht gegen ihn aussagen, und so muß der Fall ad acta gelegt werden. Ich vermute, daß ich gesetzwidrig handle, aber es ist möglich, daß ich damit eine Seele rette. Dieser Mann wird nie mehr vom rechten Pfad abkommen. Er ist zu erschrocken. Schicken Sie ihn jetzt ins Gefängnis, und er bleibt für immer ein Krimineller. Außerdem haben wir gerade die Zeit der Vergebung. Der Zufall hat uns ein einzigartiges, wunderliches Rätsel aufgegeben, und die Lösung ist unsere schönste Belohnung. Seien Sie so freundlich und klingeln Sie, Doktor, wir werden mit einer anderen Ermittlung beginnen, in der ebenfalls ein Vogel die Hauptrolle spielen wird.«

Der Teufelsfuß

Wenn ich von Zeit zu Zeit eines der oft merkwürdigen, aber immer interessanten Abenteuer, die ich durch meine lange und enge Freundschaft mit Sherlock Holmes miterlebt hatte, veröffentlichen wollte, hatte ich immer Schwierigkeiten, mein Vorhaben bei Holmes durchzusetzen, weil ihm jedes Aufsehen um seine Person zutiefst zuwider war. Freude am Beifall der Massen ließ sich nun einmal nicht mit seinem introvertierten, zynischen Wesen vereinbaren, und nichts amüsierte ihn mehr, als einen abgeschlossenen Fall irgendeinem prinzipientreuen Polizeibeamten zu erklären und zur allgemeinen Darstellung zu übergeben und sich dann mit einem spöttischen Lächeln den Chor der an die falsche Adresse gerichteten Glückwünsche anzuhören. Diese Eigenart meines Freundes, und nicht etwa Mangel an interessantem Material, veranlaßte mich, in den letzten Jahren kaum mehr einen Fall zu veröffentlichen. Bei der Lösung einiger dieser Rätsel dabeizusein, war für mich ein Privileg, das mir Diskretion und Verschwiegenheit auferlegte.

So war ich aufs Höchste erstaunt, als ich letzten Dienstag ein Telegramm von Holmes erhielt – er schickte nie Briefe, wenn ein Telegramm denselben Zweck erfüllte. Dieses Telegramm lautete:

»Warum berichten Sie nicht vom ›Schrecken von Cornwall‹, – merkwürdigster Fall, den ich je hatte.«

Ich habe keine Ahnung, warum er sich plötzlich wieder an diese Ereignisse erinnerte oder aus was für einer Laune heraus er wünschen könnte, ich solle über sie berichten. Aber bevor mich ein anderes, gegenteiliges Telegramm erreicht, beeile ich mich, meine Aufzeichnungen herauszusuchen, die die Einzelheiten des Falles enthalten, und hiermit meinen Lesern diesen Bericht vorzulegen.

Im Frühling 1897 begann Holmes' eiserne Konstitution unter dem Gewicht ununterbrochener, äußerst anspruchsvoller Tätigkeit nachzugeben, eine Entwicklung, die vielleicht durch gewisse unvernünftige Angewohnheiten beschleunigt wurde. Im März jenes Jahres hatte Dr. Moore Agar, dessen dramatisches erstes Zusammentreffen mit Holmes ich eines Tages niederschreiben werde, dem berühmten Privatdetektiv strikte Anweisung gegeben, alle seine Fälle beiseite zu legen und sich eine Ruhepause zu gönnen, wenn er den totalen Zusammenbruch verhindern wolle. Zwar zeigte Holmes an seinem körperlichen Gesundheitszustand nicht das geringste Interesse, denn für ihn zählte nur der Verstand, aber als er Gefahr lief, seine Arbeitsfähigkeit für immer zu verlieren, konnte er zu einer Luftveränderung überredet werden. So geschah es, daß wir uns im Frühjahr desselben Jahres in einem kleinen Landhaus in der Nähe von Poldhu Bay wiederfanden, dem äußersten Zipfel der Halbinsel von Cornwall.

Es war ein einzigartiger Flecken Erde und paßte ausgesprochen gut zu der grimmigen Laune meines Patienten. Aus den Fenstern unseres kleinen, weißgekalkten Hauses, das auf einer grasbewachsenen Anhöhe stand, schauten wir hinunter auf die unheilvolle, halbkreisförmige Mounts Bay, die alte Todesfalle für Segelschiffe, mit ihren vorgelagerten schwarzen Kliffen und von der Brandung überspülten Riffen, auf denen schon zahlreiche Seeleute den Tod gefunden hatten. Bei sanftem Nordwind liegt die Bucht ruhig und schutzversprechend da, lädt das sturmgeprüfte Schiff ein, in ihr Schutz und Ruhe zu suchen. Dann, urplötzlich, dreht der Wind, Sturmböen kommen aus Südwest, der Anker findet keinen Halt, das Schiff treibt auf die Küste zu, und dann folgt der letzte Kampf in der schaumgekrönten Brandung. Der weise Seemann hält sich fern von diesem teuflischen Ort.

Die Landschaft unserer Umgebung war genauso schwermütig wie die See. Hügeliges Heideland, einsam in düsteren Farben, gelegentlich ein Kirchturm, der Markierungspunkt für die Lage eines uralten Dorfes. Überall in diesen Hügeln gab es Hinweise auf irgendein längst ausgestorbenes Volk, an das nur noch seltsame Steindenkmäler erinnerten, unregelmäßige Erdhügel, die die Asche der Toten enthielten, und eigenartige Tonarbeiten, die etwas vom prähistorischen Leben erahnen ließen. Der Zauber und das Geheimnisvolle dieser Gegend mit der rätselhaften Atmosphäre vergessener Völker regten die Phantasie meines Freundes an, und er verbrachte, in Gedanken versunken, einen Großteil seiner Zeit mit langen Spaziergängen in der Heide. Die alte kornische Sprache hatte seine Aufmerksamkeit ebenfalls erregt, und er war, wenn ich mich recht erinnere, zu der Ansicht gelangt, daß sie mit der chaldäischen verwandt war und von phönizischen Zinnhändlern herstammte. Er hatte sich einen Stapel Bücher über Philologie schicken lassen und sich eingerichtet, um seine These auszuarbeiten, als wir plötzlich, zu meiner Enttäuschung und zu seiner aufrichtigen Freude, auch in diesem Land der Träume in ein Abenteuer verwickelt wurden, das geheimnisvoller, fesselnder und unendlich viel rätselhafter war, als all die Fälle, die uns aus London vertrieben hatten. Unser friedliches und ruhiges Leben, unser gesunder, gleichmäßiger Rhythmus wurde gewaltsam unterbrochen, und wir wurden kopfüber mitten in eine Ereigniskette hineingestürzt, die nicht nur in Cornwall größtes Aufsehen erregte, sondern im ganzen Westen Englands. Viele meiner Leser mögen sich noch an diesen Vorfall erinnern, der damals unter der Überschrift ›Der Schrecken in Cornwall‹ Schlagzeilen machte, obwohl nur ein sehr unvollständiger Bericht über die Angelegenheit die Londoner Presse erreichte. Jetzt, dreizehn Jahre später, werde ich die genauen Details dieser unfaßbaren Ereignisse dem Publikum zukommen lassen.

Ich habe schon gesagt, daß die vereinzelt aufragenden Kirchtürme die weit verstreuten Ortschaften in diesem Teil Cornwalls markierten. Am nächsten von uns lag das Dörfchen Tredannick Wollas, in dem die Häuschen von vielleicht zweihundert Einwohnern sich um die alte, moosbewachsene Kirche scharten. Der Pfarrer dieser Gemeinde, Mr. Roundhay, war Hobby-Archäologe; aufgrund dessen hatte Holmes auch seine Bekanntschaft gemacht. Er war ein Mann mittleren Alters, korpulent, leutselig und verfügte über ein bemerkenswertes Heimatkundewissen. Er hatte uns zum Tee ins Pfarrhaus eingeladen, wo wir Mr. Mortimer Tregennis kennengelernt hatten, einen alleinstehenden Gentleman, der die dürftigen finanziellen Mittel des Pfarrers durch das Anmieten zweier Räume in dem großen, weitläufigen Haus aufbesserte. Der Pfarrer, ein Junggeselle, war froh über dieses Übereinkommen, obwohl er mit seinem Mieter wenig gemeinsam hatte, denn dieser war dünn, dunkel, trug eine Brille und ging derart vornübergebeugt, daß der Eindruck einer körperlichen Mißbildung erweckt wurde. Ich erinnere mich, daß wir während unseres kurzen Besuches den Pfarrer als schwatzhaft empfanden, seinen Mieter aber als einen auffallend schweigsamen, traurig dreinblickenden, in sich gekehrten Mann, der mit abgewendeten Augen dasaß und anscheinend über seinen eigenen Angelegenheiten brütete.

Diese zwei Männer betraten am Dienstag, dem 16. März, kurz nach unserem Frühstück, unerwartet unser kleines Wohnzimmer. Wir rauchten gerade und bereiteten unseren Ausflug in die Heide vor.

»Mr. Holmes«, begann der Pfarrer mit aufgeregter Stimme, »eine außergewöhnliche und sehr tragische Affäre hat sich letzte Nacht ereignet. Eine unerhörte Geschichte! Wir können es nur als Fügung des Himmels betrachten, daß Sie zufällig hier sind, denn Sie sind *der* Mann, den wir brauchen.«

Ich schaute den aufdringlichen Pfarrer nicht eben freundlich an, aber Holmes nahm seine Pfeife aus dem Mund und setzte sich in seinem Stuhl auf, wie ein alter Jagdhund, der die Meute aufbrechen hört. Mit einer Handbewegung lud er die beiden Herren ein, auf dem Sofa Platz zu nehmen, und unser bebender Besucher setzte sich zusammen mit seinem aufgeregten Begleiter hin. Mr. Mortimer Tregennis war zwar beherrschter als der Geistliche, aber das nervöse Zucken seiner schmalen Hände und der Glanz seiner dunklen Augen verrieten, daß sie beide dieselbe Empfindung teilten.

»Soll ich reden oder lieber Sie?« fragte er den Pfarrer.

»Nun, da Sie anscheinend die Entdeckung gemacht haben, was immer es auch sei, und der Pfarrer es nur aus zweiter Hand erfahren hat, ist es vielleicht besser, wenn Sie berichten«, meinte Holmes.

Ich warf einen Blick auf den Geistlichen, der sich offensichtlich sehr hastig angezogen hatte, und auf den neben ihm sitzenden tadellos gekleideten Mieter und amüsierte mich über das Erstaunen, das Holmes einfache Schlußfolgerung bei den beiden hervorrief.

»Vielleicht sollte ich eingangs kurz ein paar Worte sagen«, ließ sich der Pfarrer vernehmen, »und dann können Sie beurteilen, ob Sie die Details von Mr. Tregennis hören wollen oder ob wir nicht sofort zum Schauplatz des rätselhaften Geschehens eilen sollten. Ich darf also erklären, daß unser Freund hier den vergangenen Abend in der Gesellschaft seiner zwei Brüder, Owen und George, und seiner Schwester Brenda in deren Haus Tredannick Wartha verbracht hat. Das Haus liegt in der Nähe des alten Steinkreuzes in der Heide. Als er die Runde kurz nach zehn Uhr abends verließ, spielten die drei bei bester Gesundheit und Laune am Eßzimmertisch Karten. Heute morgen ging Mr. Mortimer Tregennis, ein Frühaufsteher, vor dem Frühstück in jene Richtung spazieren und wurde dabei von Dr. Richards überholt, der erklärte, er habe gerade einen höchst dringenden Ruf aus Tredannick Wartha erhalten. Mr. Tregennis begleitete ihn natürlich. Als er in Tredannick Wartha ankam, fand er eine äußerst merkwürdige Situation vor. Seine zwei Brüder und seine Schwester saßen am Tisch, wie er sie verlassen hatte, die Karten lagen noch vor ihnen auf dem Tisch, und die Kerzen waren in ihren Haltern völlig heruntergebrannt. Die Schwester lag mausetot in ihrem Stuhl, während die zwei Brüder, die sie flankierten, lachten, schrien und sangen; sie hatten den Verstand verloren. Die Gesichter der drei, der toten Frau und der zwei wahnsinnig gewordenen Männer, zeigten einen Ausdruck maßlosen Entsetzens, eine Art versteinertes Grauen; ein schauerlicher Anblick. Es gab keine Anzeichen, daß sonst noch jemand im Haus war, außer Mrs. Porter, der alten Köchin und Haushälterin, die aussagte, sie habe tief geschlafen und in der Nacht keinen Ton gehört. Nichts war gestohlen oder durcheinandergebracht worden, und es fehlt absolut die Erklärung dafür, was für ein Grauen es gewesen sein könnte, das eine Frau zu Tode erschreckt und zwei starke Männer um den Verstand gebracht hat. Das ist in wenigen Worten die Lage, Mr. Holmes, und wenn Sie helfen können, Sie aufzuklären, tun Sie ein großes Werk.«

Ich hatte gehofft, ich könnte meinen Freund in irgendeiner Weise überreden, sich wieder seiner Erholung zu widmen, dem Zweck unserer Reise. Aber ein Blick auf sein angespanntes Gesicht und seine zusammengezogenen Augenbrauen verriet mir, wie aussichtslos mein Wunsch war. Er saß für einen Augenblick ruhig da, versunken in das merkwürdige Drama, das unseren Frieden so plötzlich beendet hatte.

»Ich werde der Sache einmal nachgehen«, sagte er schließlich. »Oberflächlich betrachtet scheint es ein Fall von außergewöhnlichem Charakter zu sein. Sind Sie selbst dort gewesen, Mr. Roundhay?«

»Nein, Mr. Holmes. Mr. Tregennis berichtete mir davon

nach seiner Rückkehr ins Pfarrhaus, worauf ich ihn sofort hierher brachte, um Sie zu konsultieren.«

»Wie weit ist es zu dem Haus, in dem diese eigenartige Tragödie geschehen ist?«

»Ungefähr eine Meile landeinwärts.«

»Dann wollen wir gleich gemeinsam hinübergehen. Aber bevor wir aufbrechen, muß ich an Sie, Mr. Mortimer Tregennis, einige Fragen richten.«

Dieser war die ganze Zeit stumm gewesen, aber ich hatte beobachtet, daß seine beherrschtere Erregung sogar noch größer war als die offensichtliche des Geistlichen. Er saß mit blaßem verzerrtem Gesicht da, sein ängstlicher Blick haftete auf Holmes, während er seine schmalen Hände krampfhaft zusammenpreßte. Seine bleichen Lippen zitterten, als er dem Bericht des schrecklichen Ereignisses zuhörte, das über seine Familie gekommen war, und seine dunklen Augen schienen etwas vom Grauen dieser Szene widerzuspiegeln.

»Mr. Holmes, fragen Sie, was Sie wollen«, sagte er bereitwillig. »Es ist zwar furchtbar, darüber sprechen zu müssen, aber ich will Ihnen wahrheitsgetreu antworten.«

»Schildern Sie mir die vergangene Nacht.«

»Nun, Mr. Holmes, wie schon der Pfarrer erwähnte, aß ich dort zu Abend, und mein älterer Bruder George schlug vor, hinterher eine Partie Whist zu spielen. Wir setzten uns um neun Uhr zum Spiel zusammen. Es war Viertel nach zehn, als ich aufbrach. Ich verließ sie alle vergnügt um den Tisch herum versammelt.«

»Wer begleitete Sie hinaus?«

»Niemand, Mrs. Porter war schon zu Bett gegangen. Ich schloß die Haustür hinter mir. Das Fenster des benutzten Zimmers war geschlossen, aber die Vorhänge waren nicht zugezogen. Heute morgen war keinerlei Veränderung an Tür und Fenster ausfindig zu machen, noch bestand ein Grund anzunehmen, daß ein Fremder das Haus betreten hätte. Dennoch saßen sie um den Tisch herum, die Brüder vor Schrecken verrückt geworden und Brenda tot vor Grauen, ihr Kopf hing über der Armlehne ihres Stuhles. Ich werde diesen Anblick niemals, so lange ich lebe, vergessen.«

»Die Tatsachen, wie Sie sie mir darlegten, sind gewiß äußerst bemerkenswert«, erwiderte Holmes. »Ich nehme an, daß Sie keine für diese Situation in Betracht kommende Erklärung haben?«

»Es ist teuflisch, Mr. Holmes, einfach teuflisch!« rief Mortimer Tregennis. »Es ist nicht von dieser Welt. Irgendetwas ist in dieses Zimmer eingedrungen, das ihren Verstand auslöschte. Wäre etwas Menschliches dazu fähig?«

»Ich fürchte«, stellte Holmes fest, »wenn diese Angelegenheit außerhalb des menschlichen Bereichs liegt, liegt sie gewiß auch außerhalb meiner Kompetenz. Dennoch müssen wir alle möglichen natürlichen Erklärungen erschöpft haben, bevor wir auf eine Theorie wie diese zurückgreifen. Und nun zu Ihnen, Mr. Tregennis; ich nehme an, Sie standen in irgendeinem Konflikt mit Ihrer Familie, denn die anderen Geschwister lebten zusammen, Sie aber hatten anderswo Zimmer gemietet.«

»Ja, es verhält sich so, Mr. Holmes, obwohl die Angelegenheit schon lange erledigt ist. Wir waren eine Familie von Zinnbergwerksbesitzern in Redruth, aber wir verkauften unsere Mine an eine Gesellschaft und zogen uns mit genügend Geldreserven zurück. Ich will nicht leugnen, daß einige Schwierigkeiten bei der Teilung des Geldes auftauchten, und es herrschte auch eine Zeitlang deswegen Zwist zwischen uns, aber inzwischen war alles vergeben und vergessen, und wir alle waren die besten Freunde.«

»Um auf den Abend zurückzukommen, den Sie zusammen verbrachten. Erinnern Sie sich an irgendetwas Außergewöhnliches, das womöglich Licht in die Tragödie bringen könnte? Denken Sie gut nach, vielleicht fällt Ihnen ein Anhaltspunkt ein, der mir weiterhelfen könnte.«

»Mir fällt nichts ein, Sir.«

»Ihre Verwandtschaft befand sich in der üblichen Gemütsverfassung?«

»Besser als je zuvor.«

»Waren es nervöse Menschen? Waren sie jemals besorgt wegen drohender Gefahr?«

»Keineswegs.«

»Sie haben also dem Geschilderten nichts hinzuzufügen, was mir dienlich sein könnte?«

Mortimer Tregennis dachte noch einmal ernsthaft einen Moment lang nach. »Doch, eine Sache kommt mir in den Sinn«, sagte er schließlich. »Als wir um den Tisch herum Platz genommen hatten, hatte ich das Fenster im Rücken, und mein Bruder George, mein Partner beim Kartenspiel, saß mir gegenüber mit Blick auf das Fenster. Ich sah, daß er einmal scharf über meine Schulter hinausblickte, deshalb drehte ich mich um und schaute auch hinaus. Die Vorhänge waren zurückgezogen und das Fenster geschlossen, ich konnte aber noch die Büsche draußen auf dem Rasen erkennen, und es schien mir für einen Augenblick, als hätte ich zwischen ihnen irgendetwas gesehen, das sich bewegte. Ich könnte noch nicht einmal sagen, ob es ein Mensch oder ein Tier war. Als ich ihn fragte, was denn seine Aufmerksamkeit erregt hätte, beschrieb er mir dasselbe Gefühl, das ich gehabt hatte. Das ist alles, was ich dazu sagen kann.«

»Gingen Sie der Sache nicht nach?«

»Nein, die Angelegenheit erschien uns als zu unwichtig.«

»Sie haben also Ihre Verwandten ohne jegliche Vorahnung eines drohenden Unheils verlassen?«

»Ja.«

»Ich verstehe nicht, wieso Sie die Nachricht schon so früh heute morgen erhielten.«

»Ich bin ein Frühaufsteher und gehe gewöhnlich vor dem Frühstück spazieren. Heute morgen, kaum daß ich meinen Fuß auf den Weg gesetzt hatte, holte mich der Wagen des Doktors ein. Er sagte mir, daß die alte Mrs. Porter einen

Jungen mit einer sehr dringenden Botschaft zu ihm geschickt hätte. Ich sprang in seinen Wagen und fuhr mit ihm mit. Als wir am Haus ankamen, gingen wir sofort in dieses grauenvolle Zimmer. Schon seit Stunden mußten Kerzen und Kaminfeuer niedergebrannt sein und die Geschwister im Dunkeln gesessen haben, bis die Morgendämmerung einsetzte. Der Doktor stellte fest, daß Brenda schon seit mindestens sechs Stunden tot sein mußte. Es waren aber keine Spuren von Gewaltanwendung zu entdecken. Sie hing einfach mit diesem entsetzten Gesichtsausdruck über der Armlehne ihres Stuhles. George und Owen sangen noch Bruchstücke aus irgendwelchen Liedern und plapperten wie zwei große Kinder. Oh, es war grauenvoll anzusehen! Ich konnte es nicht aushalten, und der Doktor war weiß wie ein Leintuch. Halb ohnmächtig sank er in einen Stuhl; wir hätten uns beinahe auch noch um ihn kümmern müssen.«

»Merkwürdig – sehr merkwürdig!« bestätigte Holmes, erhob sich und griff nach seinem Hut. »Ich denke, es ist vielleicht besser, ohne weitere Verzögerung nach Tredannick Wartha zu gehen. Ich bekenne, daß ich selten, so auf den ersten Blick gesehen, einen eigenartigeren Fall gehabt habe.«

Unsere Nachforschungen am ersten Morgen brachten wenig Fortschritte in der Ermittlung. Doch waren sie von einem Zwischenfall gezeichnet, der mich in eine unheimliche Stimmung versetzte. Zu dem Haus, in dem die Tragödie sich abspielte, wand sich ein schmaler Feldweg. Während wir auf ihm entlangschritten, hörten wir das Gerassel einer sich uns nähernden Kutsche, und blieben stehen, um sie an uns vorbeizulassen. Als die Kutsche an uns vorbeifuhr, sah ich durch das geschlossene Fenster für einen Moment ein grauenvoll verzerrtes, grinsendes Gesicht, das zu uns hinausstarrte. Diese stierenden Augen und knirschenden Zähne glitten an uns vorbei wie eine furchtbare Vision.

»Meine Brüder!« schrie Mortimer Tregennis mit schnee-
weißem Gesicht. »Sie bringen sie nach Helston.«

Wir schauten voll Entsetzen der schwarzen Kutsche nach,
die schwerfällig davonrollte. Dann gingen wir weiter zu dem
Unglückshaus, in dem die Geschwister von diesem merkwürdigen Schicksal ereilt worden waren.

Es war ein großes, helles Haus, eher eine Villa als ein
Landhäuschen, hinter dem sich ein beachtlicher Garten er-
streckte, in dem trotz des rauhen Klimas schon Frühlings-
blumen blühten. Das Fenster des besagten Zimmers war
zum Garten hin gerichtet, aus dem laut Mortimer Tregennis
das teuflische Etwas gekommen sein mußte, das so grauenvoll war, daß es diese Menschen in einem einzigen Moment
um den Verstand zu bringen vermochte. Holmes schritt
langsam und gedankenvoll auf dem Gartenweg die Blumen-
beete entlang, bevor wir die Veranda betraten. Holmes war
so in Gedanken versunken, daß er über eine Gießkanne stol-
perte, deren Inhalt sich natürlich sofort entleerte und unsere
Füße und den Gartenweg überspülte. Im Haus trafen wir die
ältliche, kornische Haushälterin, Mrs. Porter, die mit Unterstützung eines jungen Mädchens den Haushalt der Familie
besorgt hatte. Sie beantwortete bereitwillig alle Fragen von
Holmes. Sie hatte in der fraglichen Nacht nichts gehört. Die
Herrschaften waren zu der vorgerückten Stunde in bester
Stimmung gewesen, und sie hatte sie niemals so gut aufgelegt
und glücklich erlebt wie in den letzten Tagen. Beim Anblick
der grauenerregenden Gesellschaft am nächsten Morgen
wurde sie ohnmächtig. Sie hatte, als sie wieder zu sich gekommen war, die Fenster aufgerissen, um die Morgenluft
hereinströmen zu lassen, und war den Feldweg entlangge-
rannt, wo sie auf einen Bauernburschen stieß, den sie zum
Doktor schickte. Im übrigen, Lady Brenda liege oben im
ersten Stock auf ihrem Bett, falls wir sie sehen wollten. Weiter erzählte Mrs. Porter, daß man die Kraft von vier Männern benötigt hätte, um die Brüder in den Krankenwagen

der Heilanstalt zu bringen. Sie selbst würde nicht noch einen Tag in diesem Haus verbringen und wäre gerade am Packen, um an diesem Nachmittag zu ihrer Familie nach St. Ives zurückzukehren.

Wir stiegen die Treppe hinauf, um die Leiche anzuschauen. Miss Brenda Tregennis war eine wunderschöne Frau gewesen, obwohl sie nicht mehr ganz jung gewesen war. Selbst noch im Tod war ihr dunkles, klargeschnittenes Gesicht anziehend, aber es war immer noch etwas verzerrt von dem Grauen, das ihre letzte menschliche Regung gewesen war. Aus dem Schlafzimmer begaben wir uns wieder ins Wohnzimmer, in dem diese merkwürdige Tragödie stattgefunden hatte. Die Asche des nächtlichen Feuers lag noch im Kamin. Auf dem Tisch standen die heruntergebrannten Kerzen, und die Karten lagen verstreut auf der Tischplatte herum. Die Stühle waren gegen die Wand gerückt worden, aber alles andere befand sich noch am selben Ort wie am vorherigen Abend. Holmes ging mit leichten schnellen Schritten durch den Raum. Er nahm auf den verschiedenen Stühlen Platz, nachdem er ihre ursprüngliche Position rekonstruiert hatte. Er prüfte, wieviel von einem bestimmten Blickwinkel aus vom Garten sichtbar war. Er untersuchte den Fußboden, die Zimmerdecke und den Kamin, aber niemals sah ich dieses plötzliche Aufleuchten seiner Augen und das Zusammenpressen der Lippen, Zeichen, die mir gesagt hätten, daß er einen Lichtstrahl in diesem völligen Dunkel entdeckt hätte.

»Warum ein Feuer?« fragte er einmal. »Haben Sie an einem Frühlingsabend in diesem kleinen Zimmer immer ein Feuer angemacht?«

Mortimer Tregennis erklärte, die Nacht sei kalt und feucht gewesen. Aus diesem Grund war das Feuer nach seiner Ankunft entfacht worden. »Was werden Sie jetzt weiter unternehmen, Mr. Holmes?« fragte er.

Mein Freund lächelte und legte seine Hand auf meinen Arm. »Ich glaube, Watson, ich werde die Sache bei etwas

Tabak noch einmal rekapitulieren – mich also wieder auf die Art vergiften, die Sie so oft und richtig verurteilt haben«, sagte er. »Mit Ihrer Erlaubnis, meine Herren, werden wir uns jetzt in unser Cottage zurückziehen, denn ich glaube, daß wir hier keinen weiteren Anhaltspunkt finden werden. Ich werde mir die Fakten durch den Kopf gehen lassen, Mr. Tregennis, und sollte mir etwas einfallen, so werde ich Sie und den Pfarrer natürlich sofort verständigen. In der Zwischenzeit wünsche ich Ihnen beiden einen guten Morgen.«

Erst einige Zeit später, nachdem wir in unser Haus in Poldhu zurückgekehrt waren, brach Holmes sein absolutes, nachdenkliches Schweigen. Er saß zusammengerollt in seinem Sessel, sein hohlwangiges, asketisches Gesicht war durch den blauen, aufsteigenden Tabakrauch kaum sichtbar, seine schwarzen Augenbrauen waren zusammengezogen, seine Stirn gerunzelt, und sein abwesender Blick schweifte in die Ferne. Endlich legte er seine Pfeife beiseite und sprang auf die Füße.

»Es hilft nichts!« meinte er mit einem Lachen. »Lassen Sie uns gemeinsam an den Klippen entlanggehen und nach Steinpfeilen suchen. Wir werden sie höchstwahrscheinlich eher finden als Anhaltspunkte zu diesem Problem. Ein Gehirn ohne genügend Material arbeiten lassen ist wie einen Motor durchdrehen lassen – es läuft heiß. Jetzt brauchen wir Seeluft, Sonne und Geduld, Watson – alles übrige kommt von selbst.

So, Watson, sondieren wir einmal in Ruhe die Lage, fuhr er fort, als wir zusammen um die Klippen herumgingen. »Lassen Sie uns das Wenige, das wir wissen, fest in den Griff bekommen, damit wir eventuelle neue Fakten sofort richtig einordnen können. Zuerst einmal gehe ich davon aus, daß keiner von uns beiden an teuflische Kräfte glaubt. Beginnen wir also damit, diese Möglichkeit völlig auszuschließen. Sehr gut! Übrig bleiben drei Menschen, die durch eine unbewußte oder bewußte menschliche Handlung auf abscheuliche Art und Weise getroffen wurden. Das ist ein konkreter Anhaltspunkt. So. Wann wurde die Tat verübt? Angenommen, der Bericht von Mr. Mortimer Tregennis stimmt, so geschah es sofort, nachdem Mortimer Tregennis das Zimmer verlassen hatte. Das ist ein sehr wichtiger Punkt. Ich vermute, daß die Tat innerhalb weniger Minuten danach vollbracht wurde. Die Karten lagen noch auf dem Tisch. Der Zeitpunkt, an dem die Geschwister gewöhnlich zu Bett gingen, war schon überschritten. Dennoch hatten sie ihre Körperhaltung nicht geändert oder ihre Stühle zurückgeschoben. Ich wiederhole: das Ereignis trat sofort nach Mortimer Tregennis' Weggang ein, und zwar nicht später als elf Uhr abends.

Unser nächster, notwendiger Schritt ist zu ermitteln, soweit es uns möglich ist, was Mortimer Tregennis getan hat, nachdem er den Raum verlassen hatte. Darin liegt weiter keine Schwierigkeit, er scheint über jeglichen Verdacht erhaben zu sein. Da Sie meine Methoden kennen, waren Sie sich natürlich über den Zweck der umgestoßenen Gießkanne im klaren. Ich wollte damit einen deutlicheren Fußabdruck von Mortimer Tregennis erhalten, als es anders möglich gewesen wäre. Der naße, sandige Boden des Gartenwegs nahm ihn wunderbar ab. Wie Sie sich erinnern werden, war es auch vergangene Nacht feucht. So war es nicht schwierig, mit diesem Musterabdruck seine Spur unter den anderen herauszufinden und seine Schritte zu verfolgen. Er scheint schnellen Fußes in Richtung Pfarrhaus geeilt zu sein.

Wenn somit Mortimer Tregennis von der Bildfläche verschwunden war und dennoch ein Außenstehender die Kartenspieler angegriffen hat, wie können wir diesen Jemand ausfindig machen, und wie wurde diese schreckliche Wirkung erzielt? Mrs. Porter kann ausgeschlossen werden. Sie ist offensichtlich harmlos. Gibt es irgendeinen Anhaltspunkt dafür, daß sich jemand ans Gartenfenster herangeschlichen hat und in irgendeiner Art und Weise einen derart grauenerregenden Effekt produziert hat, daß diejenigen, die ihn gesehen haben, verrückt wurden? Die einzige Andeutung in dieser Richtung kommt von Mortimer Tregennis selbst, der aussagt, sein Bruder habe im Garten eine Bewegung wahrgenommen. Das ist wirklich bemerkenswert, denn an dem Abend war es regnerisch, bewölkt und dunkel. Jeder, der die Absicht hegte, diese Menschen zu erschrecken, war gezwungen, sein Gesicht gegen die Fensterscheibe zu pressen, bevor er überhaupt gesehen werden konnte. Außerdem liegt vor diesem Fenster ein drei Fuß breites Blumenbeet; es waren aber keinerlei Fußabdrücke ausfindig zu machen. Es ist also schwer, sich vorzustellen, wie ein Außenstehender die Geschwister in derartiges Entsetzen versetzen konnte. Zudem fehlt uns jegliches Motiv für diese wohldurchdachte Tat. Watson, Sie erfassen die Schwierigkeiten?«

»Sie sind mir nur zu bewußt«, antwortete ich mit Überzeugung.

»Und dennoch, mit ein wenig mehr Material könnten wir beweisen, daß sie nicht unüberwindlich sind«, sagte Holmes. »Ich glaube, Watson, Sie könnten in Ihrem umfangreichen Archiv Fälle finden, die beinah ebenso obskur waren. Aber diesen sollten wir vorerst einmal beiseitelegen, bis uns mehr Material zur Verfügung steht, und den Rest unseres Morgens dem Studium der neolithischen Menschen widmen.«

Ich mag die Fähigkeit meines Freundes abzuschalten schon beschrieben haben, aber ich habe niemals mehr darüber gestaunt als an diesem Frühlingsmorgen in Cornwall, als er zwei Stunden lang völlig gelöst über Kelten, Pfeilspitzen und Tonscherben dozierte, als ob kein düsteres Geheimnis auf seine Aufklärung wartete. Erst als wir am Nachmittag bei unserer Rückkehr ins Cottage einen auf uns wartenden Besucher vorfanden, wurden unsere Gedanken wieder auf den Fall gelenkt. Keinem von uns brauchte gesagt zu werden, wen wir vor uns hatten. Der mächtige Körper, das zerfurchte und tief zerklüftete Gesicht mit den glühenden

Augen und der Adlernase, das graumelierte, fast die Zimmerdecke berührende Haar, der Bart an den Spitzen golden, nahe den Lippen weiß, abgesehen von den Nikotinflecken seiner ewig qualmenden Zigarre – alle diese Charakteristika waren in London genauso bekannt wie in Afrika und konnten nur mit der erstaunlichen Persönlichkeit von Dr. Leon Sterndale, dem großen Löwenjäger und Forscher, in Verbindung gebracht werden.

Wir hatten von seiner Anwesenheit in dieser Gegend gehört und hatten auch ein-, zweimal flüchtig seine große Gestalt auf den Pfaden durch die Heide gesehen. Er hatte keinen Kontakt zu uns gesucht, noch wäre es uns in den Sinn gekommen, uns ihm zu nähern, denn es war wohl bekannt, daß er die Zurückgezogenheit liebte, was ihn auch dazu veranlaßte, den größeren Teil seiner Englandaufenthalte in einem kleinen, in den einsamen Wäldern von Beauchamp Arriance errichteten Bungalow zu verbringen. Dort, umgeben von seinen Büchern und Landkarten, führte er ein völlig abgeschiedenes, auf sich gestelltes Leben und zollte den Angelegenheiten seiner Nachbarn nur wenig Aufmerksamkeit. Es war deshalb überraschend für mich, ihn Holmes mit einer besorgten Stimme fragen zu hören, ob dieser irgendwelche Fortschritte bei seinen Ermittlungen gemacht habe. »Die örtliche Polizei ist völlig ratlos«, äußerte er, »aber vielleicht haben Sie mit Hilfe Ihrer langjährigen Erfahrung eine überzeugend klingende Erklärung vorzuschlagen. Mein Anspruch, von Ihnen ins Vertrauen gezogen zu werden, basiert allein darauf, daß ich während meiner vielen Aufenthalte in dieser Gegend die Familie Tregennis sehr gut kennenlernte – ich könnte sie sogar als Cousins mütterlicherseits bezeichnen. Deshalb war ihr tragisches Schicksal für mich natürlich ein großer Schock. Ich kann Ihnen sagen, daß ich schon in Plymouth war, auf dem Weg nach Afrika, aber als mich die Nachricht heute morgen erreichte, kehrte ich sofort zurück, um bei den Nachforschungen behilflich zu sein.«

Holmes zog seine Augenbrauen hoch.

»Haben Sie dadurch Ihr Schiff verpaßt?«

»Ich werde das nächste nehmen.«

»Mein Gott, das nenne ich Freundschaft.«

»Ich sagte Ihnen ja schon, daß es meine Verwandten waren.«

»Richtig – Cousins mütterlicherseits. War Ihr Gepäck schon an Bord?«

»Nur ein geringer Teil, der Großteil steht noch im Hotel.«

»Ich verstehe. Aber sicherlich haben Sie die Nachricht nicht durch die Morgenzeitungen von Plymouth erfahren?«

»Nein, Sir, ich erhielt ein Telegramm.«

»Darf ich fragen, von wem?«

Ein Schatten huschte über das angespannte Gesicht des Forschers.

»Sie sind sehr neugierig, Mr. Holmes.«

»Das ist mein Beruf.«

Mit etwas Mühe gewann Dr. Sterndale seine Fassung wieder.

»Ich sehe keinerlei Veranlassung, es zu verheimlichen«, sagte er. »Mr. Roundhay, der Pfarrer, hat mir das Telegramm geschickt, das mich zurückrief.«

»Vielen Dank«, erwiderte Holmes. »Ich will Ihnen nun Ihre eingangs gestellte Frage beantworten. Ich überschaue die Zusammenhänge dieses Falles noch nicht so recht, aber ich hege die Hoffnung, zu einer Aufklärung zu kommen. Es wäre voreilig, mehr zu sagen.«

»Vielleicht würde es Ihnen nichts ausmachen, mir zu sagen, ob Ihr Verdacht in eine bestimmte Richtung geht?«

»Darauf kann ich leider nicht antworten.«

»Dann habe ich meine Zeit verschwendet und brauche meinen Besuch nicht länger auszudehnen.« In ausgesprochen schlechter Laune stolzierte der berühmte Doktor aus unserem Haus, und innerhalb von fünf Minuten war Holmes ihm auf den Fersen. Ich sah ihn bis zum Abend nicht wieder. Als er mit langsamem Schritt und abgehärmtem Gesicht zurückkehrte, war ich überzeugt, daß er keine großen Fortschritte in seinen Ermittlungen gemacht hatte. Er blickte kurz auf ein in der Zwischenzeit für ihn eingetroffenes Telegramm und warf es in den Kamin.

»Es war von seinem Hotel in Plymouth, Watson«, bemerkte er. »Ich erfuhr den Namen des Hotels vom Pfarrer, denn ich wollte mich telegraphisch versichern, daß Dr. Leon Sterndales Bericht der Wahrheit entsprach. Es scheint so, als habe er tatsächlich die vergangene Nacht dort verbracht und einige seiner Gepäckstücke nach Afrika segeln lassen, während er zurückkehrte, um an der Untersuchung des Falles teilzunehmen. Was halten Sie davon, Watson?«

»Er ist außerordentlich interessiert.«

»Ja – außerordentlich interessiert. Es zieht sich ein roter Faden durch die Geschichte, der uns durch das Wirrwar führen könnte, aber wir haben ihn bisher noch nicht ergriffen. Kopf hoch, Watson, denn ich bin mir ziemlich sicher, daß unser Untersuchungsmaterial bis jetzt noch nicht vollständig vorliegt. Wenn es komplett vorhanden ist, werden wir unsere Schwierigkeiten bald überwunden haben.«

Schneller als gedacht sollten sich Holmes' Worte bewahrheiten, und zwar auf eine merkwürdige und unheimliche Art, die ein völlig neues Licht auf die Angelegenheit warf. Ich rasierte mich gerade morgens am Fenster, als ich das Geklapper von Pferdehufen hörte und einen im Galopp auf dem Weg heranrasenden, leichten Dogcart erblickte. Er wurde vor unserer Haustür zum Stehen gebracht, und unser Freund, der Pfarrer, sprang aus ihm heraus und eilte den Gartenweg herauf. Holmes war schon angezogen, und so eilten wir die Treppe hinunter, um ihn zu empfangen.

Unser Besucher war so aufgeregt, daß er kaum artikulieren konnte, aber schließlich kam die tragische Geschichte keuchend und stoßweise aus ihm heraus.

»Wir sind alle vom Teufel besessen, Mr. Holmes! Meine

arme Kirchengemeinde ist vom Teufel besessen!« schrie er.
»Der leibhaftige Satan ist in die Sache verwickelt! Wir sind in
seine Hände gefallen!« In seiner Aufregung tanzte er im
Zimmer herum; er hätte einen lächerlichen Anblick geboten,
wenn nicht sein aschfahles Gesicht und seine verschreckten
Augen gewesen wären. Endlich schleuderte er seine grauenvolle Nachricht heraus.

»Letzte Nacht starb Mr. Mortimer Tregennis mit denselben Symptomen wie seine Geschwister.«

Holmes sprang voller Vehemenz auf die Füße.

»Können Sie uns beide in Ihrem Dogcart mitnehmen?«

»Ja, das kann ich.«

»Dann, Watson, werden wir unser Frühstück verschieben.
Mr. Roundhay, wir stehen ganz zu Ihrer Verfügung. Aber
wir wollen uns bitte beeilen, damit niemand inzwischen die
Spuren verwischen kann.«

Mr. Mortimer Tregennis hatte zwei Räume im Pfarrhaus
gemietet. Es waren zwei übereinanderliegende Eckzimmer,
der untere Raum war ein großes Wohnzimmer, der obere
das Schlafzimmer, mit Blick auf eine Rasenfläche, die bis an
die Hausmauer reichte. Wir waren sowohl vor dem Doktor
als auch vor der Polizei angekommen, so daß wir alles völlig
unberührt vorfanden. Lassen Sie mich die Szene genau beschreiben, die sich uns an jenem dunstigen Märzmorgen bot.
Sie hat einen Eindruck bei mir hinterlassen, den ich niemals
mehr aus meinem Gedächtnis tilgen kann.

Die Atmosphäre des Raumes war von einer schrecklich
beklemmenden Dumpfheit. Das Dienstmädchen, das zuerst
den Raum betreten hatte, hatte sofort das Fenster aufgerissen, denn sonst wäre es nicht auszuhalten gewesen. Das mag
teilweise an dem Umstand gelegen haben, daß eine flackern-
de, rauchende Petroleumlampe mitten auf dem Tisch stand.
Neben dem Tisch saß der Tote, in seinem Stuhl zurückgelehnt, sein spärlicher Bart vorstehend, die Brille auf die Stirn
zurückgeschoben, sein hageres, dunkles Gesicht war zum

Fenster hin gewendet mit demselben angstverzerrten Ausdruck, der auch seine Schwester gekennzeichnet hatte. Seine Glieder waren verkrampft und seine Finger gekrümmt, als sei er an einem wahren Paroxysmus von Furcht gestorben. Er war vollständig angezogen, obwohl manches darauf hinwies, daß er sich in Eile angekleidet hatte. Wir hatten schon erfahren, daß sein Bett benutzt worden war und das tragische Ende ihn erst am frühen Morgen ereilt hatte.

Man mußte Holmes' energiegeladene Persönlichkeit unter seinem phlegmatischen Äußeren erkennen, wenn man sah, wie völlig er sich in dem Moment verwandelte, da er das verhängnisvolle Zimmer betrat. Sofort war er äußerst konzentriert und wachsam, seine Gesichtszüge waren zwar unbeweglich, aber seine Augen glänzten, und seine Glieder bebten vor Erregung. Er ging nach draußen auf den Rasen, kletterte durchs Fenster ins Zimmer zurück, durchschritt den Raum und stieg die Treppe zum Schlafzimmer hinauf – wie ein eifriger Jagdhund, der das Wild im Dickicht verfolgt. Im Schlafzimmer schaute er sich kurz einmal um und beendete seine Inspektion mit dem Aufreißen des Fensters, wobei er anscheinend eine neue Entdeckung machte, denn er lehnte sich mit einem lauten Ausruf der Befriedigung und der Freude weit hinaus. Dann rannte er die Treppe hinab, durch die geöffnete Terrassentür, warf sich bäuchlings auf den Rasen, sprang wieder auf und eilte in den Raum zurück, alles mit der Energie eines Jägers, der seiner Beute dicht auf den Fersen ist. Er untersuchte die gewöhnliche Petroleumlampe mit größter Sorgfalt und nahm verschiedene Messungen an ihr vor. Er prüfte mit seiner Lupe sehr genau den Lampenschirm, kratzte ein bißchen von der an der Oberfläche haftenden Asche ab und tat sie in einen Umschlag, den er in sein Notizbuch steckte. Endlich, gerade als der Doktor und die Polizei erschienen, winkte er den Pfarrer heran, und wir drei begaben uns nach draußen auf den Rasen.

»Ich bin froh, behaupten zu können, daß meine Untersuchung nicht völlig unergiebig gewesen ist«, bemerkte Holmes. »Ich kann nicht hierbleiben, um die Angelegenheit mit der Polizei durchzudiskutieren, aber ich wäre Ihnen außerordentlich verbunden, Mr. Roundhay, wenn Sie den Inspektor von mir grüßen und seine Aufmerksamkeit auf das Schlafzimmerfenster und die Wohnzimmerlampe lenken würden. Jedes für sich allein gibt schon zu denken, und beides zusammen gestattet, fast den ganzen Vorfall herzuleiten. Wenn die Polizei weitere Informationen wünschen sollte, würde ich mich glücklich schätzen, einen Beamten bei mir im Cottage zu empfangen. Und jetzt, Watson, glaube ich, sollten wir uns vielleicht lieber anderswo betätigen.«

Es ist möglich, daß die Polizei die Einmischung eines Amateurs übelnahm oder sich einbildete, selbst eine erfolgversprechende Fährte zu verfolgen, zumindest hörten wir in den nächsten zwei Tagen nichts von ihr. In diesen Tagen verbrachte Holmes eine gewisse Zeit mit Rauchen und Träumen im Haus, aber hauptsächlich machte er einsame stundenlange Spaziergänge über Land, ohne hinterher zu erzählen, wo er gewesen war. Aber ein Experiment zeigte mir, in welche Richtung sich seine Überlegungen bewegten. Er hatte dasselbe Modell der Lampe gekauft, die am Morgen der Tragödie im Zimmer von Mortimer Tregennis gebrannt hatte. Diese Lampe füllte Holmes mit demselben Öl, wie es im Pfarrhaus benutzt wurde, zündete sie an und stoppte genau die Zeit, bis das Öl aufgebraucht war. Das nächste von ihm durchgeführte Experiment war weniger angenehm, und ich werde es kaum vergessen.

»Watson, sicher ist Ihnen aufgefallen«, sagte Holmes am zweiten Nachmittag, »daß eine Gemeinsamkeit in den verschiedenen, bisher gehörten Berichten auftaucht. Sie betrifft die Wirkung, die die Atmosphäre des Raumes auf diejenige Person ausübte, die ihn zuerst betrat. Sie besinnen sich doch, daß Mortimer Tregennis bei der Beschreibung seines letzten Besuchs in Tredannick Wartha äußerte, der Doktor sei beim

Betreten des Zimmers halb ohnmächtig in einen Stuhl gesunken. Haben Sie das vergessen? Nun, ich kann Ihnen versichern, daß es so war. Sie werden sich auch daran erinnern, daß Mrs. Porter, die Haushälterin, uns erzählte, daß sie beim Betreten des besagten Zimmers bewußtlos wurde und hinterher erst einmal das Fenster öffnete. Im zweiten Fall – dem von Mortimer Tregennis selbst – haben Sie doch nicht die schrecklich stickige Luft im Zimmer vergessen, als wir ankamen, obwohl das Dienstmädchen vorher die Fenster aufgerissen hatte. Meine Nachforschungen haben ergeben, daß dem Dienstmädchen aber übel wurde und sie sich ins Bett legen mußte. Sie werden zugeben, Watson, diese Umstände sind verdächtig. In beiden Fällen war die Zimmerluft offensichtlich vergiftet. Außerdem verbrannte in beiden Fällen etwas in dem Raum – im ersten etwas im Kamin, im zweiten etwas in der Lampe. Das Kaminfeuer war wohl wegen des kühlen Abends notwendig, aber die Lampe wurde erst lange nach Tagesanbruch angezündet – der Ölverbrauch meiner Lampe beweist das. Warum? Sicherlich, weil eine Verbindung zwischen den drei Dingen besteht – dem Verbrennen, der stickigen Luft und schließlich dem Wahnsinn beziehungsweise dem Tod dieser unglücklichen Menschen. Das ist doch einleuchtend, oder?«

»Es scheint so.«

»Wenigstens können wir es als Hypothese akzeptieren. Nehmen wir also einmal an, daß in beiden Räumen etwas verbrannt wurde, das einen merkwürdigen toxischen Effekt hervorrief. Sehr gut! Im ersten Fall – in dem der Tregennis-Familie – wurde diese Substanz ins Kaminfeuer gegeben. Das Fenster war geschlossen, aber ein Teil der Dämpfe mußte natürlich durch den Kaminabzug entweichen. Von daher würde man eine geringere Giftwirkung erwarten als im zweiten Fall, denn dort war weniger Abzugsmöglichkeit für den Rauch vorhanden. Die vorliegenden Fakten scheinen meine These zu bestätigen, denn im ersten Fall wurde nur die Frau getötet, die höchstwahrscheinlich einen empfindlicheren Organismus hatte, während die beiden Brüder nur ein temporärer oder fortwährender Wahnsinn befiel, der offenbar der erste Effekt der Droge ist. Im zweiten Fall war das Resultat vollständig. Alles zusammen betrachtet läßt daher die Schlußfolgerung zu, daß ein durch Verbrennung wirkendes Gift verwendet wurde.

Mit dieser Theorie im Kopf schaute ich mich natürlich genau in Mortimer Tregennis' Zimmer um, um etwaige Reste dieser Substanz zu finden. Es war das Nächstliegende, einen Blick auf den Schirm der Lampe zu werfen. Und tatsächlich, ich entdeckte dort etwas flockige Asche und am Rand eine Spur von bräunlichem Pulver, das noch nicht verbrannt war. Wie Sie gesehen haben, nahm ich die Hälfte mit, und tat sie in einen Briefumschlag.«

»Warum nur die Hälfte?«

»Es ist nicht meine Art, mein lieber Watson, der Polizei im Wege zu stehen. Ich habe ihr alle Beweise dagelassen, die ich selbst gefunden habe. Das Gift liegt noch auf dem Rand, wenn die Polizei die Intelligenz besitzt, es dort zu finden. Jetzt, Watson, werden wir unsere Lampe anzünden. Wir werden jedoch die Vorsichtsmaßnahme ergreifen, unsere Fenster zu öffnen, um ein verfrühtes Hinscheiden zweier wohlverdienter Mitglieder der Gesellschaft zu vermeiden. Sie werden sich in den nahe am Fenster stehenden Lehnstuhl setzen, es sei denn, daß Sie als vernünftiger Mann beschließen, nichts mit dem Experiment zu tun haben zu wollen. Oh, Sie wollen es bis zum Ende durchstehen? Gut! Ich wußte es, ich kenne doch meinen Watson. Ich werde diesen Stuhl Ihnen gegenüber hinstellen, so daß wir uns in die Augen schauen können und denselben Abstand zum Gift haben. Die Tür lehnen wir nur an. Jeder kann jetzt also den anderen beobachten und das Experiment abbrechen, sobald alarmierende Symptome auftreten. Haben Sie alles verstanden? Gut, dann nehme ich unser Gift – oder was davon noch übrig ist –

aus dem Briefumschlag und schütte es auf den Schirm der brennenden Lampe. So! Nun, Watson, lassen Sie uns Platz nehmen und die weitere Entwicklung abwarten.«

Die weitere Entwicklung ließ nicht lange auf sich warten. Ich hatte mich kaum in den Stuhl gesetzt, als ich mir eines durchdringenden, schwülen, moschusartigen und Übelkeit erregenden Geruchs bewußt wurde. Schon beim ersten Atemzug gerieten mein Verstand und meine Phantasie außer Kontrolle. Eine dicke, schwarze Wolke kräuselte sich vor meinen Augen, und mein Verstand sagte mir, daß in dieser Wolke, jetzt noch unsichtbar, aber bereit, sich jeden Moment auf mich zu stürzen, all das lauerte, was es im Universum an Schrecklichem, Monströsem und unvorstellbar Bösem gab. Vage Formen wirbelten und schwebten im Innern dieser dunklen Wolkenbank, jede eine Bedrohung, eine Warnung, daß sich etwas Unaussprechliches näherte, dessen Schatten allein schon meine Seele zerschmettern würde. Ich wurde starr vor Entsetzen. Ich spürte, daß mir die Haare zu Berge standen, daß mir meine Augen schier aus den Augenhöhlen sprangen, daß mein Mund offen stand und meine Zunge sich wie ein Stück Leder anfühlte. Das Durcheinander in meinem Kopf tobte so heftig, daß er zu platzen drohte. Ich versuchte zu schreien, aber ich vernahm nur ein krächzendes Geräusch – meine eigene Stimme, weit entfernt und losgelöst von mir. Im selben Moment, in einer Art Fluchtversuch, durchbrach ich die Wolke der Verzweiflung und erhaschte einen flüchtigen Blick von Holmes' Gesicht, weiß, starr und von Entsetzen entstellt, derselbe Ausdruck, den ich auf den Gesichtern der Toten gesehen hatte. Dieser Anblick gab mir für einen Augenblick meinen Verstand und meine Kraft zurück. Ich sprang von meinem Stuhl auf und schlang meine Arme um Holmes. Zusammen schwankten wir aus der Tür ins Freie, warfen uns auf den Rasen und lagen Seite an Seite, nahmen nur den wunderbaren Sonnenschein wahr, der sich seinen Weg durch die teuflische Wolke des Schreckens bahnte, die uns umfaßt hatte. Langsam hob sie sich von unseren Seelen wie Nebelschleier von einer Landschaft, bis endlich Friede und Vernunft wieder eingekehrt waren und wir auf dem Rasen saßen, uns den feuchtkalten Schweiß von der Stirn wischten und mit Besorgnis den anderen anschauten, um die letzten Spuren des schrecklichen Experiments, dem wir uns unterzogen hatten, zu beobachten.

»Auf mein Wort, Watson!« sagte Holmes schließlich mit unsicherer Stimme. »Ich schulde Ihnen meinen Dank und meine Abbitte. Es war ein unverantwortliches Experiment, schon für mich selbst, und erst recht für einen Freund. Es tut mir wirklich sehr leid.«

»Wissen Sie«, antwortete ich gerührt, denn ich hatte vorher niemals so tief in Holmes' Herz blicken können, »für mich ist es die größte Freude und Auszeichnung, Ihnen helfen zu können.«

Er fiel wieder in seinen halb humorvollen, halb zynischen Ton zurück, den er gewöhnlich seiner Umwelt gegenüber anschlug. »Es wäre reichlich überflüssig gewesen, uns mit diesem Experiment in den Wahnsinn zu treiben, mein lieber Watson«, sagte er. »Ein objektiver Beobachter würde gewiß erklären, daß wir schon wahnsinnig waren, als wir uns auf so ein Experiment einließen. Ich gestehe, daß ich mir nicht hätte träumen lassen, daß die Wirkung so plötzlich und überwältigend eintreten würde.« Er eilte ins Cottage, kehrte mit der Lampe zurück, die er weit von sich gestreckt in der Hand hielt, und warf sie in die Brombeersträucher. »Wir müssen das Zimmer einen Moment lüften. Ich nehme an, Watson, Sie haben nicht mehr die leisesten Zweifel, wie diese Tragödien herbeigeführt wurden.«

»Nicht die Spur eines Zweifels.«

»Aber das Motiv bleibt weiterhin im Dunkeln. Kommen Sie mit mir in die Laube und lassen Sie uns darüber reden. Dieser giftige Stoff steckt noch in meiner Kehle. Ich denke, alle Anhaltspunkte weisen darauf hin, daß Mortimer Tregennis der Täter in der ersten Tragödie war, aber zum Opfer in der zweiten wurde. Wir müssen uns erstens ins Gedächtnis zurückrufen, daß es früher Familienstreitigkeiten gab, denen später eine Aussöhnung folgte. Wie erbittert die Auseinandersetzungen gewesen sein mögen oder wie hohl die Versöhnung war, wissen wir nicht. Wenn ich an Mortimer Tregennis denke, mit seinem Fuchsgesicht und seinen kleinen, schlauen Knopfaugen hinter der Brille, so würde ich meinen, er war nicht der Mann, der gerne etwas vergeben hätte. Nun, Sie werden sich zweitens daran erinnern, daß die Theorie mit der Bewegung im Garten, die unsere Aufmerksamkeit für einen Moment von der tatsächlichen Ursache der Tragödie ablenkte, von ihm stammte. Mortimer Tregennis hatte Grund genug, uns irre zu führen. Schließlich, wenn er nicht diese giftige Substanz beim Verlassen des Raumes ins Feuer warf, wer tat es dann? Das Unglück überfiel die Geschwister unmittelbar nach seinem Weggang. Wenn irgendjemand anders das Zimmer betreten hätte, hätte sich die Familie vom Tisch erhoben. Und im übrigen, im ruhigen Cornwall werden keine Besuche mehr nach zehn Uhr abends gemacht. Wir dürfen annehmen, daß alles auf Mortimer Tregennis als Schuldigen hinweist.«

»Dann war sein eigener Tod Selbstmord.«

»Nun, Watson, auf der einen Seite ist das keine abwegige Vermutung. Ein Mann, auf dessen Seite die Schuld lastet, seiner eigenen Familie ein solches Schicksal bereitet zu haben, könnte von quälenden Gewissensbissen dazu getrieben werden, sich selbst auf die gleiche Weise zu richten. Triftige Gründe sprechen aber dagegen. Glücklicherweise gibt es einen Mann in England, der über alles Bescheid weiß. Ich habe eine Verabredung mit ihm getroffen, so daß wir heute nachmittag die genauen Umstände aus seinem Munde erfahren werden. Ah! Er kommt ein wenig früher als verabredet. Würden Sie so freundlich sein, Dr. Leon Sterndale, mit hier herüber zu kommen. Wir haben im Haus ein chemisches Experiment durchgeführt, das unser kleines Wohnzimmer kaum in dem Zustand belassen hat, dort einen so bedeutenden Besucher empfangen zu können.«

Ich hatte das Klicken des Gartentors gehört, und jetzt erschien die majestätische Gestalt des großen Afrikaforschers auf dem Gartenweg. Etwas erstaunt steuerte er auf die Gartenlaube zu, in der wir saßen.

»Sie wünschten mich zu sprechen, Mr. Holmes. Ihre Einladung hat mich vor einer Stunde erreicht, und ich bin gekommen, obwohl ich nicht wirklich weiß, warum ich ihr Folge leisten sollte.«

»Vielleicht können wir den Punkt klären, bevor wir uns wieder trennen«, sagte Holmes. »Inzwischen danke ich Ihnen für Ihr freundliches Entgegenkommen. Sie werden diesen informellen Empfang im Freien entschuldigen, aber mein Freund Watson und ich hätten beinahe ein Kapitel zu dem hinzugefügt, was die Zeitungen als ›Schrecken von Cornwall‹ bezeichnen, weshalb wir momentan frische Luft vorziehen. Aber weil die Angelegenheit, die wir zu besprechen haben, Sie sehr persönlich betrifft, ist es vielleicht gar nicht schlecht, wenn wir uns hier unterhalten, wo uns niemand belauschen kann.«

Der Forscher nahm seine Zigarre aus dem Mund und sah meinen Freund finster an. »Sir, ich wüßte wirklich nicht, über was Sie mit mir sprechen könnten, das mich sehr persönlich berührt«, erwiderte er.

»Ich meine den Mord an Mortimer Tregennis«, antwortete Holmes.

Für einen Augenblick wünschte ich bewaffnet zu sein. Sterndales wutverzerrtes Gesicht verfärbte sich zu einem tiefen Dunkelrot, seine Augen funkelten, und die Adern an seiner Stirn traten dick angeschwollen hervor, während er mit geballten Fäusten auf meinen Freund zusprang. Plötzlich hielt er ein, und mit größter Willensanstrengung gewann er seine kalte, unbewegliche Ruhe wieder, die vielleicht gefährlicher war als sein hitziger Ausbruch.

»Ich habe solange zwischen Wilden und ohne Gesetz gelebt«, sagte er, »daß ich mein eigenes Gesetz wurde. Sie würden gut daran tun, Mr. Holmes, das nicht zu vergessen, denn ich habe eigentlich nicht die Absicht, Sie zu verletzen.«

»Noch habe ich die Absicht, Sie zu verletzen, Dr. Sterndale. Der beste Beweis dafür ist, daß ich trotz meines Wissens nach Ihnen geschickt habe und nicht nach der Polizei.«

Sterndale setzte sich mit einem schweren Atemzug hin, er war vielleicht zum ersten Mal in seinem abenteuerlichen Leben eingeschüchtert. Das ruhige Vertrauen in die eigene Stärke, das Holmes ausstrahlte, hatte etwas Unwiderstehliches. Unser Besucher stotterte für einen Moment; in seiner Erregung faltete er dauernd seine Hände auf und zu.

»Was meinen Sie?« fragte er schließlich. »Wenn Sie mich bluffen wollen, Mr. Holmes, dann haben Sie sich den falschen Mann dafür ausgesucht. Lassen Sie uns nicht um den heißen Brei reden. Was *meinen* Sie?«

»Ich werde es Ihnen sagen«, antwortete Holmes, »und zwar, weil ich hoffe, daß Offenheit mit Offenheit erwidert wird. Wie mein nächster Schritt aussehen wird, hängt von Ihrer Verteidigung ab.«

»Meiner Verteidigung?«

»Ja, Sir.«

»Meiner Verteidigung gegenüber was?«

»Gegen die Anklage, Mortimer Tregennis umgebracht zu haben.«

Sterndale fuhr sich mit dem Taschentuch über die Stirn. »Auf mein Wort, Sie verstehen etwas davon«, sagte er. »Hängen alle Ihre Erfolge von diesem unwahrscheinlichen Talent zum Bluffen ab?«

»Wenn hier jemand blufft«, erwiderte Holmes fest, »dann sind Sie es, Dr. Leon Sterndale, nicht ich. Als Beweis werde ich Ihnen einige Fakten anführen, auf denen meine Schlußfolgerungen basieren. Über Ihre Rückkehr aus Plymouth, obwohl ein großer Teil Ihres Hab und Guts schon auf dem Weg nach Afrika war, will ich nur soviel sagen, daß sie mich erst darauf brachte, Sie beim Rekonstruieren dieses Dramas als Faktor in Betracht zu ziehen.«

»Ich kam zurück, weil –«

»Ich habe Ihre Gründe gehört und empfinde sie als nicht überzeugend und unzureichend. Wir wollen darüber hinweggehen. Sie kamen zu mir, um mich zu fragen, wen ich verdächtige. Ich weigerte mich, Ihnen zu antworten. Dann gingen Sie zum Pfarrhaus, warteten eine Zeitlang draußen und kehrten schließlich in Ihr Cottage zurück.«

»Woher wissen Sie das?«

»Ich folgte Ihnen.«

»Ich habe niemanden gesehen.«

»Damit dürfen Sie rechnen, wenn ich jemanden verfolge. Sie verbrachten eine unruhige Nacht in Ihrem Cottage, und Sie schmiedeten einen Plan, den Sie am frühen Morgen in die Tat umsetzten. Sie verließen bei Tagesanbruch Ihr Haus und füllten Ihre Taschen mit einigen rötlichen Kieselsteinen, die neben Ihrer Haustür auf einem Haufen lagen.«

Sterndale fuhr mit einem gewaltigen Ruck hoch und blickte Holmes erstaunt an.

»Sie eilten von Ihrem Haus zum Pfarrhaus. Wenn ich es bemerken darf, Sie trugen dasselbe Paar Tennisschuhe, das Sie auch jetzt an den Füßen haben. Beim Pfarrhaus gingen Sie durch den Obstgarten und an der Seitenhecke entlang, bis Sie unter dem Fenster des Mieters Mortimer Tregennis herauskamen. Es war bereits heller Tag, aber im Haus rührte sich noch nichts. Sie nahmen ein paar Kieselsteine aus der Tasche und warfen sie gegen das Schlafzimmerfenster von Mortimer Tregennis.«

Sterndale sprang auf seine Füße.

»Ich glaube, Sie sind der Teufel höchstpersönlich!« schrie er.

Holmes lächelte bei dem Kompliment. »Es bedurfte zweier oder dreier Würfe, bevor der Mieter ans Fenster trat. Sie bedeuteten ihm, herunterzukommen. Er zog sich schnell an und stieg die Treppe zu seinem Wohnzimmer hinab. Sie betraten das Zimmer durch die Fensterflügeltüre. Es folgte eine kurze Unterredung, während der Sie im Raum auf und ab schritten. Dann gingen Sie wieder ins Freie, schlossen das Fenster hinter sich, rauchten draußen auf dem Rasen eine Zigarre und beobachteten, was geschah. Endlich, nach Eintritt des Todes von Tregennis, verschwanden Sie auf demselben Weg, auf dem Sie gekommen waren. Mr. Sterndale, wie rechtfertigen Sie solch ein Verhalten, und was waren Ihre Motive für diese Tat? Wenn Sie irgendwelche Ausflüchte machen oder mit mir spielen sollten, versichere ich Ihnen, daß die Angelegenheit für immer aus meinen Händen gegeben wird.«

Das Gesicht unseres Besuchers wurde aschfahl, als er den Worten seines Anklägers lauschte. Jetzt saß er für eine Weile in Gedanken versunken da und vergrub sein Gesicht in den Händen. Dann zog er mit einer plötzlichen, impulsiven Bewegung eine Photographie aus seiner Brusttasche und warf sie auf den vor uns stehenden Holztisch.

»Das ist der Grund, warum ich es getan habe«, sagte er. Die Photographie zeigte das Portrait einer wunderschönen Frau. Holmes beugte sich darüber.

»Brenda Tregennis«, stellte er fest.

»Ja, Brenda Tregennis«, wiederholte unser Besucher. »Seit Jahren liebte ich sie, und seit Jahren liebte sie mich. Das ist der Grund für mein zurückgezogenes Leben in Cornwall, über das sich die Leute so gewundert haben. So konnte ich dem einzigen, was mir auf Erden lieb war, nahe sein. Ich konnte mich aber nicht mit ihr vermählen, weil ich schon mit einer Frau verheiratet bin, die mich zwar vor Jahren verlassen hat, von der ich mich aber aufgrund der beklagenswerten Gesetze in England nicht scheiden lassen konnte.

Brenda wartete jahrelang auf mich, und ich wartete jahrelang auf sie. Und jetzt dieses Ende!« Ein schreckliches Schluchzen durchschüttelte seine mächtige Gestalt, und er griff sich an die Kehle. Dann riß er sich mit Anstrengung zusammen und erzählte weiter:

»Der Pfarrer war davon unterrichtet. Er war unser Vertrauter. Er würde Ihnen bestätigen, daß sie ein Engel auf Erden war. Das ist der Grund, warum er mir telegraphierte, und ich zurückkehrte. Was bedeutete mir mein Gepäck oder Afrika, als ich von dem Schicksal hörte, das über meinen Liebling gekommen war? Hier haben Sie das fehlende Motiv zu meiner Tat, Mr. Holmes.«

»Fahren Sie fort«, sagte mein Freund.

Dr. Sterndale zog aus seiner Tasche eine kleine Tüte und legte sie auf den Tisch. Sie war beschriftet mit *Radix pedis diaboli*, und darunter war ein roter Totenkopf. Er schob sie mir zu. »Soweit ich es verstanden habe, sind Sie als Arzt tätig, Sir. Haben Sie jemals von diesem Präparat gehört?«

»Teufelsfußwurzel? Nein, ich habe noch nie etwas davon gehört.«

»Ich werfe Ihnen nicht mangelnde Fachkenntnisse vor«, antwortete er, »denn ich glaube, daß, bis auf eine Probe in einem Laboratorium in Buda, dieses Kraut in Europa nicht existiert. Bisher hat es auch den Weg in die Literatur der Pharmazie oder der Toxikologie noch nicht gefunden. Die Wurzel ist wie ein Fuß geformt, halb menschlich, halb ziegenartig. Deshalb wurde der Pflanze dieser phantasievolle Name gegeben, von einem botanisch interessierten Missionar. In einigen Gegenden Westafrikas wird die Pflanze bei Gottesurteilen von den Medizinmännern verwendet, und sie hüten sie als ihr großes Geheimnis. Diese spezielle Probe erhielt ich unter äußerst ungewöhnlichen Umständen im Gebiet der Ubanghi.« Während er sprach, öffnete er die Tüte und zeigte uns eine kleine Menge rötlich-braunes, schnupftabakähnliches Pulver.

»Nun, Sir?« fragte Holmes ernst.

»Ich bin dabei, Ihnen alles zu schildern, Mr. Holmes. Da Sie tatsächlich schon soviel über das Geschehene wissen, liegt es sicher in meinem Interesse, daß Sie auch den Rest erfahren. Ich habe schon meine Beziehung zu der Tregennis-Familie erklärt. Um der Schwester willen ging ich mit den Brüdern freundlich um. Wegen finanzieller Familienstreitigkeiten lebte Mortimer getrennt von den anderen, aber der Zwist wurde angeblich beigelegt, und später traf ich ihn ebenso häufig wie seine Brüder. Er war ein verschlagener, kluger, Ränke schmiedender Mann. Verschiedene Ereignisse riefen in mir einen unbestimmten Verdacht gegen ihn hervor, aber ich hatte keine richtige Veranlassung, mit ihm zu brechen.

Vor einigen Wochen besuchte er mich eines Tages in meinem Cottage, und ich zeigte ihm einige meiner afrikanischen Kuriositäten. Unter anderem führte ich ihm dieses Pulver vor und berichtete ihm von seinen merkwürdigen Eigenschaften, wie es jene Zentren im Gehirn stimuliert, die die Empfindung von Furcht kontrollieren, und wie entweder Wahnsinn oder Tod den unglücklichen Eingeborenen trifft, über den von den Priestern seines Stammes dieses Urteil gesprochen worden ist. Ich erzählte ihm auch, die europäische Wissenschaft könne dieses Gift nicht nachweisen. Wie er sich eines Teils des Pulvers bemächtigte, weiß ich nicht, wahrscheinlich, während ich Schränke öffnete und mich über Schachteln beugte. Ich erinnere mich, wie beharrlich er mich ausfragte, welche Menge und wieviel Zeit für die Wirkung notwendig wären. Ich dachte nicht im Traume daran, daß er aus persönlichen Gründen fragte.

Ich hatte die Geschichte vergessen, bis das Telegramm des Pfarrers mich in Plymouth erreichte. Dieser Schurke hatte geglaubt, daß ich schon auf hoher See sein würde, bevor ich die Nachricht erhielt, und daß ich dann für Jahre in Afrika verschwunden bleiben würde. Aber ich kehrte sofort zurück. Als ich die Details hörte, wußte ich natürlich sofort, daß mein Gift verwendet worden war. Ich kam mit der Hoffnung zu Ihnen, daß Sie mir eine andere Erklärung geben würden. Aber das konnten Sie nicht. Ich war überzeugt, daß Mortimer Tregennis der Mörder war. Er hat es wegen des Geldes getan, denn wenn die anderen Familienmitglieder alle für geisterkrank erklärt worden wären, wäre er der alleinige Vermögensverwalter gewesen. So wendete er das Pulver der Teufelsfußwurzel an. Die zwei Brüder trieb er in den Wahnsinn, und seine Schwester tötete er, das einzige menschliche Wesen, das ich jemals geliebt habe oder das mich geliebt hat. Das war sein Verbrechen. Wie sollte er dafür bestraft werden?

Sollte ich mich an die Polizei wenden? Wo waren meine Beweise? Ich wußte, daß es stimmte, aber konnte ich ein ländliches Geschworenengericht von einer so phantastischen Geschichte überzeugen? Vielleicht, vielleicht auch nicht. Aber dieses Risiko konnte ich nicht eingehen. Meine Seele schrie nach Rache. Ich habe Ihnen anfangs gesagt, Mr. Holmes, daß ich den Großteil meines Lebens außerhalb der Gesetze verbracht habe und daß ich schließlich mein eigenes Gesetz wurde. Ich beschloß, daß das Schicksal, das Mortimer den Geschwistern bereitet hatte, von ihm geteilt werden sollte. Sollte das mißlingen, wollte ich ihn selbst mit meiner eigenen Hand richten. In diesem Augenblick gibt es niemanden in England, der weniger Wert auf sein Leben legt, als ich es jetzt tue.

Nun habe ich Ihnen alles erzählt. Den Rest haben Sie selbst herausgefunden. Ich tat es, wie Sie sagen, nach einer unruhigen Nacht und verließ mein Cottage am frühen Morgen. Ich sah die Schwierigkeit, Mortimer Tregennis zu wecken, deshalb steckte ich mir einige neben der Haustür liegende Kieselsteine in die Tasche. Nachdem ich sie gegen sein Schlafzimmerfenster geworfen hatte, kam er herunter und ließ mich durchs Wohnzimmerfenster eintreten. Ich sagte ihm sein Verbrechen auf den Kopf zu, und daß ich in zweifacher Funktion gekommen wäre, einmal als Richter und einmal als Henker. Der elende Wicht sank beim Anblick meines Revolvers starr vor Entsetzen in einen Stuhl. Ich zündete die Lampe an, schüttete das Pulver darauf, begab mich wieder nach draußen und stellte mich vor das Fenster, bereit, ihn zu erschießen, falls er versuchen sollte, das Zimmer zu verlassen. Er starb innerhalb von fünf Minuten. Mein Gott, aber wie! Ich blieb ungerührt, denn er erlitt nichts anderes als das, was mein unschuldiger Liebling vor ihm durchgemacht hatte. Das ist meine Geschichte, Mr. Holmes. Vielleicht hätten Sie, wenn Sie eine Frau liebten, genauso wie ich gehandelt. Auf jeden Fall haben Sie mich jetzt in der Hand. Machen Sie mit mir, was Sie wollen. Ich wiederhole es: es gibt keinen lebenden Mann auf Erden, der den Tod weniger fürchtet, als ich es jetzt tue.«

Holmes saß eine Weile schweigend da.

»Wie sehen Ihre weiteren Pläne aus?« fragte er schließlich.

»Ich hatte vorgehabt, mich in Zentralafrika zu vergraben. Meine Arbeit dort ist erst zur Hälfte getan.«

»Dann gehen Sie, und erledigen Sie die andere Hälfte. Ich habe nicht die Absicht, Sie daran zu hindern.«

Dr. Sterndale stemmte seinen riesigen Körper hoch, verneigte sich tief und verschwand aus der Laube. Holmes zündete sich eine Pfeife an und reichte mir den Tabakbeutel herüber.

»Ein nicht giftiger Rauch ist eine willkommene Abwechslung«, bemerkte er. »Ich denke, Sie stimmen mir zu, Watson, daß wir uns bei diesem Fall nicht einmischen sollten. Da unsere Ermittlungen unabhängig erfolgten, sollte unser Verhalten das auch sein. Sie würden den Mann doch nicht anzeigen, oder?«

»Mit Sicherheit nicht.«

»Ich habe niemals geliebt, Watson, aber wenn ich es getan hätte und wenn die Frau, die ich geliebt hätte, ein derartiges

Schicksal getroffen hätte, ich hätte wohl auch so gehandelt wie unser gesetzloser Löwenjäger. Wer weiß? Nun, Watson, ich will Ihre Intelligenz nicht durch die Erklärung von Offensichtlichem beleidigen. Der Kies auf dem Fensterbrett war natürlich der Ausgangspunkt. Er stammte nicht aus dem Garten des Pfarrhauses. Erst als meine Aufmerksamkeit auf Dr. Sterndale und sein Haus gezogen wurde, entdeckte ich den Ursprung der Kieselsteine. Die bei hellem Tageslicht brennende Lampe und die Pulverrückstände auf dem Schirm waren aufeinanderfolgende Verbindungsstücke in einer ziemlich eindeutigen Kette von Ereignissen. Und jetzt, mein lieber Watson, denke ich, lassen wir die Angelegenheit fallen und kehren mit reinem Gewissen zu unseren Studien der chaldäischen Sprachwurzeln zurück, die sicherlich im kornischen Zweig des großen keltischen Sprachraums aufzuspüren sind.«

Der Rote Kreis

Nun, Mrs. Warren, weder kann ich einen besonderen Grund zur Besorgnis erkennen, noch verstehe ich, warum ich, dessen Zeit so wertvoll ist, mich in diese Angelegenheit einmischen sollte. Ich muß mich wirklich anderen Dingen widmen.« So sprach Sherlock Holmes und wandte sich wieder seiner Kartei zu; er war gerade mit dem Einordnen und Indexieren von neuem Informationsmaterial beschäftigt.

Aber die Wirtin besaß die Beharrlichkeit und Schlauheit ihres Geschlechts. Sie hielt standhaft ihre Stellung.

»Letztes Jahr lösten Sie einen Fall für einen meiner Mieter«, fuhr sie fort, »Mr. Fairdale Hobbs.«

»Ach ja – eine simple Geschichte.«

»Aber er wird nie aufhören, davon zu sprechen – von Ihrer Freundlichkeit, Sir, und von der Art und Weise, wie Sie Licht ins Dunkel gebracht haben. Ich erinnerte mich an seine Worte, als ich jetzt selbst von Zweifeln und Sorgen geplagt wurde. Ich bin überzeugt, Sie könnten mir helfen, wenn Sie nur wollten.«

Holmes war gegen die Schmeicheleien anderer und auch, um ihm gerecht zu werden, gegen seine eigene Freundlichkeit nicht gefeit. Diese doppelte Schwäche veranlaßte ihn, mit einem Seufzer der Resignation den Leimpinsel niederzulegen und seinen Stuhl zurückzuschieben.

»Nun gut, Mrs. Warren, lassen Sie hören. Es stört Sie hoffentlich nicht, wenn ich rauche? Vielen Dank, Watson – die Streichhölzer! Soweit ich Sie verstanden habe, sind Sie beunruhigt, weil Ihr neuer Mieter sich nur in seinen Räumen aufhält und Sie ihn nicht zu Gesicht bekommen. Aber ich bitte Sie, Mrs. Warren, wenn ich Ihr Mieter wäre, Sie würden mich oft wochenlang nicht sehen.«

»Zweifellos, Sir, aber das hier ist etwas anderes. Es macht mir Angst, Mr. Holmes. Ich kann vor Angst nicht schlafen. Es ist zuviel für mich, ihn von morgens bis abends unruhig in seinem Zimmer hin- und hergehen zu hören und niemals auch nur einen flüchtigen Blick von ihm zu erhaschen. Meinen Ehemann macht das genauso nervös wie mich, aber tagsüber ist er fort an seinem Arbeitsplatz, während ich davon keine Ruhe kriege. Warum versteckt er sich? Was hat er getan? Mit Ausnahme des Dienstmädchens bin ich ganz allein mit ihm im Haus, und das ist mehr, als meine Nerven ertragen können.«

Holmes lehnte sich vor und legte seine langen, schmalen Hände auf die Schultern der Frau. Wenn er es wünschte, besaß er eine beinahe hypnotische Kraft der Beruhigung. Der verstörte Blick verschwand aus ihren Augen, und ihre aufgeregten Züge glätteten sich zu ihrer gewohnten Ruhe. Sie setzte sich auf den Stuhl, den Holmes ihr angeboten hatte.

»Wenn ich mich damit beschäftigen soll, muß ich jedes Detail aufgreifen und verstehen«, bemerkte Holmes. »Lassen Sie sich beim Überlegen Zeit. Der unscheinbarste Punkt kann der wichtigste sein. Sie sagen, daß vor zehn Tagen dieser Mann bei Ihnen eingezogen sei und für vierzehn Tage Kost und Logie vorausbezahlt habe?«

»Sir, er fragte mich nach meinen Bedingungen. Ich nannte ihm den Preis von fünfzig Shilling die Woche, darin ist ein kleines Wohnzimmer und Schlafzimmer im Dachgeschoß und volle Verpflegung eingeschlossen.«

»Und?«

»Er antwortete mir: ›Ich werde Ihnen fünf Pfund die Woche zahlen, wenn ich es zu meinen Bedingungen mieten kann.‹ Ich bin eine arme Frau, Sir, und Mr. Warren verdient nicht viel, deshalb war dieses Geld wichtig für mich. Er zog eine Zehn-Pfund-Note aus seiner Brieftasche und hielt sie mir hin. ›Sie können für eine lange Zeit alle vierzehn Tage dasselbe haben, wenn Sie meine Bedingungen einhalten‹, sagte er. ›Wenn nicht, will ich nichts mehr mit Ihnen zu tun haben.‹«

»Was waren seine Bedingungen?«

»Nun, Sir, zum einen wollte er den Haustürschlüssel haben. Das ist in Ordnung. Mieter verlangen oft danach. Zum anderen wollte er völlig für sich sein und niemals, unter gar keinen Umständen, gestört werden.«

»Darin liegt doch nichts Ungewöhnliches, oder?«

»An und für sich nicht, Sir. Aber das hier ist alles ohne Sinn und Verstand. Er wohnt nun schon seit zehn Tagen bei uns, und weder Mr. Warren noch ich noch das Dienstmädchen haben ihn jemals zu Gesicht bekommen. Wir können aber seinen unruhigen, hin und her wandernden Schritt hören, morgens, mittags, abends. Mit Ausnahme des ersten Abends hat er das Haus nie verlassen.«

»Oh, am ersten Abend ging er aus?«

»Ja, Sir, und kehrte erst sehr spät zurück – als wir schon alle im Bett waren. Er hatte es mir aber vorher gesagt; nachdem er die Zimmer genommen hatte, daß es an dem Abend spät werden könnte, und hatte mich gebeten, die Haustür nicht zu verriegeln. Ich hörte ihn nach Mitternacht die Treppe hinaufkommen.«

»Und seine Mahlzeiten?«

»Er gab uns die genaue Anweisung, daß wir immer, wenn er klingelt, sein Essen auf einem Stuhl vor seiner Zimmertür abstellen sollen. Er läutet erneut, wenn er seine Mahlzeit eingenommen hat, und wir nehmen das Geschirr vom selben Stuhl wieder weg. Wenn er etwas anderes wünscht, schreibt er es in Druckbuchstaben auf ein Stück Papier und legt den Zettel neben das Geschirr.«

»In Druckbuchstaben?«

»Ja, Sir, in Druckbuchstaben, mit Farbstift. Nur ein Wort,

nicht mehr. Ich habe Ihnen einige dieser Zettel mitgebracht, um sie Ihnen zu zeigen. Hier – ›SEIFE‹. Hier ein anderer ›STREICHHOLZ‹; das ist einer, den er uns am ersten Morgen zukommen ließ – ›DAILY GAZETTE‹. Ich lege ihm nun jeden Morgen diese Zeitung zu seinem Frühstück.«

»Du liebe Güte, Watson«, sagte Holmes zu mir, während er mit großem Interesse auf die von der Wirtin ausgehändigten Papierfetzen starrte, »das ist wirklich etwas ungewöhnlich. Die Zurückgezogenheit kann ich noch verstehen, aber die Druckbuchstaben? Es ist eine mühsame Beschäftigung, in Druckbuchstaben zu schreiben. Warum schreibt er nicht in seiner Handschrift? Was bedeutet das, Watson?«

»Er wünscht seine Handschrift zu verbergen.«

»Aber warum? Was für eine Rolle spielt es für ihn, ob die Wirtin seine Handschrift kennt oder nicht? Dennoch, Sie könnten recht haben. Und auch, warum solche wortkargen Nachrichten?«

»Das kann ich mir nicht erklären.«

»Damit öffnet sich ein weites Feld für interessante Spekulationen. Diese Wörter wurden mit einem gewöhnlichen, stumpfen, violetten Farbstift geschrieben. Sie sehen, von diesem Papierfetzen wurde, nachdem er beschrieben worden war, ein Stück abgerissen, denn das S von SEIFE ist nicht ganz vollständig. Aufschlußreich, Watson, nicht?«

»Spricht für vorsichtiges Verhalten?«

»Genau. Offensichtlich gab es dort einen Hinweis, etwa einen Daumenabdruck, irgendetwas, woraus man auf die Identität dieser Person hätte schließen können. Nun, Mrs. Warren, Sie berichteten, daß der Mann mittelgroß, dunkel und bärtig ist. Wie alt würden Sie ihn schätzen?«

»Jung, Sir – nicht über dreißig.«

»Gut, können Sie mir keine weiteren Einzelheiten nennen?«

»Er sprach ein gutes Englisch, Sir, aber ich hielt ihn doch auf Grund seines Akzents für einen Ausländer.«

»War er gut gekleidet?«

»Sehr elegant, Sir – durchaus wie ein Gentleman. Dunkle Kleidungsstücke – nichts Auffälliges.«

»Nannte er seinen Namen?«

»Nein, Sir.«

»Erhielt er irgendwelche Briefe oder Besucher?«

»Nein.«

»Aber sicherlich haben Sie oder das Dienstmädchen einmal morgens seinen Raum zum Saubermachen betreten.«

»Nein, Sir. Er kümmert sich um alles selbst.«

»Du liebe Zeit, das ist wirklich bemerkenswert. Wie steht es mit seinem Gepäck?«

»Er hatte eine große, braune Reisetasche bei sich – mehr nicht.«

»Nun gut, es scheint, wir haben nicht sehr viel Material, das uns weiterhelfen könnte. Und Sie bleiben dabei, daß nichts, absolut nichts, aus dem Zimmer nach draußen gelangt ist?«

Die Wirtin zog einen Briefumschlag aus ihrer Tasche. Daraus schüttelte sie zwei abgebrannte Streichhölzer und einen Zigarettenstummel auf den Tisch.

»Diese Dinge lagen heute morgen auf seinem Tablett. Ich brachte sie mit, weil ich gehört habe, daß Sie aus Kleinigkeiten außerordentlich Wichtiges herauslesen können.«

Holmes zuckte mit den Achseln.

»Das hier sagt nichts aus«, begann er, »die Streichhölzer sind natürlich benutzt worden, um die Zigarette anzuzünden, der deutliche Hinweis dafür ist die Kürze des abgebrannten Endes. Um eine Pfeife oder Zigarre zu entfachen, benötigt man die Hälfte eines Streichholzes. Aber, meine Güte, dieser Zigarettenstummel ist wirklich bemerkenswert. Sie behaupteten, daß der Herr Bart und Schnurrbart trug?«

»Ja, Sir.«

»Das verstehe ich nicht. Ich würde meinen, nur ein glattrasierter Mann kann diese Zigarette geraucht haben. Schauen Sie Watson, dabei wäre selbst Ihr bescheidener Schnurrbart versengt worden.«

»Eine Zigarettenspitze?« schlug ich vor.

»Nein, nein, das Zigarettenende ist feucht geworden. Mrs. Warren, wäre es nicht möglich, daß zwei Menschen das Zimmer bewohnen?«

»Nein, Sir. Er ißt so wenig, daß ich mich oft wundere, wie sich einer so am Leben hält.«

»Gut, ich denke, wir müssen auf ein wenig mehr Beweismaterial warten. Schließlich können Sie sich nicht beschweren. Sie haben Ihre Miete erhalten, und er ist kein lästiger Mieter, wenn er auch gewiß ein ungewöhnlicher ist. Er bezahlt Sie fürstlich, und wenn er sich verbergen will, so ist das nicht unmittelbar Ihre Angelegenheit. Wir haben keine Veranlassung, in sein Privatleben einzudringen, jedenfalls so lange nicht, bis wir Grund haben anzunehmen, es stecke etwas Kriminelles dahinter. Ich nehme den Fall aber an und werde ihn nicht aus den Augen lassen. Berichten Sie mir sofort, wenn sich etwas Neues ereignet, und rechnen Sie mit meiner Hilfe, sollte sie vonnöten sein.«

Nachdem die Wirtin uns verlassen hatte, meinte Holmes zu mir: »Es gibt einige interessante Punkte in diesem Fall, Watson. Es kann natürlich alles ganz alltäglich sein – eine eigentümliche Verschrobenheit. Es kann aber auch sehr viel ernster sein, als es so oberflächlich betrachtet erscheint. Der erste Punkt, der einem ins Auge sticht, ist die Möglichkeit, daß jetzt eine ganz andere Person in den Räumen lebt, als diejenige, die sie gemietet hat.«

»Woraus schließen Sie das?«

»Nun, abgesehen von dem Zigarettenstummel, ist es nicht verdächtig, daß das einzige Mal, daß der Mieter ausging, gleich nach seinem Einzug war? Er kehrte zurück – oder jemand kehrte zurück –, nachdem alle Zeugen aus dem Weg waren. Wir haben keinen Beweis dafür, daß die fortgegange-

ne Person identisch mit der zurückgekehrten ist. Zudem, der
Mann, der die Zimmer anmietete, sprach gutes Englisch, der
andere schreibt in Druckbuchstaben STREICHHOLZ anstatt
STREICHHÖLZER. Ich kann mir vorstellen, daß das Wort im
Wörterbuch nachgeschlagen wurde, in dem ja nur immer der
Singular und nicht der Plural aufgeführt wird. Der knappe
Stil soll wohl die fehlenden Englischkenntnisse vertuschen.
Ja, Watson, es gibt genügend Gründe anzunehmen, daß ein
Austausch der Mieter stattgefunden hat.«

»Aber zu welchem Zweck?«

»Ja! Genau darin liegt unser Problem. Es gibt eine ziemlich offensichtliche Fährte, der wir folgen können.« Er griff
nach einer dicken Schwarte, in die er täglich die Kummerspalte der verschiedenen Londoner Zeitungen einklebte.
»Du liebe Zeit!« rief er beim Umblättern der Seiten aus.
»Was für eine Ansammlung von Seufzern, Schluchzern und
Geplärr! Was für ein Durcheinander von sonderbaren Ereignissen! Aber mit Sicherheit das wertvollste Jagdgebiet, das
ein am Ungewöhnlichen interessierter Mensch finden kann.
Dieser Mann ist allein und kann keinen Brief erhalten, ohne
daß sein von ihm so gehütetes Geheimnis gelüftet würde.
Aber wie können ihn irgendwelche Botschaften oder Nachrichten von draußen erreichen? Selbstverständlich durch
Anzeigen in einer Zeitung. Es scheint keine andere Möglichkeit zu geben, und glücklicherweise brauchen wir uns nur
mit dieser einen Zeitung zu befassen. Hier sind die Aus-
schnitte der *Daily Gazette* der vergangenen vierzehn Tage.
›Dame mit schwarzer Boa in Prince's Skating Club‹ – das
können wir getrost vergessen. ›Mit Sicherheit will Jimmy
nicht das Herz seiner Mutter brechen‹ – das scheint irrele-
vant zu sein. ›Wenn die Dame, die im Bus nach Brixton
ohnmächtig wurde . . .‹ – die Dame interessiert mich nicht.
›Jeden Tag sehnt sich mein Herz . . .‹. Geschwätz, Watson,
pures Geschwätz! Ah! Das hier ist schon eher möglich. Hören Sie zu: ›Sei geduldig. Werde sicheren Weg finden, um in

Verbindung zu treten. In der Zwischenzeit diese Spalte. G.‹ Das stand zwei Tage nach Einzug des Mieters von Mrs. Warren in der Zeitung. Klingt doch annehmbar, nicht? Die rätselhafte Person kann Englisch verstehen, auch wenn sie es nicht schreiben kann. Kommen Sie, schauen wir einmal, ob wir die Fährte weiterverfolgen können. Ja, hier – drei Tage später! ›Treffe erfolgversprechende Maßnahmen. Geduld und Vorsicht. Die Wolken am Himmel werden vorüberziehen. – G.‹ Danach erscheint für eine Woche nichts, aber dann um so Präziseres: ›Das Dickicht lichtet sich. Sollte ich einen Weg finden, Nachrichten zu signalisieren, erinnere dich an den vereinbarten Code – einmal A, zweimal B und so weiter. Du wirst bald von mir hören. – G.‹ Das stand in der gestrigen Ausgabe, heute steht nichts drin. All das paßt gut auf Mrs. Warrens Mieter. Wenn wir ein wenig warten, Watson, zweifle ich nicht daran, daß die Angelegenheit sich langsam aufklären wird.«

Holmes Vermutung bestätigte sich. Am nächsten Morgen traf ich meinen Freund vor dem Kamin stehend, den Rücken zum Feuer hingewendet. Er lächelte ausgesprochen befriedigt.

»Na, Watson, was sagen Sie dazu?« fragte er und nahm die Zeitung vom Tisch. »›Hohes, rotes Haus mit weißen Blendsteinen. Dritter Stock. Zweites Fenster links. Nach Einbruch der Dunkelheit. – G.‹ Das ist deutlich genug. Ich glaube, nach dem Frühstück kundschaften wir einmal ein bißchen die Nachbarschaft von Mrs. Warren aus. Oh, Mrs. Warren, gerade sprachen wir von Ihnen! Was für Neuigkeiten bringen Sie uns heute morgen?«

Unsere Klientin war plötzlich ins Zimmer hereingeplatzt, mit einem Ungestüm, das nur von einer neuen und folgenschweren Entwicklung zeugen konnte.

»Mr. Holmes, die Polizei muß jetzt davon unterrichtet werden!« rief sie. »Ich habe genug! Er soll seine Siebensachen packen. Ich wäre direkt zu ihm hinaufgegangen, aber ich überlegte, daß es fairer sei, erst Ihre Meinung einzuholen. Aber ich bin am Ende meiner Geduld, und wenn es soweit kommt, daß mein Mann überfallen wird –«

»Mr. Warren wurde überfallen?«

»Nun, jedenfalls wurde ihm übel mitgespielt.«

»Aber, wer hat ihm übel mitgespielt?«

»Ah! Das ist genau das, was wir wissen wollen. Es geschah heute morgen, Sir. Mr. Warren arbeitet als Aufseher bei Morton & Waylight's in der Tottenham Court Road. Er muß morgens vor sieben Uhr aus dem Haus. Also, heute morgen hatte er noch keine zehn Schritte auf der Straße gemacht, als zwei Männer ihm von hinten einen Mantel über den Kopf warfen und ihn in eine am Bordstein wartende Mietdroschke verfrachteten. Sie fuhren mit ihm eine Stunde herum, dann öffneten sie den Wagenschlag und stießen ihn hinaus. Als er aufgestanden war, fand er sich in Hampstead Heath wieder. Er nahm einen Bus nach Hause, und dort liegt er jetzt auf dem Sofa, während ich schnurstracks zu Ihnen gekommen bin, um Ihnen zu berichten, was geschehen ist.«

»Sehr interessant«, kommentierte Holmes. »Hat er diese Männer gesehen? Hat er sie sprechen hören?«

»Nein. Er ist völlig benommen. Er erinnert sich nur, daß er wie durch Zauberei gepackt und wie durch Zauberei wieder fallengelassen wurde. Mindestens zwei waren es, vielleicht auch drei.«

»Und Sie bringen diesen Überfall mit Ihrem Mieter in Verbindung?«

»Wir leben hier seit fünfzehn Jahren, und so etwas ist noch nie vorgekommen. Ich habe die Nase voll von ihm. Geld ist nicht alles. Noch bevor der Tag zu Ende ist, will ich ihn aus meinem Haus haben.«

»Gedulden Sie sich ein bißchen, Mrs. Warren. Überstürzen Sie nichts! Ich gewinne langsam den Eindruck, daß die Angelegenheit schwerwiegender ist, als sie auf den ersten Blick erschien. Es ist jetzt offensichtlich, daß Ihrem Mieter irgendeine Gefahr droht und seine Feinde ihm in der Nähe Ihrer Haustür auflauerten. Im nebligen Morgenlicht hat man Ihren Gatten mit Ihrem Mieter verwechselt. Bei Entdeckung des Irrtums ließ man ihn wieder laufen. Was man getan hätte, wenn es kein Irrtum gewesen wäre, können wir nur mutmaßen.«

»Mr. Holmes, was soll ich tun?«

»Ich habe große Lust, Ihren Mieter einmal kennenzulernen, Mrs. Warren.«

»Ich weiß nicht, wie das einzurichten ist, es sei denn, Sie brechen die Tür auf. Ich höre ihn immer die Tür aufschließen, wenn ich nach Abstellen des Tabletts wieder die Treppe hinuntergehe.«

»Er muß das Tablett zu sich hineinnehmen. Sicherlich können wir uns irgendwo verstecken und ihn bei dieser Handlung beobachten.«

Die Wirtin dachte einen Augenblick nach.

»Nun, Sir, gegenüber befindet sich eine Rumpelkammer. Ich könnte vielleicht einen Spiegel hineinhängen, und wenn Sie hinter der Tür stehen –«

»Ausgezeichnet!« rief Holmes. »Wann nimmt er sein Mittagessen ein?«

»Gegen ein Uhr, Sir.«

»Dann werden Dr. Watson und ich um diese Zeit vorbeikommen. Das ist im Augenblick alles, Mrs. Warren, auf Wiedersehen.«

Um halb eins stiegen wir die Treppen zu Mrs. Warrens Haus hinauf – ein hoher, schmaler, aus gelben Ziegelsteinen gefertigter Bau in der Great Orme Street, eine enge Seitenstraße nordöstlich des Britischen Museums. Da das Haus nahe an der Straßenecke stand, konnte man von ihm aus die Howe Street mit ihren anspruchsvolleren Häusern überblicken. Mit einem leisen Lachen zeigte Holmes auf eines dieser Mietshäuser, die so hervorstachen, daß sie einem nur ins Auge springen konnten.

»Sehen Sie, Watson!« rief er. »›Hohes, rotes Haus mit weißen Blendsteinen.‹ Hier ist also die Signalstation. Wir kennen den Ort und den Code, deshalb sollte unsere Aufgabe nicht allzu schwierig sein. Im Fenster hängt ein Schild ›Zu vermieten‹. Offensichtlich befindet sich dort eine leerstehende Wohnung, zu der der Verbündete Zugang hat. – Nun, Mrs. Warren, was jetzt?«

»Ich habe schon alles für Sie vorbereitet. Wenn Sie beide mit mir heraufkommen wollen, aber Ihre Schuhe unten am Treppenabsatz stehenlassen – ich führe Sie hinauf.«

Sie hatte uns ein hervorragendes Versteck präpariert. Der Spiegel war so aufgehängt worden, daß wir, obwohl im Dunkeln sitzend, die gegenüberliegende Tür sehr genau sehen konnten. Wir hatten uns kaum eingerichtet, und Mrs. Warren hatte uns gerade verlassen, als ein entferntes Läuten ankündigte, daß unser mysteriöser Nachbar geklingelt hatte. Alsbald erschien die Wirtin mit dem Serviertablett, stellte es auf dem Stuhl neben der geschlossenen Tür ab und verschwand wieder mit schwerem Schritt. Wir beide kauerten uns im Türwinkel zusammen und hefteten unsere Blicke auf den Spiegel. Nachdem die Schritte der Wirtin verhallt waren, hörte man das Geräusch eines sich drehenden Schlüssels, die Türklinke wurde heruntergedrückt, und zwei schmale Hände erschienen und hoben das Tablett vom Stuhl hoch. Aber einen Moment später wurde es hastig wieder abgesetzt, und ich erhaschte flüchtig den Anblick eines dunklen, schönen, erschreckten Gesichts, das auf die angelehnte Tür der Rumpelkammer starrte. Dann wurde die Tür zugeschlagen, der Schlüssel herumgedreht, und es herrschte wieder Stille. Holmes zupfte mich an meinem Ärmel, und zusammen schlichen wir uns die Treppe hinunter.

»Ich schaue heute abend noch einmal herein«, informierte er die erwartungsvolle Mrs. Warren. »Ich denke, Watson, diese Angelegenheit können wir besser in unseren eigenen vier Wänden besprechen.«

»Wie Sie gesehen haben, Watson, erwies sich mein Verdacht als berechtigt«, ließ er sich in der Baker Street aus den Tiefen seines Lehnstuhls vernehmen. »Der Mieter ist ausgetauscht worden. Ich erwartete allerdings nicht, daß wir eine Frau vorfinden würden, und zudem keine gewöhnliche Frau.«

»Sie hat uns gesehen.«

»Nun, sie sah etwas, das sie alarmierte. Das ist gewiß. Der grobe Ablauf der Ereignisse ist ziemlich offensichtlich, nicht? Ein Paar sucht in London Zuflucht vor einer äußerst schrecklichen drohenden Gefahr. Das Gradmesser der Gefahr ist die Sorgfältigkeit ihrer Vorsichtsmaßnahmen. Der Mann, der irgendetwas zu erledigen hat, will währenddessen seine Frau in absoluter Sicherheit wissen. Das ist kein einfaches Problem, aber er löst es in einer originellen Art und so wirkungsvoll, daß die Anwesenheit der Frau noch nicht einmal der Wirtin auffiel. Die Botschaften in Druckbuchstaben leuchten jetzt ein: Die Frau wollte ihr Geschlecht verbergen und es nicht mit ihrer Handschrift verraten. Der Mann kann sich aber der Frau nicht nähern, ohne damit auch ihre Feinde zu ihr zu führen. Und weil er nicht mehr direkt mit ihr Verbindung aufnehmen konnte, nahm er Zuflucht zur ›Kummerspalte‹ in der Zeitung. Soweit ist alles klar.«

»Aber was liegt all dem zugrunde?«

»Ah, ja, Watson – schrecklich praktisch wie immer! Was dem Ganzen zugrunde liegt? Mrs. Warrens absonderliches Problem nimmt größere Ausmaße und ernstere Formen an, je mehr wir in den Ermittlungen dieses Falles vorankommen. Soviel können wir sagen: das ist kein gewöhnliches Liebespaar auf der Flucht. Sie haben das angsterfüllte Gesicht der Frau gesehen. Wir haben auch vom Überfall auf den Wirt gehört, der zweifellos dem Mieter gegolten hat. Diese alarmierenden Anzeichen und der verzweifelte Versuch der Geheimhaltung deuten daraufhin, daß es um Leben und Tod geht. Der Überfall auf Mr. Warren zeigt, daß der

Feind, wer immer er auch sei, nichts vom Austausch des männlichen gegen den weiblichen Mieter wußte. Es ist eine seltsame, vertrackte Geschichte, Watson.«

»Warum beschäftigen Sie sich weiter damit? Was für einen materiellen Gewinn haben Sie davon?«

»Ja, wirklich, was für einen materiellen Gewinn? Watson, die Kunst ist Selbstzweck. Ich nehme an, als Sie noch praktizierender Arzt waren, haben Sie sich auch mit gewissen Fällen beschäftigt, ohne gleich an Geld zu denken.«

»Ja, um zu lernen, Holmes.«

»Watson, man lernt nie aus. Das Leben besteht aus einer Reihe von Lektionen, und die schwierigste kommt zuletzt. Dieser Fall ist eine von ihnen. Weder Geld noch Ruhm stecken darin, und dennoch wünscht man, ihn aufzuklären. Zur Dämmerstunde sollten wir in der Ermittlung einen Schritt vorangekommen sein.«

Als wir zu Mrs. Warrens Haus zurückkehrten, hatte sich mittlerweile der Londoner Nebel wie ein grauer Vorhang vor diesen düsteren Winterabend gezogen, eine tote Farbmonotonie, die nur durch das scharf abgegrenzte Gelb der Fenster und dem verschwommenen Lichthof der Gaslampen durchbrochen wurde. Als wir aus dem dunklen Wohnzimmer von Mrs. Warren herausspähten, flimmerte von gegenüber ein schwacher Lichtschein durch die Finsternis.

»Jemand bewegt sich in dem Zimmer«, flüsterte Holmes und presste sein hohlwangiges, angespanntes Gesicht an die Fensterscheibe. »Ja, ich kann seinen Schatten sehen. Da ist er wieder! Er hat eine Kerze in der Hand. Jetzt guckt er herüber. Er will sicher gehen, daß sie auf dem Posten ist. Jetzt signalisiert er. Watson, nehmen Sie die Nachricht ebenfalls auf, damit wir uns hinterher gegenseitig kontrollieren können. Ein einziges Zeichen – das ist gewiß ein A. Nun, jetzt weiter. Wie viele Zeichen haben Sie? Zwanzig, ja, ich auch. Das sollte T bedeuten. AT – das ist verständlich genug! Ein weiteres T. Mit Sicherheit ist das der Anfangsbuchstabe des zweiten Wortes. Es lautet – TENTA. Stop. Kann das alles sein, Watson? ATTENTA ergibt keinen Sinn. Es ergibt auch keinen Sinn, wenn man es in drei Worte teilt – AT TEN TA, außer TA sind die Initialen einer Person. Es geht weiter! Was ist das? ATTE – warum wird dieselbe Nachricht wiederholt? Merkwürdig, Watson, sehr merkwürdig! Jetzt fängt er wieder an zu signalisieren! AT – warum wiederholt er es ein drittes Mal, ATTENTA – dreimal! Wie oft will er es noch wiederholen? Nein, das scheint alles zu sein. Er hat sich vom Fenster zurückgezogen. Was schließen Sie daraus, Watson?«

»Eine chiffrierte Nachricht, Holmes.«

Mein Freund gab plötzlich ein glucksendes Lachen des Verstehens von sich. »Aber keine sehr ausgeklügelte Chiffre, Watson«, sagte er. »Denn das ist natürlich italienisch! Das A bedeutet, daß die Nachricht an eine Frau gerichtet ist. ›Nimm dich in acht! Nimm dich in acht! Nimm dich in acht!‹ Wie klingt das, Watson?«

»Ich glaube, Sie haben es getroffen.«

»Zweifellos. Es ist eine sehr dringende Botschaft, und dreimal wiederholt, erhält sie noch mehr Gewicht. Aber vor was soll sie sich in acht nehmen? Warten Sie, er kommt wieder ans Fenster.«

Wieder sahen wir die undeutliche Silhouette eines kauernden Mannes, das Flackern einer kleinen Flamme vor der Fensterscheibe, als der Signalkontakt wieder aufgenommen wurde. Die Signale kamen jetzt schneller hintereinander als vorher – so schnell, daß es mühsam war, ihnen zu folgen.

»PERICOLO – *pericolo* – was heißt das, Watson? Gefahr, oder? Ja, bei Gott, es ist ein Warnsignal. Er setzt wieder zum Signalisieren an. PERI – hallo, was um Himmels willen –«

Das Licht war plötzlich erloschen, das schimmernde Fensterviereck verschwunden, und das dritte Stockwerk wand sich wie ein schwarzes Band um das stolze Gebäude mit seinen Reihen von hell erleuchteten Fenstern. Das letzte Warnsignal war plötzlich unterbrochen worden. Wie und durch wen? Wir dachten beide dasselbe im selben Moment. Holmes sprang auf.

»Es wird ernst, Watson«, rief er. »Da ist irgendeine Teufelei im Gange! Warum sollte eine solche Nachricht auf diese Weise enden? Ich sollte Scotland Yard von dieser Affäre in Kenntnis setzen – aber jetzt können wir hier unmöglich weg.«

»Soll ich zur Polizei gehen?«

»Wir müssen die Lage erst ein wenig mehr sondieren. Die ganze Geschichte mag eine harmlose Erklärung haben. Kommen Sie, Watson, gehen wir hinüber und sehen nach, ob wir etwas entdecken können.«

2

Als wir eiligst die Howe Street hinuntergingen, schaute ich auf das Gebäude zurück, das wir gerade verlassen hatten. Dort, der unklare Umriß am Dachfenster: ich konnte den Schatten eines Kopfes, eines Frauenkopfes, erkennen. Er starrte angespannt, unbeweglich, in die Nacht hinaus und wartete mit atemloser Spannung auf die Wiederaufnahme der unterbrochenen Botschaft. Im Eingang des Mietshauses in der Howe Street lehnte ein in Schal und Mantel gehüllter Mann gegen das Gitter. Er kam auf uns zu, als das Licht aus der Eingangshalle unsere Gesichter beleuchtete.

»Holmes!« rief er aus.

»Das ist ja Gregson!« antwortete mein Freund und schüttelte dem Scotland Yard-Detektiv die Hand. »Ein unerwartetes Wiedersehen! Was treibt Sie hierher?«

»Ich nehme an, derselbe Grund, der Sie hierher führt«, erwiderte Gregson. »Aber wie Sie darauf gekommen sind, ist mir ein Rätsel.«

»Verschiedene Fäden, die zu demselben Knoten zusammenlaufen. Ich habe gerade eben die Signale aufgenommen.«

»Signale?«

»Ja, dort aus dem Fenster. Doch plötzlich brachen sie ab. Wir kamen herüber, um den Grund dafür zu erfahren. Aber seitdem ich nun weiß, daß alles sicher in Ihren Händen liegt, sehe ich keine Veranlassung, die Sache weiterzuverfolgen.«

»Warten Sie!« rief Gregson eifrig. »Ich lasse Ihnen Gerechtigkeit widerfahren, Mr. Holmes, es gibt keinen Fall, in dem ich mich mit Ihnen an der Seite nicht stärker gefühlt hätte. Es existiert nur ein einziger Ausgang aus diesem Mietshaus, so daß er uns nicht entwischen kann.«

»Wer ist er?«

»Sieh an, dieses Mal haben wir Sie übertrumpft, Mr. Holmes.« Er stieß mit seinem Stock heftig auf den Boden, worauf ein Kutscher, die Peitsche in der Hand, von einer Droschke auf der anderen Straßenseite herüberschlenderte. »Darf ich Ihnen Sherlock Holmes vorstellen?« wandte er sich an den Kutscher. »Das ist Mr. Leverton von Pinkerton's American Agency.«

»Der Held des Geheimnisses um die Long Island-Höhle?« fragte Holmes nach.

»Sir, ich freue mich, Sie kennenzulernen.«

Der Amerikaner, ein ruhiger, eher wie ein Geschäftsmann aussehender junger Mann mit einem bartlosen, markanten Gesicht errötete bei diesen lobenden Worten. »Ich bin auf der Spur meines Lebens, Mr. Holmes«, sagte er. »Wenn ich Gorgiano kriege –«

»Was! Gorgiano vom Roten Kreis?«

»Oh, er hat auch schon einen Ruf in Europa? Nun, in Amerika sind wir genauestens über ihn informiert. Wir wissen mit Sicherheit, daß er fünfzig Morde auf dem Gewissen hat, und dennoch haben wir keine Beweise gegen ihn. Ich verfolgte ihn von New York aus, bin ihm seit einer Woche in London auf den Fersen und warte auf einen Grund, um ihn festnehmen zu können. Mr. Gregson und ich sind ihm bis zu diesem großen Mietshaus gefolgt. Es gibt nur eine Tür, also kann er uns nicht entkommen. Seitdem er in das Gebäude gegangen ist, sind schon drei Personen wieder herausgekommen, aber ich könnte beschwören, daß keiner von ihnen Gorgiano war.«

»Mr. Holmes sprach von Signalen«, bemerkte Gregson. »Ich vermute, daß er – wie gewöhnlich – mehr weiß als wir.«

In wenigen, klaren Worten erklärte Holmes die Lage, wie wir sie kannten. Der Amerikaner schlug ärgerlich die Hände zusammen.

»Er hat Wind von uns bekommen!« machte er sich Luft.

»Warum glauben Sie das?«

»Nun, das versteht sich doch von selbst, nicht? Er ist hier und signalisiert Botschaften an seine Komplizen – mehrere aus seiner Bande halten sich in London auf. Dann plötzlich, nach Ihrer Aussage, bricht ausgerechnet bei der Botschaft ›Gefahr‹ der Kontakt ab. Was kann das anderes bedeuten, als daß er uns plötzlich von seinem Fenster aus auf der Straße erblickt hat oder auf irgendeine andere Weise mitbekommen hat, wie nah die Gefahr ist, und daß er augenblicklich handeln muß, um ihr zu entgehen. Was schlagen Sie vor, Mr. Holmes?«

»Daß wir hinaufgehen und nach dem Rechten sehen.«

»Aber wir haben keinen Haftbefehl gegen ihn.«

»Er hält sich unter verdächtigen Umständen in einer leerstehenden Wohnung auf«, sagte Gregson. »Das reicht für den Moment. Wenn wir ihn gefaßt haben, können wir immer noch sehen, ob uns New York nicht helfen kann, ihn festzuhalten. Ich übernehme die Verantwortung für seine Festnahme.«

Unsere offiziellen Detektive mögen manchmal nicht besonders intelligent sein, aber an Courage fehlt es ihnen nicht. Gregson stieg die Treppe auf dem Weg zur Festnahme dieses skrupellosen Mörders mit derselben absoluten Ruhe und Gelassenheit hinauf, mit der er die Treppe im Scotland Yard-Gebäude hinaufgegangen wäre. Der Mann von Pinkerton hatte versucht, sich Gregson vorzudrängen, aber Gregson schob ihn mit seinem Ellbogen nach hinten. Londoner Gefahren waren das Privileg der Londoner Polizei.

Die Tür der linken Wohnung im dritten Stock war nur angelehnt. Gregson stieß sie auf. In der Wohnung herrschte völlige Stille und Dunkelheit. Ich zündete einen Streichholz an und entfachte die Laterne des Detektivs. Nachdem ich das getan hatte, und das Flackern sich zu einer Flamme gefestigt hatte, zogen wir alle vor Erstaunen scharf die Luft ein. Auf dem teppichlosen Parkett waren frische Blutspuren zu sehen. Die roten Fußspuren wiesen in unsere Richtung und führten zu einem Zimmer, dessen Tür verschlossen war. Gregson riß die Tür auf und ließ den Lichtkegel ins Zimmer fallen, während wir ihm alle neugierig über die Schultern spähten.

In der Mitte des leeren Zimmers lag der Körper eines riesigen Mannes. Sein glattrasiertes, dunkles Gesicht war zu einer grotesken Fratze verzogen, und sein Kopf war von einem schauderhaften, blutroten Heiligenschein umgeben, denn er lag in einer Blutlache auf dem hellen Holzboden. Seine Knie hatte er angezogen, seine Hände waren in Todespein gespreizt, und aus seiner breiten, braunen, entblößten Kehle ragte ein bis zu seinem weißen Heft hineingestoßenes Messer. Dieser Riese von Mensch mußte bei diesem schrecklichen Hieb wie ein geschlachteter Ochse zu Boden gegangen sein. Neben seiner rechten Hand lag auf dem Fußboden ein äußerst gefährlich aussehender, zweischneidiger Dolch mit einem Horngriff und in der Nähe davon ein scharzer Glacéhandschuh.

»Du lieber Gott! Das ist der schwarze Gorgiano selbst!« rief der amerikanische Detektiv überrascht aus. »Jemand ist uns zuvorgekommen.«

»Hier, Mr. Holmes, am Fenster steht die Kerze«, meldete Gregson. »Was machen Sie denn?«

Holmes war durch das Zimmer geschritten, hatte die Kerze angezündet und bewegte sie an der Fensterscheibe hin und her. Dann starrte er in die Dunkelheit, blies die Kerzenflamme aus und warf die Kerze auf den Boden.

»Ich denke, das wird uns weiterhelfen«, sagte er. Er gesellte sich zu uns und stand tief in Gedanken versunken da, während die beiden Detektive die Leiche untersuchten. »Sie sagten, daß drei Leute das Haus verlassen hätten, während Sie unten Wache hielten«, stellte Holmes schließlich fest. »Haben Sie sie genau beobachtet?«

»Ja.«

»War unter ihnen ein ungefähr dreißigjähriger Mann mit schwarzem Bart, dunklem Teint und mittelgroß?«

»Ja, er war der letzte, der an mir vorüberging.«

»Ich vermute, das ist Ihr Mann. Ich kann Ihnen seine Personenbeschreibung geben, und außerdem haben wir ausgezeichnete Fußspuren von ihm. Das sollte Ihnen genügen.«

»Mr. Holmes, aber nicht in einer Millionenstadt wie London.«

»Vielleicht nicht. Das ist auch der Grund, warum ich dachte, daß es das beste wäre, diese junge Dame zu Ihrer Unterstützung herbeizurufen.«

Bei diesen Worten drehten wir uns alle um. In der Tür stand eine große und schöne Frau – der rätselhafte Mieter aus Bloomsbury. Langsam trat sie näher. Ihr Gesicht war aschfahl und angespannt, als ahne sie etwas Schreckliches, ihr Blick starr vor Furcht. Sie heftete ihre Augen auf die am Boden liegende Leiche.

»Sie haben ihn getötet!« murmelte sie. »Oh, *dio mio,* Sie haben ihn getötet!«

Daraufhin hörte ich einen tiefen Seufzer, und mit einem Freudenschrei sprang sie in die Luft. Sie tanzte im Raum herum, klatschte in die Hände, ihre dunklen Augen glänzten vor Entzücken, und tausend italienische Ausrufe ergossen sich aus ihrem Mund. Es war schrecklich und zugleich faszinierend zu sehen, wie eine Frau bei solch einem Anblick in einen derartigen Freudentaumel verfallen kann. Plötzlich hielt sie ein und sah uns fragend an.

»Aber Sie! Sie sind von der Polizei, oder? Sie haben Giuseppe Gorgiano getötet! Es verhält sich doch so, nicht?«

»Ja, wir sind von der Polizei, Madam.«

Sie schaute in die dunklen Winkel des Zimmers.

»Aber wo ist Gennaro?« fragte sie. »Er ist mein Mann, Gennaro Lucca. Ich bin Emilia Lucca, und wir beide kommen aus New York. Wo ist Gennaro? Er hat mir gerade von diesem Fenster aus signalisiert, daß ich herüberkommen soll, und ich rannte so schnell ich konnte hierher.«

»Ich war es, der Sie rief«, ließ Holmes sich vernehmen.

»Sie! Wie konnten Sie mir die Nachricht signalisieren?«

»Ihr Code war nicht schwer, Madam. Ihre Anwesenheit hier war erwünscht. Ich wußte, ich hatte nur VIENI zu signalisieren, und Sie würden mit Sicherheit herbeieilen.«

Die schöne Italienerin schaute ihn ehrfürchtig an.

»Ich verstehe nicht, woher Sie über alles informiert sind«, sagte sie. »Giuseppe Gorgiano – wie ist er –« Sie schwieg; plötzlich hellte sich ihr Gesicht vor Stolz und Freude auf. »Jetzt verstehe ich! Mein Gennaro! Mein wunderbarer, schöner Gennaro, der mich sicher vor allem Bösen beschützt hat, er tat es, er tötete das Ungeheuer mit seiner starken Hand! Oh, Gennaro, du bist wundervoll. Kann eine Frau jemals dieses Mannes würdig sein?«

»Nun, Mrs. Lucca«, mischte sich der prosaische Gregson ein und legte seine Hand mit genauso viel Gefühl auf ihren Arm, als wäre sie ein Raufbold aus Notting Hill. »Ich verstehe zwar noch nicht, wer Sie sind, aber Sie haben genügend gesagt, um mich zu überzeugen, daß wir Sie bei Scotland Yard sehen wollen.«

»Einen Moment, Gregson«, schaltete sich Holmes ein. »Ich glaube, daß diese Dame genauso darauf erpicht ist, uns Informationen zu geben, wie wir es sind, sie zu erhalten. Madam, sind Sie sich der Tatsache bewußt, daß Ihr Mann festgenommen und für den Tod des vor uns liegenden Mannes belangt werden wird? Was Sie aussagen, kann als Beweismaterial verwendet werden. Aber wenn Sie glauben, er habe nicht in verbrecherischer Absicht gehandelt und wünsche, daß seine Motive bekannt werden, dann können Sie ihm nicht besser dienen, als wenn Sie uns die ganze Geschichte erzählen.«

»Jetzt, wo Gorgiano tot ist, haben wir nichts mehr zu befürchten«, erwiderte die Frau. »Er war ein Teufel und ein Monster, und es kann keinen Richter in der Welt geben, der meinen Mann verurteilt, weil er ihn getötet hat.«

»In diesem Fall«, sagte Holmes, »schlage ich vor, daß wir diese Tür hinter uns verriegeln, die Dinge so hinterlassen, wie wir sie vorgefunden haben, und die Dame in ihr Zimmer begleiten. Wir können uns erst eine Meinung bilden, wenn wir uns alles angehört haben, was sie uns zu sagen hat.«

Eine halbe Stunde später saßen wir alle vier im kleinen Wohnzimmer der Signora Lucca und hörten uns ihren bemerkenswerten Bericht über dieses gefahrvolle Abenteuer an, dessen Ende wir zufällig miterlebt hatten. Sie sprach ein schnelles, fließendes, aber sehr unkonventionelles Englisch, das ich der Deutlichkeit halber grammatikalisch richtig wiedergeben will.

»Ich wurde nahe Neapel in Posilippo geboren«, begann sie, »als Tochter des Augusto Barelli, ein Anwalt und früher Abgeordneter der Gegend. Gennaro arbeitete bei meinem Vater, und ich verliebte mich in ihn, wie es wohl jeder Frau passiert wäre. Er hatte weder Geld noch eine gute Stellung – nichts außer seinem blendenden Aussehen, seiner Kraft und seiner Energie –, so daß mein Vater diese Verbindung verhindern wollte. Wir beide flohen, heirateten in Bari, und ich verkaufte meinen Schmuck, um das Geld für die Überfahrt nach Amerika zu erhalten. Das geschah vor vier Jahren, und seitdem lebten wir in New York.

Das Glück war uns anfangs sehr hold. Gennaro gelang es,

einem italienischen Gentleman einen Dienst zu erweisen – er rettete ihn vor ein paar Raufbolden in der Bowery und gewann damit einen mächtigen Freund. Sein Name war Tito Castalotte, der Seniorpartner der großen Firma Castalotte & Zamba, der größte Fruchtimporteur in New York. Signor Zamba ist invalid, weshalb unser neuer Freund Castalotte die Firma leitet; sie beschäftigt mehr als dreihundert Menschen. Er verschaffte meinem Mann einen Arbeitsplatz in seiner Firma, machte ihn zum Abteilungsleiter und zeigte ihm in jeder Hinsicht sein Wohlwollen. Signor Castalotte war Junggeselle, und ich glaube, sein Gefühl Gennaro gegenüber entsprach dem eines Vaters gegenüber seinem Sohn. Wir beide, Gennaro und ich, liebten ihn auch wie einen Vater. Wir hatten ein kleines Haus in Brooklyn gemietet und eingerichtet, und unsere Zukunft schien gesichert, als sich eine düstere Wolke über unseren Köpfen zusammenbraute.

Eines Abends, als Gennaro von seiner Arbeit zurückkehrte, brachte er einen Landsmann mit. Sein Name war Gorgiano, er stammte auch aus Posilippo. Er war ein Riese, wie Sie sich beim Anblick der Leiche überzeugen konnten. Nicht nur sein Körper hatte gigantische Ausmaße, alles an ihm war grotesk, riesenhaft und furchteinflößend. Seine Stimme dröhnte wie Donner in unserem kleinen Haus. Für das wilde Gestikulieren seiner Arme, wenn er sprach, war kaum genügend Platz vorhanden. Seine Gedanken, seine Gefühle, seine Leidenschaften, alles war übertrieben und ungeheuer monströs. Er redete, besser gesagt, er brüllte mit solcher Energie, daß andere sich nur hinsetzen und zusammenkauern konnten, um dem mächtigen Wortschwall zu lauschen. Seine Augen brannten auf einen nieder und hielten einen in seinem Bann. Er war ein schrecklicher, außergewöhnlicher Mann. Ich danke Gott, daß er tot ist.

Er kam immer häufiger. Dennoch wurde mir bewußt, daß Gennaro in seiner Gegenwart genauso wenig glücklich war wie ich. Mein armer Gatte saß blaß und teilnahmslos da und hörte dem endlosen Gerede über Politik und soziale Fragen zu, aus der die Konversation unseres Besuchers bestand. Gennaro sagte nichts, aber ich kannte ihn zu gut, um nicht in seinem Gesicht Gefühlsregungen zu entdecken, die ich vorher dort nie gesehen hatte. Zuerst dachte ich, es wäre Antipathie. Doch nach und nach merkte ich, daß es mehr war als nur Antipathie. Es war Furcht – eine tiefsitzende, uneingestandene, niederziehende Furcht. An jenem Abend, als ich seine Angst entdeckte, umarmte ich meinen Mann und flehte ihn an, bei seiner Liebe zu mir und bei allem, was ihm wert und teuer war, mir zu sagen, warum ihn dieser Mann so bedrücke.

Er erzählte es mir, und mir wurde beim Zuhören eiskalt ums Herz. Mein armer Gennaro war in seiner Sturm- und Drangzeit, als junger Mann, als alle Welt sich gegen ihn verschworen zu haben schien und er halbverrückt wurde wegen der Ungerechtigkeit des Lebens, einer neapolitanischen Vereinigung, dem Roten Kreis, beigetreten, die den alten Carbonari-Verschwörern eng verbunden war. Die Schwüre und Geheimnisse dieser Bruderschaft waren grauenhaft; wer ihr einmal angehörte, für den gab es keine Möglichkeit mehr, von ihr loszukommen. Nachdem wir nach Amerika geflohen waren, hatte Gennaro geglaubt, er hätte damit alles für immer von sich abgeworfen. Stellen Sie sich sein Entsetzen vor, als er eines Abends auf der Straße genau den Mann wiedertraf, der ihn damals in Neapel in den Roten Kreis eingeführt hatte, den großen Gorgiano, den Mann, der sich in Süditalien den Ruf ›Der Tod‹ geschaffen hatte, weil seine Hände vom Blut unzähliger Opfer trieften. Er war nach New York geflüchtet, um der italienischen Polizei zu entkommen, und er hatte in seiner neuen Heimat schon einen Zweig dieser entsetzlichen Vereinigung ins Leben gerufen. All das erzählte mir Gennaro und zeigte mir eine Aufforderung, die er am selben Tag erhalten hatte. Das Blatt Papier war mit einem roten Kreis versehen. Gennaro wurde mitgeteilt, daß an einem gewissen Tag eine Zusammenkunft stattfinden werde und für ihn eine Teilnahme zwingend sei.

Das war schlimm genug, aber es sollte noch schlimmer kommen. Ich hatte seit einiger Zeit bemerkt, daß, wenn Gorgiano abends zu uns kam, was er jetzt regelmäßig tat, er hauptsächlich mich ansprach. Und selbst wenn er das Wort an meinen Mann richtete, so hefteten sich seine grauenhaften, funkelnden, raubtierhaften Blicke auf mich. Eines Abends legte er sein Geheimnis offen dar. Ich hatte in ihm das, was er ›Liebe‹ nannte, geweckt – die Liebe eines wilden Tieres. Gennaro war noch nicht heimgekehrt, als er erschien. Er stürzte ins Zimmer, riß mich in seine mächtigen Arme, erdrückte mich fast in seiner bärenhaften Umklammerung, bedeckte mich mit Küssen und flehte mich an, mit ihm zu kommen. Ich wehrte mich und schrie, als Gennaro eintrat und ihn angriff. Er aber schlug Gennaro bewußtlos und floh aus dem Haus, das er von da an niemals mehr betrat. Wir hatten uns an jenem Abend einen Todfeind geschaffen.

Einige Tage darauf fand die Zusammenkunft statt. Gennaro kehrte von ihr mit einem Gesichtsausdruck zurück, der mir die Gewißheit gab, das etwas Schreckliches passiert war. Es war schlimmer, als wir uns jemals hätten vorstellen können. Die finanziellen Mittel der Vereinigung wurden aus Erpressungen reicher Italiener geschöpft. Wenn diese reichen Italiener sich weigerten, wurde ihnen mit Gewaltanwendung gedroht. Es schien, daß sie sich auch unserem lieben Freund und Wohltäter auf diese Art und Weise genähert hatten. Er hatte sich geweigert, den Drohungen nachzugeben, und hatte die ganze Sache an die Polizei weitergeleitet. Es wurde also beschlossen, daß mit ihm ein Exempel statuiert werden sollte, um andere Opfer abzuschrecken. Bei dem Treffen wurde vereinbart, daß er mit seinem Haus in die Luft gesprengt werden sollte. Im Losverfahren wurde festgelegt, wer die Tat ausführen sollte. Gennaro sah das grausam grinsende Gesicht unseres Feindes, als er in den Losbeutel griff. Ohne Zweifel hatte man es vorher in irgendeiner Weise arrangiert, daß das Los mit dem aufgezeichneten roten Kreis – der Mordbefehl – auf seine Handfläche zu liegen kam. Er mußte seinen besten Freund töten, oder er gab sich und mich der Rache seiner Kameraden preis. Es gehörte zu ihrem teuflischen System, daß nicht nur diejenigen mit dem Tod bestraft werden, die sie fürchten oder hassen, sondern auch alle, die ihnen nahestehen. Das Wissen um diese Tatsache hing wie ein Todesurteil über dem Kopf meines armen Gennaro und brachte ihn fast an den Rand des Wahnsinns.

Wir saßen die ganze Nacht engumschlungen zusammen und sprachen uns gegenseitig Mut zu. Schon am darauffolgenden Abend sollte der Mordanschlag verübt werden. Am nächsten Mittag befanden mein Mann und ich uns auf der Flucht nach London. Aber vorher hatte Gennaro unseren Wohltäter vor der drohenden Gefahr gewarnt und hatte auch die Polizei verständigt, so daß sie nun zukünftig über sein Leben wacht.

Den Rest, meine Herren, kennen Sie selbst. Wir waren uns sicher, daß unsere Feinde uns verfolgen würden wie unsere eigenen Schatten. Gorgiano hatte außerdem eine persönliche Rechnung mit uns zu begleichen, er sann auf Rache, aber abgesehen davon wußten wir, wie unbarmherzig, listig und unermüdlich er sein konnte. Beide Länder, Italien und Amerika, können ein Lied von seinen schrecklichen Fähigkeiten singen, die er jetzt mit Sicherheit anwenden würde. Mein Liebling nutzte die wenigen Tage, die uns unsere Flucht als Vorsprung gegeben hatte, um mich an diesen Zufluchtsort zu bringen, damit ich nicht in Gefahr geraten sollte. Er selbst wünschte, unabhängig zu sein, um sowohl mit der amerikanischen als auch mit der italienischen Polizei Kontakt aufnehmen zu können. Ich weiß nicht, wo er lebte, geschweige denn wie. Ich wurde ab und zu durch die ›Kummerspalten‹ in der Zeitung von ihm benachrichtigt. Aber einmal, als ich aus dem Fenster schaute, sah ich zwei Italiener, die das Haus beobachteten, und wußte sofort, daß Gorgiano auf irgendeine Weise unsere Fährte aufgespürt hatte. Endlich berichtete mir Gennaro durch die Zeitung, daß er mir von einem bestimmten Fenster aus eine Botschaft signalisieren werde, aber als es soweit war, wurden nur Warnsignale gegeben, die plötzlich abbrachen. Jetzt verstehe ich es sehr gut, denn Gennaro wußte, daß Gorgiano ihm dicht auf den Fersen war. Gott sei Dank war Gennaro auf sein Erscheinen vorbereitet! Und nun, meine Herren, frage ich Sie, ob wir uns vor dem Gesetz fürchten müssen, oder ob es irgendeinen Richter auf der ganzen Welt gibt, der meinen Gennaro für das, was er getan hat, verurteilen würde?«

»Nun, Mr. Gregson«, antwortete der Amerikaner und schaute den englischen Detektiv an. »Ich weiß nicht, wie der britische Standpunkt aussieht, aber ich nehme an, daß der Gemahl dieser Dame in New York von allen Seiten tiefsten Dank ausgesprochen erhalten wird.«

»Sie muß mit mir kommen und mit dem Chef sprechen«, meinte Gregson. »Wenn sich das, was sie erzählt hat, bestätigt, glaube ich nicht, daß sie oder ihr Mann etwas zu befürchten haben. Aber was ich nicht begreifen kann, Mr. Holmes, ist, wie um Himmels willen Sie in die Angelegenheit hineingeraten sind?«

»Eine Lektion, Gregson, eine Lektion. Meine Ausbildung ist noch lange nicht beendet. So, Watson, Sie sind um eine tragische und groteske Episode für Ihre Sammlung bereichert worden. Übrigens, es ist noch nicht acht Uhr. Heute abend wird in Covent Garden eine Wagner-Oper aufgeführt! Wenn wir uns beeilen, kommen wir gerade noch rechtzeitig zum zweiten Akt.«

Das Diogenes Hörbuch zum Buch

Arthur Conan Doyle
Das gefleckte Band
Zwei Sherlock Holmes Geschichten

Enthält:
Das gefleckte Band
Ein Skandal in Böhmen

Gelesen von CLAUS BIEDERSTAEDT

2 CD, Spieldauer 123 Min.

G.K. Chesterton
im Diogenes Verlag

»Ich glaube, Chesterton ist einer der besten Schrift-
steller unserer Zeit, und dies nicht nur wegen seiner
glücklichen Erfindungsgabe, seiner bildlichen Vorstel-
lungskraft und wegen der kindlichen oder göttlichen
Freude, die auf jeder Seite seines Werks durchscheint,
sondern auch wegen seiner rhetorischen Qualitäten,
wegen seiner reinen und schlichten Virtuosität.«
Jorge Luis Borges

»Erstaunlich, wie lange und wie gut sich der Reiz dieser
Geschichten erhalten hat. Er liegt in der Figur des Pater
Brown und in der Erzählweise Chestertons, in den
Bocksprüngen seiner Phantasie, in seinen grotesken
Vergleichen und verblüffenden Paradoxien.«
Georg Hensel / Frankfurter Allgemeine Zeitung

Eine Trilogie der besten
Pater Brown Stories

Die seltsamen Schritte
Pater Brown Stories. Aus dem Englischen
von Heinrich Fischer
(vormals: *Pater Brown und das blaue Kreuz*)
Zwei ausgewählte Stories auch als Diogenes Hörbuch
erschienen, gelesen von Hans Korte

Das Paradies der Diebe
Pater Brown Stories. Deutsch von Norbert Miller,
Alfons Rottmann und Dora Sophie Kellner
(vormals: *Pater Brown und der
Fehler in der Maschine*)

Das schlimmste
Verbrechen der Welt
Pater Brown Stories. Deutsch von Alfred P. Zeller,
Kamilla Demmer und Alexander Schmitz
(vormals: *Pater Brown und das
schlimmste Verbrechen der Welt*)